林之珮——著

與內在的刻意練習

善待你的內心，整個世界都會跟著好一點。
啟動自我療癒力的實踐指引。

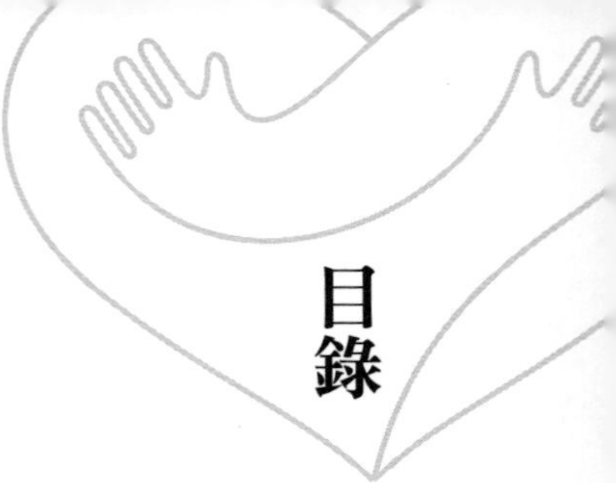

目錄

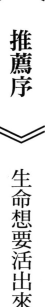

《推薦序》生命想要活出來

「踏實去做，身心整體的和諧流動，需要的遠不只是知道」。很欣喜一直踏實走在身心靈療癒、陪伴內在軌道的助人工作者之珮，用鮮活的文字，以身說法，寫出這本有溫度的書。讀這本書，好像聽她一字字娓娓道來，有如滾珠落盤，在段落間不時出現的短語旁白，又似停留觀看的休止符，不經意一首清亮的旋律滑過了。究竟是作者的中文根基、還是蘭心慧質，抑或更多自然通透的領悟及流露？

這本書是關於作者十餘年來自我療癒、助人工作與省思的心得，透過融入澄心聚焦（Focusing）的脈絡架構，更像是有實例參照、可讀性高的的活用書。當人們對一個情境或事物的隱約模糊說不上來時，慣常忽略它或一語帶過，未加關注或歡迎款待，潛藏的禮物就在我們眼前稍縱即逝。簡德林（Eugene Gendlin, 1926~2017）是卡爾．羅傑斯針對心理治療何以有效的研究合作者。他在現象學的哲思中，以當事人中心療法為基礎，發展了新人本主義的聚焦取向體驗過程療法。由於他的傑出貢獻，在其一生中曾經四次獲得美國心理協會（APA）心理學理論與哲學傑出貢獻獎。簡德林說，他不是發明，是發現人類本具連結身體智慧的方法，它只是被外在文明或人類發展的文化所矇蔽，本書則以故事裡的各個視角陳述內在智慧如何顯現的真實歷程。

我們的身體開放性地接收著環境各式訊息，記載著我們生活中的種種遭逢，而我們有能力觸及這種「身體的了知」。在如何找到療癒的失落拼圖這一章，作者細膩描述在多重角色下的身心困擾，並與之相處的自身歷程，令我十分動容。「卸不下的背包，解鎖不了的腳鐐，身心系統裡躲著的、不時冒出來的，不只是滿載的念頭情緒，它帶來貨真價實的痛苦」；而她發展出因應壓力情境的方法，有觀察、思考、解決問題、協商、催促、安撫、監控、合理化、尋找支持……等等，最終卻是束手無策、無奈和生氣。直至有一天，轉身過來和內在那個發抖著、撞擊著的身體感受接線，將能量朝向自己，慎重地讀它、將它說出來，且在身體裡感知核對、流動釋放，並有溫度的做回應，讓內心收到。一天天一次次，就這樣刻意練習，往內誠摯的傾聽與說話，療癒整合了自己。

「我一直往外去找支持和解決的方向，不知道可以停留在心裡頭那團混亂的地方，不知道什麼是陪伴自己。」這是很多人的心聲。當來談者知道在諮商室的話不是要說給治療師明白的，而是在說話互動時，能關注身體裡頭的狀態，從自己的體會（felt sense）

說出，把有意感的話語說出來。在講述過程中接收到自己內在發生的體驗，同時有一個觀察性自我在當下傾聽自己，這樣的來談者往往能產生意義感，長出自我的能量與生命力，不會一直依賴尋求別人的意見來調整自己。作者用故事的實例和步驟，細緻陳述如何運用獨特的創造力，對兒少、成人、內在孩童，甚或過去的自己，提供一個安全信任的氛圍，使用象徵化技巧，給出啟發與療癒性的句子，讓案主和內在建立支持性的關係，讓思維空間與心理空間變大，讓各個部分被認下而不推擠；當不同的情緒狀態被主人同時覺察和接受，它們會互相調和產生改變，從而啟動人的體驗中暗含的下一步。

簡德林認為所有心理治療的取向和程序都是緊密相連的，最首要的總是個人，以及治療師與這個人持續的鏈接；人是有機體，不是一個物，不是理論上的內容，而是互動。在治療面談中起到作用的根本因素，不是治療師的資質和技術流派、不是熱情和人本，而是來談者是否能深切自如地表達自己真實感受的能力。他發展的體驗過程療法，幫助來談者去尋找、感受和表達自己的體會，當精準貼切的語言產生，人們就會得到身體釋放、轉化以及改變的契機。他認為協助每位來談者最好的方式，是借助所有可行的療法，將所有療法納入體驗過程的容器裡，去聆聽每一位來談者，理解他們的痛苦並找到協助之道。

積極的治療師總是在自我認識和覺察上不斷進步和成長，能和自己有真實的接觸，並檢視自己的關係模式，成為如其所是的自己，應用自身的感受與案主做真實的接觸。很欣賞作者對助人工作者過度負重作了心領神會的體認：內在需要被聆聽的部分，會透過負面感覺喚起注意；真正的蛻變來自於覺知的日漸滋長，唯有如此，一個人才能夠有意識地回應當下的各種情況，自由的表達或是不表達；覺察，不只是要帶來提醒，而是有機會和內在那個部分重新對話，重新合作。作者處於自我臨在，允許工作不舒服的反應得到承認、感受，並且帶著一份富有同情心的覺知陪伴它，內心浮現宮崎駿動畫，陪伴後那個擦地板的小孩不再像警鈴般釋出心慌要往前衝，而是一份內在資源，代表關懷與分享活力的單純能量，以一種新的方式活在作者的助人工作中。

每一個人都需要更自在地給予身體上的關注，接觸連結和分離的深感；每個人也得面對現實的束縛，需要處理相關的恐懼。當然重要的是，對於自我表達與追求意義、生命想要活出來的渴望。

加惠基金會創始人／澄心聚焦 TIFI 考核協調人
張卉湄心理師

《推薦序》與溫柔相遇

每次打之珮的名字都要大費周章，總是跳出支配，然後要一個字一個字地選擇它。剛開始都會覺得名字怎麼跟人差這麼多，多打了幾次，連電腦都認得之珮是這樣的組合，這樣優美而飄逸。

當你看這段話，想必已經準備好打開這本書的心情。這是一本有著散文般緩慢卻處處是故事的呈現，光看目錄就可以感受到一股小小的溫暖，準備好貼近你的眼睛，進到你的心底。

在幸福教練的課程中遇到之珮，長長的頭髮，蒼白的臉龐，眼光有點飄忽，交換故事時驚嘆竟然是兩個孩子的媽，安安靜靜、輕輕柔柔，身邊總有想保護她的同學護著。

我們有過許多的共同打拼與分享，看著她走出原生家庭，和先生帶著兩個孩子，一點一滴地築起一個舒適的家，一次又一次的蛻變，從助人的工作中磨練出她的堅定和勇敢。先生愛她，朋友愛她，學生愛她，個案愛她，以前老闆愛她，現在員工也愛她，怎麼辦到的？

之珮有一種自由度，她從文學的訓練走向心理領域，她的觀察細膩而精準，她的表達帶著浪漫，她的語言散發著魅力，聲音不過度使用而交互出她在說話時特有的韻律。而她對文字有著文人的堅持和尊敬，所以這本書至少醞釀了十年，在還沒進入出版的程序時已經修改許多遍。她不想隨便！

是那顆心，轉動了故事
找到療癒的失落拼圖，跟自己好好說話
透過去愛，感受被自己所愛
往內看，生命的點與點開始連線
傾聽內在孩童，讓心更自由
擁抱體驗，穿越生命斷裂之處

這樣的目錄，

六個步伐，聆聽內心
容許「難搞」的自己，作它的靠山
進入心願，調節互相違和的心念
陪伴菸燙的傷，她遇見了媽媽
練習把自己帶回家

已經像詩篇一樣地在說故事！

其實之珮的動作飛快，聽完一段話，她已經從電腦丟出一段摘要，發想，和一些可能的進展。她飛快地學習吸收，融合各門派的絕活，舞出屬於她的舞步。第一時間點分享給大家，她接受所有的回饋，也邀請人們一起跟著往前走，所以她贏得了許多信任，也漸漸浮出水面。

我在敘述的像是女強人的誕生，其實我是遇到一種嶄新的溫柔，在這個混亂的網路世界，出版實體書需要很大的祝福和肯定。我願這本書會停留在你手邊，讓裡面蘊藏的愛會傳達到你心中。

作家／建國中學退休輔導教師
謝芬蘭

作者序

十多年的心理諮商工作，我發現跟每一位來談者之間的合作經驗都是獨特的，不同之處並不總是關於他們帶來什麼樣的主題、遇到什麼樣的困難，更大的不同是他們如何看待這個療癒的旅程，以及他們與自己內心的關係。

有三種來談者最讓我感覺到心疼，他們都願意更好，我也提供有效的支持，但有時候覺得自己的幫忙像是在幫倒忙，感到愛莫能助。

第一種來談者，無法接受自我探尋的過程。他們像是在爬山，抱著苦行的態度。他們非常願意努力，對自己的要求很高，會跟我討論目標，預先發展計畫，也許分階段，甚至確定好每一次的說話主題。他們期待透過努力可以有效到達一個終點，採取從前學習與考試的模式來投入這個為自己內在工作的過程。

他們的投入為我們打下很好的合作基礎，可是當他們越努力卻發現自己仍然不夠快樂，或者遇到類似的困難指向過去相同的經驗時，就會感到挫敗。「為什麼？我不是處理過了嗎？又是童年，又跟爸爸有關，我到底要探索多久這個主題才算是過去呢？」

他們想要量化，想要有里程碑，就像爬山的人想要知道再經過幾個彎口就會到達山頂一樣，於是他們越盡力就會越挫折，對自己失望或是對於療癒的往復迴圈感到無助。

我感受到他們在期待與要求之下的確是辛苦了。所以當他們想知道：「要怎樣才算『都好了』？」，我常語塞，不知道怎麼回答，真心話是：「我們在路上呀，而且走出的每一步都很好。」當我愉快地驚歎他的前進，他想到的是「還有多遠？」有時，我看到還可以往哪裡去探索，指著一個新的地點，覺得到那裡看看會很有意思。他們則必須深吸一口氣，彷彿收下一項額外的功課。療癒的旅程如此任重道遠，總使我想停下來，鼓勵他「也許就留在這裡吧，你做得夠好了，沒有一定要做到什麼，沒有一定要走到哪裡。」

第二種來談者，中了「愛自己」魔咒。

這幾年有好多心靈成長的資源，都強調愛自己的重要：如果你不愛自己，你怎麼可能找到愛你的人；如果你沒有善待自己，怎麼能期待別人善待你；你怎麼對待你自己，別人就會怎麼對待你。

和這些來談者合作一段時間之後，他們可以不再對自己那麼嚴格，可以降低標準，對自己多一些寬容，可是若事與願違，例如工作任務不順利、被責備或被忽略，對自己失望和批判的聲音又難免浮現時，除了失望和生氣的感受，往往還會被緊張給佔據，他們會問：「我又開始罵自己了怎麼辦？」接著想像種種不愛自己的後果：「你知道吸引力法則嗎？如果我又開始罵我自己，就會吸引到來罵我的人，不就是這樣環環相扣嗎？」「我到底該怎麼停止罵我自己呢？那麼是不是離我想要被愛、想要愛的結果越來越遠呢？」一旦對自己有負面的想法或感受，就覺得功虧一簣。當他們想著如何愛自己時，我忍不住希望他們可以自由的去恨自己。想跟他們說：「好，那就不愛，別繼續應對那些不愛自己就會如何的聲音了。」我看到的是當我們讓「愛自己」的價值，形成一連串自我要求，內在那些還未同步的部分便一直被打擊著，於是離內心和諧的狀態越來越渺茫。

第三種來談者，尋找依靠而非自己的力量。他們一直謙虛、敞開並樂於學習，用像朝聖般的態度尋求所有的心靈資源，走過一個又一個的課程，尋找一個又一個的高人，接著陷入一種心境困惑，覺得自己什麼都看過了，卻始終沒有落腳的地方，沒有得到確定的救贖。對這些方法有些失望，也開始感覺旅途不過爾爾。

記得好幾位實習心理師曾跟我討論：「每次參加一個課程之前，看到課程的宣傳詞都很被吸引，滿懷希望只要通過這個課程，大腦就可以裝進一套運作裝置，知道將來要如何看待心裡面遇到的障礙和問題。同時對於別人的問題，心中也可以有清晰的步驟、方法和技巧。可是每次參加完都感覺自己並沒有很大的不同，裡面還是有好多好多的模糊空間。」

那是因為生命裡的複雜本就很難用一套框架把它理清楚，真的試圖理清楚，會發現裡面的考量和路徑的發展，多到讓自己暈頭轉向，於是覺得枯燥無趣。最後又回到混沌的狀態中。

他們也許非常踏實地整理過自己、整理過家族故事，卻仍希望找不同的老師來鑒定自己是否已經整理完畢；是否不會再發生問題了。

這裡面導致不斷追尋又失落的共同點是什麼呢？

是想向外尋求依靠和背書。

然而什麼樣的回饋能比自己的體會更可靠呢？

我們如何經驗愛自己是一件愉快的事？療癒的旅途如何是一趟時時可以俯拾收穫的旅程？不用費力地要到達哪裡？

我們需要在路程中接收來自內在的回應，才能放下對終極的企盼，鬆動無所依靠的焦慮。

我們也需要明白讓自己往前一步的能量，不是來自任何方法，那些方法只是因著緣分來到生命中的便車，為我們導覽可能經歷的景緻，送我們一程。讓自己跨出去、讓腳抬起來的能源在自己之內。

當我往內感受到一股動能，感受到自然想要擴展並能與意識交流的內在空間，我才開始接納靠近自己是無法設定的旅途，只要愉快地藉由任何和我有緣分的人、有緣分的方法，就能跨出克服自己以及療癒的一步又一步。

剛剛踏入心理諮商的領域時，非常興奮，很喜歡讀各種分析家庭動力和童年經驗的書，把自己的故事放進去反復咀嚼思考，這些的確帶給我豐富的理解。但讓我真正品嚐到與自己關係的改變，讓我在探索自己時，經驗到穿越苦痛並擁有信任感，則是開始於與自己內在連結的行動。

我透過完形心理治療，了解覺察圈，學習覺察身體是進入當下的門戶。在創傷治療的工作坊，經驗到從身體帶出淤積情緒，進行疏通的奇妙歷程。走進系統排列，體會在身體中明白關係樣貌以及強烈流動的情感。到澄心聚焦心理學裡，驚訝於沒有組織、沒有框架、沒有分析，只是瞪大眼睛、張大耳朵、品味著內在流出的東西，踏實的一點一滴跟自己互動，感受內在的回應。原來是這樣綿延流動的滋味，難以言喻。

經過這些之後，我不在意「我是否治癒了某個主題？」「這個成長的刻度，突破自我的里程碑在哪裡？」「我是否愛自己？」這些問題不再浮現，並不是我確認做到了，而是答案並不重要。

因為，我願意一直在療癒的態度裡去經驗生命，它是踏實而不費力的，它是好玩而不需要外在檢核的。

有時候，我注意到內在有些什麼主題需要去整理和轉化，會快樂的把它記錄下來，跟自己約個時間，比如「今天晚上10點半，要來面對跟兒子之間記掛又想迴避他的感受。」很特別，這發生的事件當然不令我快樂，可是把它定為一個主題，好好的去探索，這個和自己預約和實踐的過程讓我很快樂。我喜歡這個歷程。

這一路上我把自己慢慢撿回來，不是多了什麼新方法和配備，而是懷著為自己療癒的意圖，把跟感受、身體的合作找回來；把思考的信心帶進來；把想像力發揮出來。所有療癒自己的資源存在於內。

我們很渴望生命有所不同，其實更渴望改變的因子來自於自己，這才能夠帶來對前行的踏實和信任。

特別的是，當我有信心陪伴自己之後，我比以前更樂意成為個案，放心地去拜訪不同的治療師。畢竟有人守護，能打開的可能性是非常大的，而且不一定要資深的諮商師或治療師，往往跟學習中的朋友、實習心理師互相支持，或者在進行課程時為了示範，讓學員陪伴我，也可以突破很多、宣洩很多、領會很多。我自己常常感到驚訝，好像內心自然知道怎麼準備好，只要有人輕推一把，就可以滑行得很遠。不論學什麼方法，都可以在那個方法中深有所獲，並不是說我能純熟操作那個方法，而是內在容易被觸及而有洞察。

這本書，我想要分享的是與內在連結的可能。每個人都可以透過與自己交流讓改變發生，這是聚焦心理學的理念之一，也是我深深認同之處，更是這幾年工作和自我成長的焦點。

我想談：

我們可以為自己建立療癒的內在空間。

帶著友善、好玩和創造力與自己交流。

生命中遇到的每一個故事都能支持療癒前行。

那些與我相遇的來談者，我只是陪伴他們找到這份療癒能源，我鼓勵他們，與其承諾要密集或長期諮商，他們最需要的是體會跟自己的互動，那會讓我們喜愛生命的旅程，愉快前行並懷抱信心。

當你跟自己內心困難的部分相遇，能夠接待它，與它交流，陪自己在各種經驗裡有釋放、有領會，你怎麼可能不喜歡這樣的旅程，怎麼可能不愛你自己？

這本書想讓你知道，我們當然可以陪自己療癒，這個療癒之旅不是一個壓力，也不是詛咒，不是「如果你不……就會……。」「如果你要……，必須……。」接觸到內在轉動之流，你會享受自己的創造力，驚訝於你可以帶給自己的愛。

林之珮

第一章
《跟自己的關係是轉變的起點》

那兩年身體裡的恐慌向我襲來，離開工作轉換環境尋求治療，我尋覓復原的失落拼圖。澄心聚焦引領我學習成為內心夠好的父母。我開始關心人們如何善待自身的體驗與感受，在成長的道路上感到被自己所愛而且無需依賴。

是那顆心，轉動了故事

你是不是覺得自己很渺小，改變不了任何事？

尤其痛苦的時候，期待和現實的落差不斷帶來無能為力的感受，更容易說服我們做什麼都不會有用。

往往人們即使在這個情況下尋求協助，也是帶著「不然還能怎麼辦？至少讓自己好過一點。」

你有想過「讓自己好過一點」有多重要嗎？如果你真心誠意善待自己，整個世界都會跟著好一點。

她利用小孩上學可以請假的空檔來做談話，說著在生活中發生的事件，聽著心裡面走過的動盪，不知不覺已經好一段時期。有一天她問我：「諮商的作用是什麼？」我澄清她這麼問的原因。

她說：「可能是有點困惑、好奇，以及有一點點驚喜的部分吧！」

怎麼說呢？

「學校跟安親班的老師都有跟我說孩子進步了，情緒變得比較平穩，也比較叫得動，安親班的老師還問我最近家裡面有沒有什麼變化，或者我是否有特別帶小孩去做什麼事情、或是跟他做什麼約定之類的。我說：沒有，基本上家裡的作息跟分工都是一樣的。我突然想到，這幾個月比較明顯的變化是我有來談話，但我也還沒有跟他們說這件事，所以也連結不太起來，我的談話跟孩子的改變會有怎麼樣的關聯。」

當時，我心裡浮現一個畫面，兩個齒輪，一個大齒輪和一個小齒輪互相轉動，大齒輪的轉動如果有穩定的方向和韻律，小齒輪也會被帶向這個節奏。於是我把畫面跟她分享：「也許是因為你的內在有些變化，你透過表達把囤積的部分釋放掉，存在的部分弄清楚。當孩子的行為像個按鈕一樣，觸發你的反應時，因為已經清掉一籮筐過去類似事件的情緒，爆發的幅度自然變小，可以跟孩子對話和討論的空間就增加了，也許這也表示你傳遞出的，包括微細的表情和聲調，是多麼有影響力。」

這個理解也許不完整，還有些其他原因在裡頭發酵著，等我們一一明白。但她親身體認「傾聽自己」、「把心整理好」為家帶來變化，便更願意靠近自己，好好照顧自己的心。

有一位學校的老師跟我聯絡，他讓我知道手上一位學生的許多行為狀況，包括重複偷竊、說謊等，老師很想幫助他，但似乎這兩年來學校的善意和懲罰機制帶來的改變很微小。他描述：「有一次，他沒有來上課，我決定做個家庭訪問，順便帶些東西給他。你知道嗎？我走進去那個房子，一句話都說不出來，眼淚幾乎要掉下來，我很難相信我的學生居然是在這樣的生活環境裡面，凌亂不堪。我真的非常訝異，我印象中他媽媽有好的工作，說話有條理，也很客氣。以前媽媽來學校，我都跟她討論孩子的事，這一次走進他家，跟他的媽媽聊比較多內心的狀況。原來她一路上走過很多傷害與挫折，飽受精神上的折磨，情緒起伏很大，對孩子很有心，但跟孩子互動時，時而溫柔時而大怒，尤其面對孩子偷竊的行為反覆地發生，讓她幾乎常常處在警戒的狀態。」

因為看到媽媽努力教養與承擔經濟的同時，還要維持自己在崩潰的邊緣不墜落。學校為她申請了一段期間的諮商，並讓媽媽知道：「這是一個自由的談話，這個歷程不為了小孩的進步、不為了面對學校老師的憂心，你可以放心地運用。」將進行的地點放在社區中，而不是在學校裡面，邀請她可以更自在地為自己而談。

我們隔週談話，將近八個月，一起翻閱生命中的故事，包括弟弟死於意外之後，她內心的歉疚和孤單；小學時候好幾次被欺負，不知道如何求援的害怕；婚姻的傷痛；多重障礙女兒帶來的心疼和喜悅，以及對兒子的抱歉和無力。不僅碰觸內心的怨憤，也攤開自己的脆弱和需要。

大概六個月後，她開始談起新認識的對象，一位非常誠懇而認真生活的人，雖然分隔南北，每天都有交心的對話。

她說：「常常喜歡我的人，我覺得跟他聊不來。我喜歡的人，即使願意跟我住在一起，卻未必可以跟孩子們好好相處。而現在這個他，我們的生活有剛好的距離，又是難得的知己。」

她分享道：「我不是有跟你說過，以前參加家長日的時候，發現班上來幫忙的同學，大家都一群一群的，會窩在一起做事或說些有的沒的，但是我女兒都一個人徘徊在旁邊，我注意到她很孤單，雖然沒有被欺負，可是看了也蠻心疼的，因為她從小學就是這樣。不過最近倒是有些變化，從女兒口中聽到越來越多其他同學的名字，表示與女兒互動的人變多了。後來弄清楚才知道，她開始會帶著羽球拍，利用下課的時間跟一些同學或學弟找學校的空地打羽球。這些同學慢慢也會在路上跟她打招呼，跟她聊兩句。」

她滿臉笑容，吐了好大一口氣。

又說著：「我在工作的地方一直是個邊緣人，有一段時間很亂，經常請假，可能帶給同事一些麻煩，雖然現在穩定了，可是別人不一定那麼快就釋懷，他們的小圈圈也固定了，我很難融入。不知道為什麼，最近倒是有些變化，我們的人事和資訊部來了兩位新人，我發現跟他們很契合，有很多的生活經驗類似，他們來了之後，我上班開始有了歸屬感。」

帶著淘氣的笑容，做了結論：「覺得很奇妙，我的風水好像改變了！」

什麼意思？

「我以前在合作上，很容易吸引到彼此不對盤、講話不投機的人；談戀愛時，很容易遇到比我小、想依賴我的人。我注意到身邊的緣分開始不一樣，包括我女兒跟我兒子，我都覺得他們遇到越來越多好的人。」

也許這跟心理學裡談的投射現象有關，當我們內在隱藏著不被自己接受的部分，很容易在他人身上放大這些部分，一旦注意到那些討厭的部分，如果沒有覺察，又用如同壓抑跟排斥自己這部分的模式去應對，就會創造不和諧和衝突的外在關係。

因此，我在想，也許這個階段的談話，她心裡面原先被否定或被壓抑的經驗，大部分被帶到意識裡，她不但面對，也接受了自己，於是從內在的自我接納延展為外在的正向關係。

或者，她因為整理了經驗，更了解自己的需要，了解自己的掙扎，也就具備了更可以認出適切朋友的眼光。

但有趣的是，這並不是我們談話的目的，我們幾乎未認真核對不適當的外在投射、討論如何篩選朋友、如何增進同事關係，也沒有催促任何行動。只是一如初衷的，她看著內在，而我跟著她，隨著交流，讓從前生命走過的軌跡和印記一個一個浮現出來，輕輕揭開，讓想法和情緒發聲，如此而已。

我體會到內在世界和外在發生相互轉動，當我們把注意力往內帶，這個過程自然發生，只是，如果未必需要走過訂定目標、找出行動方案、跟家人分享心得，然後一起努力等這些程序，那麼裡頭原則是什麼呢？當我們往內看，說著、談著的時候，那不可見、難以描述，卻真實存在的作用力是什麼呢？

就在我們騰出一個時空好好敘說和理解時，有一個我正照顧生活裡的那顆心，內在的感受在意識裡更完整，情緒能量因為被接待而釋放，對待外在人事物的想法也更清楚。當內在能量更為清澈時，我們會有活力在類似的情況裡做出各種選擇和應對，這份新的活力帶出從內在到外在的不同可能性。

如果想要質變，得有一個「我」站在那，可以看見、體會，愛護，不放任和忽略心中擁有的經驗。

找到療癒的失落拼圖：跟自己好好說話

在專業工作的第三年，我注意到身心出現一些困擾的狀況：經常胸悶、喉嚨緊縮，每次感冒都誘發喉嚨嚴重發炎。到後來，很驚訝自己居然會無預警地、經常性地感受到驚嚇。也許就在一個談笑風生的聚會過程裡，胸口卻彷彿突然遭受撞擊，像是一瞬間被推倒在地，目瞪口呆，只是外表上我還好好地跟大家處在一塊。

身體裡面承受的張力，和外面的情境常常沒有因果關係。也注意到自己手跟腳會不自主地發抖，以為自己快要哭出來，但頂多來到喉嚨、就停住了。我不知道這些情況是怎麼回事，它在我的身心系統裡躲著、不時冒出來，帶給我貨真價實的痛苦。它們不像懸浮在腦袋裡的念頭，或者是特定的情緒而已。

於是我接受心理治療好一段時間。

跟治療師談這些情況，治療師會給出反映：

「你好像壓力很大。」

「對，我壓力很大。」

順著他話的重點開始，我整理關於家庭、關於工作、關於人際關係和專業成長的壓力。原來在這些生活任務裡面，早有一些情緒逐漸堆積，治療師一一跟我核對：「你覺得委屈嗎？」「你有憤怒嗎？」「哪些感覺？」

透過這樣的談話，理出在當時環境裡的心結，以及懷抱的需求和想法。慢慢敘說，把情緒帶上來，得到出口和支持。

我仍然工作以及持續各種該投入的任務，所以新的累積也發生著，像是害怕、謹慎、小心翼翼、生氣等。你雖然透過心理治療明白自己的需求和想法後，的確能夠更穩定地處理和回應，帶來很大的幫助。但是日積月累而來在身體裡面的發抖和壓迫的感覺還是在那裡。即使後來我離開工作環境，休息一段時間，仍然承受著身體裡面的張力。記得那時候，回家有小小孩，唯一能夠放空的機會就是交通路程。只能常常在路邊或是地下街的休閒椅子上坐一會兒，試著理清楚身心困擾的狀況，但發現越想理清楚越是思緒紛飛，身體和心靈都難以獲得平靜。

於是，懊惱地質疑：「現在一切都蠻順利的，情況都很好，我到底是有什麼好難受的？」當然，這種無助感也為那時的身心多添加了壓力。

很久以後才知道，我的確努力，也許是太努力要找避免問題再發生的方式，也努力緩解難受的感覺。我要不就認真、著急或心疼地看著自己的情緒，聚焦於它，要它多說一點、請它好受一點；要不就想著外面，探究外面的人、外面的事怎麼了，思考如何去應對、如何協調。而胸中、心頭所塞滿的能量，仍然超過言語所能解釋。我不知道它們需要什麼？它們帶給我的負擔就像是卸不下的背包，解鎖不了的腳鍊。

我還能為自己做些什麼？

跟自己說：心理諮商中很重要的概念不就是「接納」嗎？我應該試著接受身心的痛苦。可是，用在自己身上，只多一層束手無策的無奈和生氣。

當時，我在加惠基金會工作，王銀賜老師和徐醴芳老師陸續開設澄心訓練課程。從課程說明來看，這是一套自助助人的方法。我注意到很多學員一期又一期重複上課，有時在等待區遇見，看他們課前和課後總是從疲憊走向輕盈，緊繃轉為釋放，聽他們分享練習收穫也很特別，例如會說：「剛剛我裡面有一個東西……好美……。」

我很好奇他們身上發生了什麼，想知道它如何吸引著人們一再地回來溫習？

我，決定報名參加！

回想上課的過程，我當時沒有力氣吸收課程中的講解說明，也沒有力氣閱讀講義，印象最深刻的是兩位老師的澄心示範，心裡滿滿驚訝，講直白一點，我看到的景象是：一個人深情的自說自話。那跟平常自己一邊忙一邊嘀咕應該做的事，或者某些人在街上比手劃腳、用很多情緒吐出語言的狀態完全不一樣。

除了看過歌手在唱歌時用動人的語調、手勢和表情來融入歌曲之外，我沒有看過人們說著碎碎片片的話語時，如此慎重、深情，而且那些話不是要說給別人明白的，話語的能量朝著自己。

示範十幾分鐘過後，當老師睜開眼睛，整個臉柔和且安靜，老師會說：「感謝我的內在，我會再回來陪伴它。此刻我心裡有一個感受是……，啊，我讓它知道我聽到了……。」

這個過程完全抓住我的目光，我聽不懂也聽不清楚他們在說什麼，但我感受到安全和溫暖的氛圍，心裡很被觸動：原來一個人可以這樣自言自語，並帶著真誠投入的感情。

這種表達不是一廂情願找些好聽話來塞給自己，是跟內心緊緊貼著，這個「心」不只有情緒，而是注意力往裡面時，所有內在發生的動靜現象，包括身體、思緒、情緒、畫面……。不錯過它，一一閱讀、描述、回應。這個過程不需要監控、也不費力，不怕跳不出文字，不怕對別人說不清楚。只是讓裡面的狀態進入注意力，從嘴巴流出來。

保持聽自己、說出來，是為了讓注意力不要渙散，不要跑去分析「為什麼出現這個」、「怎麼了」，單純地看自己、聽跟說，就像給身心開了河道。我開始這麼練習之後，才發現內在有無限個想跳出來的感受，好多好多。很長一段時間一起練習的，同學會提醒我：你的速度好快，即使如此，還是常覺得話語跟不上內在湧出來的速度。我才明白，原來在頭腦的意識範圍之外，身心系統承擔了這麼多。

我很高興遇見療癒內心的另一塊拼圖。

之前，談話治療時，當治療師問我：工作裡什麼部分帶給你壓力？我從哪裡回應呢？我從我腦袋裡用他的問句去Google訊息。沒有轉過來和內在那個發抖著或撞擊著的身體感受接線。

我一直往外去找支持和解決的方向，不知道可以單純停留在心裡頭那團混亂的地方，不知道什麼是陪伴自己。

我看著老師是如此有溫度地跟自己說話，而且讓內心收到自己的溫度。天啊！一個人可以收下自己給的溫度，這是好讓人感動的概念。我總是滔滔不絕地說話，尋求別人的意見和理解來調整自己，是否嘗試過誠摯地跟自己說話？並且感受內在的回應呢？

看來沒有。

相反地，我太依賴治療師要說讓我有感覺的話：例如要說中我的感覺、要問我需要的問題、要給我他的洞見，好讓我從裡面拿到溫度和解答。於是當我在心理師的位子，也不假思索地給自己類似的壓力。去參加研習的時候總是很忙碌，抄著講師們吐出的如珠妙語，腦袋裡轉著：「這句話好深入、好精準，記下來，放進去自己的錦囊，要說得這麼好，個案的心才能打開。」依賴別人，也暗自期許自己更加可靠。

我收穫了一個帶來啟發的觀點：存在的本身是不斷地活生生的流動，不是一個要被拆解或調整的固體。我們應該注意自己如何與內心互動，互動的兩方可以看成「觀照我」與「當下內在經驗」，「觀照我」透過注意力把容許和支持傳遞給內在經驗，兩者不斷往返、相互回應，創造了自發性的調節過程。

所以，我不是要從外面拿些什麼來修理內心，而是要學習接觸內心，哪怕內在出現的往往混沌不清，難以理解。

知道要好好看自己、接觸自己、有哪些注意事項和步驟並不難，透過幾次示範，大概就能明白大概，但身心整體的流動和諧，需要的遠不只是知道。

我經常在工作坊裡跟大家分享，其實第一堂課就已經道出大部分重要的觀念了，引導步驟在書籍中都有，如果你照著去做，絕對會有收穫，足以奠定跟內在交流的基礎。

難的是「踏實去做」。

有一次在工作坊裡遇見李開敏老師，我看到她容光煥發、渾身謙和自在的氣息，不同以往我主動打招呼，並告訴她多年前曾聽過她的課，兩相對照，我想像這些年她一定在自己身上下了很深的功夫，我很感動她不吝分享自己的信念和所下的功夫。印象很深的是，她說：「修行最重要的就是『行』——行動。」

我很感謝自己一直在陪伴內在的軌道上走著，有時候密集、有時候閒散，但跟內在之間有一道隱隱的連線，如果沒有一天一天、一次一次的往內聆聽自己，一段一段的練習，它就是一個方法、好東西，會被放在櫃子裡，經常瞻仰，不會成為我內在各部分的針線。

過不去的身心困擾，如何意識到它，如何與它相處，給予自己的注意力是唯一的鑰匙。任何方法都能增加信心和靈感，可是只有向內的關注力能把資源帶到內心受困的地方。

透過去愛，感受被自己所愛

這幾年，心靈的知識逐漸普及，關於愛自己，我們都不陌生。於是人們捆上應該要愛自己的枷鎖。

A說：「如果我不愛自己，是不是就沒辦法得到別人的愛？」

B說：「我想要愛自己呀！我還是會不喜歡自己批評自己，難道一定要強迫去接受自己不好的地方嗎？」

對A來說，愛自己是一個必備條件，也可以說是一個手段，為了得到別人所愛。他真正想要問的是，要如何才能獲得被愛的感覺。

對B來說，愛自己等同於想到自己的時候要有許多美好的、舒適的情緒，他可能會要求各方面表現得再更好一點，才能獲得自己的青睞，才願意喜歡自己。

「愛的藝術」這本書，是我上大學的時候教育學程的必修讀物，第一次閱讀過程就被弄得天旋地轉，那時也正經歷愛情的掙扎，讀過好幾遍，深深被感動的是：「愛」是「如何去愛」的問題，而不是「如何被愛」的議題。愛是行動，不是「我是否值得被愛」的需求。

一旦把愛的議題簡單化約為我如何變得有人愛，我們就會開始討論「什麼樣的人才值得被愛」，衍生的主題是不斷處理以下現象所帶來的情緒痛苦：「我對自己沒有信心」、「我覺得自己不夠好」、「我太容易在乎別人的評價」。

這本書在「如何去愛」的行動上提出了四個面向，這四個面向不論在各種親密關係，或是在跟自己的關係上，現在讀來都非常貼切，我想透過親子關係舉例，來看我們跟自己內心的關係。

這四個面向是：

1. 照顧

需要去照顧你所愛之人。

試想，如果一個母親口口聲聲說她愛小孩，卻沒有花時間去照料她的孩子，只在重要的場合出面，或者是孩子已經完全失控拖住她的時候才不得不在場，這會是愛嗎？孩子會感覺到被愛嗎？

回到自己身上來想，每天忙碌於應付各種外面的情況，我們願意花多少時間注意身體的感覺，願意用多少溫柔去靠近心裡頭的感受？當我這樣問學生或者個案時，他們常告訴我：「這很難，我沒有時間。」真的會完全沒有十幾、二十分鐘嗎？

我們只是習慣忽略看顧自己的內心。

2. 責任

在愛裡面，我們有責任去回應我們所愛之人。

聽到孩子哭了，哪怕沒辦法立刻騰出雙手擁抱他，也會發出聲音回應他。我們會把父母或伴侶的需要放在心上，用有限的資源去做點什麼。

回到跟自己的相處，我們會好好惦記自己嗎？

如果今天有憤怒、累積了慌張，現在沒空理睬，因為要回到現場處理手邊的事情，我們會真的放在心上，找時間跟當時生氣的自己、慌亂的自己談一談嗎？很不容易。

所以，我得特別提醒自己這麼做，除了寫日記，還有另外一個資料夾是記錄我沒有時間但是想回來陪伴內心的主題。陪伴的方式很多，每個人都可以找自己喜歡的方式，但內心的需要是否在你的意識裡佔有一個位子，這才是重點。

3. 尊重

你會把孩子打造成你所要的樣子，還是隨著孩子長大認識他，允許他展現他的特質。

曾經有一個男孩告訴我，他好想穿一次婚紗，說完之後狂吐舌頭，又說「很噁心、那樣好奇怪」。我說：他當然可以在能夠為自己做主的時候成全自己想要的，包括選擇好的時機，尊重「不想奇怪」以及「想要穿婚紗」的需求。他說他的老師也這麼告訴他，不一定要當女生才能穿婚紗，看過很多男生留長頭髮，做比較溫柔的打扮。

如今生活的環境，已經打開尊重多元的空間，我們可以尊重每一個人都有不同的個性跟想法，而且甚至可以尊重每個人也有自己的矛盾和步調。

可是回到內心層面，我注意到人們包括我自己，仍然常常回到幾十年前的框架裡，很難尊重內在自然發生的感受。

一位女士說：她發現好朋友沒有把最重要的心事告訴她，卻告訴了另外一個人，她心裡很介意，有一點被否定的感覺，開始封鎖對方，結束自己有重要的心事，其實很想找這位好友聊聊，但想起這個不好受的滋味就打住了。她內心整個過程，對方其實不知道，也不一定會發覺，但是她卻陷入懊惱的迴圈，不知道該拿自己怎麼辦，苦笑著說：「我很幼稚，都幾十歲的人了，又不是小孩子，還在在意這種事，而且還放在心上。」她後來詢問朋友，朋友讓她知道是因為狀況不明還不想讓別人擔心，而另外一位朋友手上有他所需要的客觀資訊。這位女士雖然不再感覺被否定，可是對於自己的在意以及開口詢問越來越覺得尷尬，形成困擾。

其實，原始的情緒不會持續太長的時間，是我們不斷加入很多念頭，才讓難受的感覺一層加上一層，持續發酵。如果我們不接受內在產生的這些感覺，不知道如何尊重感覺所需要的過程，思緒會更混亂。這位女士心中「被否定」或「尷尬」的感受如果被自己尊重及擁抱，便不會進一步疊加「不知所措」及「無助」。

4. 了解

當你想要尊重一個人、回應他並照顧他，你就必須了解他的需求，甚至你必須知道他為什麼有矛盾的需要？他的掙扎是什麼？你才能知道要站在什麼位置去支持他。

回到內心裡面，我們常常很快速地就定義了我們自己想要什麼，定義了我們應該要這個而不要那個，我們經常跳過仔細聆聽的歷程。

總覺得：「今天的我跟昨天的我在意的大概都一樣。」「我對這個人、這件事的感覺不就這樣嗎？」

但那可能是昨天、上個月，甚至十年前的結論了，我們讓當時的感覺烙印在腦袋裡，變成一個觀念，沒有重新聆聽現在的自己。

仔細聆聽，內在才會開始對你訴說。當它開始訴說的時候，原來凝結成塊的東西可能融化，再聽一會兒，才能沉澱並對此刻的自己取得貼近的理解。

一位男士說明天公司有重大的活動，一整天大家都會在一起，自己一向不喜歡這種社交場合，想到這個會覺得有壓力，當他仔細看看自己明天會遇到哪些人、會一起做哪些事，談一談跟這些人的關係之後，他說：「跟你講話的過程中我突然覺得，我其實跟很多同事好久不見了，很想知道他們的近況。」

他原本凝固在不喜歡社交、怕熱鬧、怕吵的概念裡，讓內心說話之後，渴望跟某些同事相聚的部分便有機會被聆聽。

……………

如果你希望被一位能夠照顧你、回應你、並保持尊重和了解的人所愛，那麼你的內心也同等渴望被你的注意力用愛包圍。

你願意去愛嗎？在生活中實踐對心的照顧，保持對內在聲音的聆聽與尊重。被自己所愛的人，自然散發值得被愛的光芒。

往內看，生命的點與點開始連線

願意去看，連接就開始發生

記得有一次跟好伙伴討論，我們聊一起到安置機構進行療癒工作坊的感受，他說：「最重要的是怎樣把好的連結帶進去一個人的生命裡，而不是我們要刻意的把什麼東西裝進去，或者要帶她去哪裡。應該是你看看她心裡面在想什麼，有在想而跨不出去的地方在哪？接著，最重要的是陪伴，你陪伴她從現在這個點看向她想著又不敢看的那個點，這個連結就開始發生了。」

有家庭照顧的孩子，往往有比較多的機會被陪著去經驗，去跟很多不同的事情發展接觸，有人陪著跨出舒適圈，從一個點到另外一個點的嘗試會比較順利。累積比較多順利的連結之後，這些連結的經驗接著會發展成為一股動能，讓自己願意嘗試以及對過程抱持開放的態度。

找出點，開始連線

在工作坊裡，會陪參加的孩子面對想探索的主題，詢問這些機構中的孩子，心裡掛念的事，他們常一時說不上來，磨蹭躊躇之後，想到的總是「爸爸、媽媽、姐姐、哥哥……。」當我們在探索空間裡擺出這些人的位置，邀請他們覺察自己的感受，孩子常不假思索說：「沒有什麼特別感覺」、「不熟」、「想不起來」。其實不會沒有感覺，只是不敢去碰這些感覺。有時孩子眼眶噙著眼淚、身體僵硬得不得了，問他怎麼了，仍搖搖頭，這份感受太陌生了，無從描述。

我常陪著他們站在那裡，眼前的角色代表，不是要去分析家人到底如何？怎麼會這樣？這些角色是鏡子，讓他們可以看到自己，看到自己的抗拒，看到自己的害怕，看不敢說的思念。看的時候有人陪，於是支持和溫暖順著目光走入好久不見的內在糾結。因為我知道跟自己的連線，是生命活力的來源。

陪伴，使一個人敢知道自己在逃避什麼，有勇氣問自己是否願意從這裡走到那裡，就算碰一下再逃回來，也是輕輕描繪了一條線。我們需要很多次真誠的、專心的面對重要他人、面對生活的連線練習，這樣，遇到自己的害怕、焦慮、惶恐時，才願意張開眼睛，繼續前行。

我們活在關係的網絡裡，故事不斷向前開展，很多挑戰、機會和貴人在前方，如果迴避感受，不願意覺察、表達、決定，心就一直留在原地，並不會因此空白輕盈，而是被往前滾動的際遇拖來拉去，不斷被拖出無奈和煩躁，被逼出憤怒和沮喪。

諮商輔導的支持，是陪一個人張開眼睛，認出那些與困境緊密相關的內在感受，這些部分往外延伸為互動模式，往內形成長久的自我認知。我們需要看到內心在意的點，也許是渴望、傷口、牽掛，走向它，把斷掉的麻木部分用覺知接起來，心的版圖才能逐漸擴大。版圖越大，越敢將外在新的目標放進來體驗的空間。

諮商的價值是啟動一個人願意開始陪自己，認識內心的不同感受、狀態，與各部分耕耘好的連線。例如你想經營工作室，過程中你遇到「對開發創造的熱忱」、「對金錢的焦慮」，每一部分都值得你好好陪著自己，看到它、走向它、從此處到彼處，即使走過去又走回來，也是好的。每一次移動都有一次的軌跡，覺知並與內在感受對話，是踏實移動的開始。人們都需要後退很多次，才能找到改變的節奏以及前進的信心。每一條連線會指向下一個要去面對的點，要累積很多陪伴自己的經驗，人才敢去信任生命力的版圖，才敢支持自己去看到這些連線匯聚，指向更遠的里程碑，導引生命力在一個方向上落實。

很多孩子從未在關係中體驗跟自己連線，跟生活周遭的人、事情、環境都沒有好好地接軌。年紀到了，要他思考並選擇特定興趣跟目標，他們只能聳聳肩，或問「哪一個好？」然後覺得這個不好、那個不敢，眼前迷濛，跟「未來圖像」之間如同汪洋大海。不是沒有探索工具，而是沒有陪伴自己建立連線的經驗，邀請他前進，他只想迴避。

我很喜歡賈伯斯對史丹佛大學畢業生的演說，談到生命中把點連接起來的故事。

「往前看時，你無法把點連起來；只有往後看時，你才能連接它們，所以你必須相信點將在你的未來以某種方式連接。你必須相信某些事情：你的直覺、命運、人生、因緣……，不管是什麼，因為相信點將在未來的路上連接起來，將帶給你追隨內心聲音的信心，即便它引領你離開已被踏平的步道，也相信那將造就出所有的不同。」」

信任內心想投入的目標，帶上自己的心意耕耘它，回首的時候，這些耕耘的點悄然相連，蔚為整片花園。把活力帶向各個方向，可以從「看著一個點並與它連結」開始，這個點可以是內心思念的、恐懼的、曾挫敗的、喜歡的、夢想過的……。

一位C女士，三年前遇見她的時候，男友入獄、沒有工作、帶著孩子單獨生活，經常讓老媽媽擔心，也受到哥哥姐姐的責怪。情緒陷入孤單和害怕，這讓她急於戀愛。但是，越著急越遇人不淑。社工說：她沒有信心、沒有目標、一直尋求依靠，又情緒化地傷害幫助她的家人。

我與社工跟著她三年，從她身上，我看到關於連線的力量。

第一條線：她與我們，與內心「無法赴約」的部分

社工與她和孩子的學校都接上線之後，如果孩子沒有到學校，學校聯絡不到C，就會找社工，社工一定會聯繫上，問清楚原因，確認孩子的狀態以及母子是否安定。

她常常接受朋友來家裡小住，互相陪伴，晚上聊天喝酒，於是錯過催促孩子上床、叫孩子起床的時間。社工知道她無法拒絕朋友，喝酒聚會跟內心的痛苦有關，於是安排諮商。

她豐富的情感和想法，總是讓我們的談話充滿眼淚和笑聲，我浸泡在她的故事裡。從中不論分享我看見的、好奇的、困惑的，她都接棒，往自己內心更深處走去，我知道她一定會更好，因為她願意拉近跟自己的距離，開始傾聽自己。

但我們遇到很大的困難，就是她很難遵守時間，也就是很難履行承諾。跟學校講好的步調，兩三天之後就亂了，亂了之後就封鎖社工的聯繫，我也常常在諮商室裡面等。有時候等十幾、二十分鐘她才匆匆趕來，有時候她索性不來，有各種不可避免的因素，像是身體突然頭痛，或者家人突然有事。

我們定期邀請她，跟她聯繫，沒有責備或逼迫，只是不放棄，這樣持續一段日子。我想彼此都有些體驗，可以來看看過程中心裡發生了什麼。

她說：「很奇怪，如果我那天約好了卻沒有赴約，後來那一整天都會很廢，應該要去做的事情，即使是很小的事情也不會去做，例如說去買菜，或者答應我兒子去幫他看東西，我可能早上沒出門，就躺在沙發上，一直到下午孩子回家……。會不會有一種……懲罰自己，故意一直擺爛？」

我鼓勵她繼續說，一邊感受一邊說，現在那些沒有赴約的理由不重要，以後要怎麼做也不是最要緊的，往裡面去看心裡發生了什麼，不用批評也不用阻攔自己。「沒有赴約……耍廢……懲罰自己……。」

她突然坐直身子，描述：「很像有一個超大聲音站在我旁邊，很看不起地說：沒關係呀，你就不要去呀，通通都不要啊，以後人家也不會理你呀，反正也無所謂啊，然後我躺在沙發好像在僵持著，又不知道在硬什麼。」

她內心裡，苛責自己的聲音以及難以履行約定的狀態交替出現，如果她背對自己內在的狀態，這兩股力量會輪流佔據她的意識和行動，看見之後就開始了解，了解了，才能有意識地回應自己，同時也能夠回應別人。

逐漸地，她很少在約會的時候失蹤，打電話請假時會說：「我現在出不了門，不過我雖然沒辦法過去，但我等一下會去完成……（生活中其他待辦事項）。」來讓我們知道她好好的。

她這麼做，除了覺察無法赴約的部分，替它表達之外，也回應了苛責的部分：「容許我吧，待會我們還是可以把生活過好。」

第二條線，她與國中同學，與意志力的連線

有一天C向我們宣告，她決定陪伴男朋友到南部經營麵包店，所以長時間會在南部生活，也許一兩個月才會北上一次。我們都替她高興，非常祝福這個緣分。因為我們已

經見證這段感情帶來的正面影響，C不僅接送孩子穩定上下課，而且戒菸了，還跟哥哥姐姐打破僵局，過節時聚會，不再彼此迴避。

她說：「因為有你們在，我有意識到維持生活作息、把孩子照顧好是一件重要的事，雖然還是常常凸槌，不過總算比較能當一般人，過一般的生活。如果我不是一般人，我應該不敢跟他聊天吧，……我們真的很偶然透過一個朋友遇到，聊起來才發現竟然是國中補習班的同學，那時候還互相有好感過，他知道我現在帶孩子還有面臨的困難，就很願意鼓勵我、關心我，慢慢地越走越近。」

我好奇：「之前有一陣子你身體很不好，需要戒菸都戒不掉了，這一次呢？心裡面發生了什麼過程？」

C回想著：「因為他很認真，我先看他工作，然後跟他一起工作，每天這麼早起，固定的時間做固定的事情，對我來說有多難你也知道的，不過你也知道我有在練習，加上有愛，就不會太難，一陣子之後，他一直希望我可以戒菸，畢竟麵包店需要很乾淨的環境，即使我在店門口抽菸也很奇怪，最主要我覺得應該不難啦，如果連早睡早起都可以做到，戒菸也沒問題吧，就這樣度過了。」

過去很長一段時間，學校系統和社會局的系統讓她有機會面對心中難以承諾以及苛責自己的部分，這個連線讓她在面對新的承諾的時候，更有能力跟自己對話，有能力問：我要嗎？我願意試試看嗎？準備好了嗎？

第三條連線：她與新的工作，與未知的連線

跟男友磨合一年，本來預定如果兩個人可以走入婚姻，就會接孩子到南部一起住，最後兩個人和平分手，C跟媽媽和孩子一起住，組織自己的生活。

以前，社工幫她介紹了好幾份工作，她自己也找了好幾份工作，不是面試之前出狀況錯過機會，要不就是工作內容跟想像的差太多，或者工作期間有突發事件造成和老闆的誤解……總之，許多年都沒有持續的工作經驗。

分手之後，C回台北進入連鎖水果行，早上5點開始上班，削水果、搬貨、整理都不是她在行的，從頭學一路被嫌，一個禮拜兩個禮拜、一個月兩個月、半年多過去了，她不僅堅持住，還如願到櫃檯擔任結帳。回顧這段路，她為自己感到驕傲，沒有被失戀的痛苦淹沒，靠自己有一份穩定的薪水，可以讓孩子學喜歡的東西，假日還能帶媽媽跟孩子去逛夜市。

怎麼做到的呢？

她說從上一段戀愛經驗了解平凡的福氣，而福氣需要累積，從前男友的身上看到自

律、看到穩定的耕耘，反觀自己容易煩躁，容易因為煩躁而逃避的狀態。

她羨慕別人身上的優點，也常覺得自己不好，而更重要的體認是：人沒有辦法一直命令自己要自律、不可以煩躁；要面對、不能逃避，但是人可以學習面對自己不好的狀態，陪伴自己，練習看著搞砸事情的自己，看著不好受的自己，慢慢地就知道怎麼安慰自己、支持自己，跟內心的各個部分一起做各種決定。

有一次，很臨時的跟社工還有我約見面，她說：「你知道我的好朋友來了（內心逃避的部分），今天沒有去上班，我跟老闆說我狀況不好，讓我休息一天，還跟老闆說臨時請假真的很不好意思，我會反省。所以我就跟你約了。」我為她的自我接納和坦誠動容。

C的歷程，從與社工體系合作開始，面對內心「難以赴約」的部分，接受一段互相扶持的感情，從這段感情走向規律生活以及戒菸的新習慣；從新的習慣連接一份堅持不懈的工作態度。現在，她有能力帶孩子過穩定的生活，已經擺脫從前的模式，與媽媽互相照顧，一起過日子，改寫過去40年的劇本。

我問她：

「你記得你以前常嫌社工煩，追著你問各種進度，好幾次我特別來等你，你卻推說頭痛、眼睛痛，臨時缺席。我鼓勵你接受媽媽和哥哥的幫助，你憤怒得想放棄一切，跌坐在從小到大的恩怨裡。好幾次你差點要兩手一攤，最後都停下來，繼續跟我們交流，跟媽媽與男友溝通，為什麼？你有發現嗎？」

「我以前覺得自己懶惰很可恥，做不到你或社工說的話就不敢見你們，想像別人看不起我，就很氣、很丟臉，我沒有辦法處理的是我自己。而我現在可以跟自己說話，可以承受一些感覺，可以面對別人眼中的我，就像我曾經問你很多次：你會不會覺得我很爛，浪費你的時間？」

「你都說不會，我不相信。其實如果你說會，我也沒辦法接受，可是我敢問誒，這就是面對自己吧！」

我帶著眼淚笑出來

「對啊，你心裡那些難受的感覺，覺得難看的自己，在那裡跟你揮手的時候，我超擔心你為了想關掉、迴避，而把我們都趕走，還好，你在小劇場裡轉彎了。」

「知道自己的內心有什麼，認出來，表達它，真的需要勇敢，這是對自己內心的誠意，你也這樣跟自己慢慢熟悉、親近起來。」

生命中有很多值得我們探索的地方，我們卻難免和內在活力失去連線，也許只是需要意願和歷程，陪著自己去看卡住的地方，去看心之所向卻不敢碰觸的部分，所想望的或不敢想望的。往一個點跨出一步，讓點連成線，連線構成局面，拓展出生命的花園。

傾聽內在孩童，讓心更自由

情緒是孩子身上最活躍的能量，觀察幼兒，就可以發現每一個人都有不同的情緒氣質，有些孩子面對各種情境容易害怕，相同的情境類似的挫折對另外一群孩子來說，卻讓他們生氣，有些孩子則是失落……。

內在空間不會只有情緒，也有情感、創造力、洞見……。

如果經常情緒滿溢，主導思考和想法，那意味著你無法發揮完整的力量，而是讓你的內在小孩為目前的情況作主。而很可能，你並不贊成卻攔不住，他作主之後，你又會罵他，也就是百般責怪自己。

討論如何控管情緒的主題時，要記得傳遞真誠的關注給內心的那個孩子。

透過情緒認識自己的需要，與世界交流，是成長的第一課。強烈的情緒來襲，讓孩子感到痛苦，他們求助的方式就是把情緒展現給身邊的人，希望身邊的人能為他們做些什麼，使情緒舒緩下來。再經歷，從身邊人的回應中，慢慢摸索要如何對待這些情緒能量。

有一次在國小帶團體，幾個孩子在圖畫紙上用蠟筆塗鴉了自己非常難受的感覺。我先請一個常常被老師帶來輔導室休息的小男孩分享當這種感覺來臨時會發生什麼事？

其他小朋友七嘴八舌地幫忙說：「他會打人」、「還會敲桌子」，「大哭」。有些人說自己只要「吃零食」、「看卡通」、「看YouTub」……就會好了。其中一個孩子特別說：「我會故意一直笑一直笑，這樣，難過感覺就不見了。」印象中，有一個小男孩舉手強調：「我都沒感覺！」然後補了一句：「連我阿嬤昏倒，我也不會怕。」

他不清楚也不想知道自己的內在發生了什麼，背對自己的情緒，這是他那時感到舒適，維持關係所需要的方式，在當時這不是問題。

但是情緒能量是關於自己的想法、需要、對情境真實感知的重要訊號。

如果某種對待情緒的方式銘刻在大腦裡，接受情緒的能力以及反應方式沒有隨著成長而擴展，這個人將會一直錯過了解自己的機會，也難以和他人交流真實的需要和情感，難以獲得理解和支持。

沒有被理解和消化的情緒，也包含當時的觀點和期望，固著於內心深處，就像內在的一部分我，而怎麼對待這個「我」，認識還是陌生？接受還是拒絕？都會影響生命中的重要關係。

對待內在感受，我們經常：

1. 被情緒吞沒

「我做完之後立刻就後悔了，而且是非常後悔。」

他沮喪的在諮商室敲打自己的頭，想把自己敲醒。

「平常我很疼小孩，小孩請我幫忙他做什麼，甚至用命令句，我都沒有關係，反而是我旁邊的人提醒我不應該縱容他們，我可能會帶著要教育的心情跟他們講，其實心裡真的沒有不舒服的感覺，也沒有覺得不好，就是可以疼小孩。可是，小孩如果一直哭，像昨天我的小孩為了媽媽在洗澡而大哭，勸不下來，我就發怒了，我去把小孩送給我的父親節禮物捏爆，整個氣上來，停不住。已經破壞禮物了，我還去拿他的其他作品，因為我知道那是他最在意的，他會很傷心……。」

他觀察到憤怒裡的自己跟平常的自己完全不一樣，對孩子的寵愛和心疼相對於毀壞孩子的作品，這兩個部分截然不同。

他進一步描述自己如何身處在情緒中。

「情緒突然高漲起來的時候，我整個人都暈了，完全控制不了，我一心一意只想要完成情緒的命令，就像它是我的將軍一樣，我願意聽它的，用最簡單的方法去聽它的，我覺得我在裡面躺平了，完全無法思考，也不想要思考，我只想要去做情緒要我做的事。」

被情緒吞沒時，像坐上一部方向盤不在自己手上的高速列車。我想起一位平時很溫和的朋友也曾經提到自己如何在盛怒下毀了工作。

「我跟主管講完話之後，回到辦公室拿了簡單的東西，我就離開了，我不是去出任務，不是去談業務，也不是回家，我買了火車票到很遠的地方，消失三天，誰找我都沒有用，我把手機關掉了。那種情緒給了我很大的力量，讓我不顧一切地衝出去，我媽媽形容像著魔了一樣。現在回想，覺得沒有那麼嚴重，也很懊惱，應該沒有人會跟我做一樣的事。」

「可是我當下在那個情緒裡面，覺得再也沒有其他的辦法了，只能用非常極端的辦法來做，那個主管對我講的話，我心裡頭的反應就非常的強烈，強烈到我想要這麼做，才夠能夠表達我的感受。」

當你長久以來無法表達自己，情緒會接管整個意識，為它自己發聲。

2. 習慣壓抑

不表達不代表壓抑，要不要表達，要考慮時空環境，以及別人是否準備好要聽。壓抑，指的是有情緒浮現，你甚至不願意感覺到它，不願意承認它是你的一部分，或開始責備自己以及轉移注意力，只希望趕快擺脫這些情緒。

她說：

「我跟婆婆住了三十多年，她是一個好婆婆，從來沒有刁難過我，我們和平相處。在她生病的這幾年時間，我當然也看頭看尾做所有的醫療安排。這幾十年裡面我從來沒有怨言，沒有跟先生說過任何我不想要這樣、想搬出去的話，因為我接受，我接受了才結婚的。

我婆婆已經過世了，我應該感到更輕鬆，可是最近我陷入了一種好像強迫性的狀態，突然一直冒出想要質問我婆婆：我到底做錯了什麼？哪裡沒有做好？她在生病的最後、還清醒的時候，把她身邊所有的首飾都拿出來，一份一份的整理好，分給她所有的女兒，當時我認為這很自然，可是現在，唉，喪禮都已經過了半年，這些畫面卻一幕幕回來，我覺得自己的付出好像是一場空，完全沒有被放在心上。事實上我不缺那些首飾，也不是在意錢，也覺得自己計較這個很無謂。」

她反覆強調自己是心甘情願的，在付出的過程裡從無怨言，因此不明白現在的困擾何以如此巨大，她只希望去除這些畫面和思緒。

我們都有這個經驗，依著一個信念往前走，直到任務完成了，才發現自己垮了、生病了，因為過程中有太多時候，壓抑身體的疲勞和心理上需要。

她承受的這種爆發性的感覺，來自於以往付出的時候，心裡出現的渴望、不甘心、生氣、委屈都被吞下來。這些被壓住、沒有被覺察的情緒成為暗流，哪怕都是一點點，也慢慢地匯聚，直到現在滿出界線，在意識裡爆炸，她對這個自己感到又陌生又驚嚇。

3. 陌生疏離

有的人情緒容易上來，也容易過去。來了就像變一個人一樣，情緒走了，什麼都好了。

如果你問他「之前為什麼那麼激動？」「為什麼要逃跑？」他大概不會回應，也無法說明。

前述這位先生對孩子暴怒之後，無法主動跟孩子解釋，會讓太太去處理。不論太太怎麼做、孩子是否安好，他隔天還是一樣照顧孩子，給他們愛。

太太很想幫助先生面對自己的「爆怒」。

我細細地問：「如果把那個生氣的你擺在你跟孩子的中間，要你跟孩子介紹這個部分，你會怎麼說呢？也許你可以為它說話，孩子會比較了解……。」他非常用力搓臉頰，把身體捲起來轉向旁邊說：「很尷尬，我完全無法承認，我自己都不去回想，我不覺得孩子會想要回想，他們應該覺得爸爸壞掉了。」

這個疏離的關係是：「我不認識那個生氣，就像另外一個我一樣，我不知道怎麼為他說明，不知道怎麼介紹他。我自己都不知道了，怎麼跟孩子說要怎麼辦！」

我問：「會跟太太聊嗎？」

他雙手反握，把身體繃著：「我太太很愛問啊，問我為什麼會生氣？為什麼會做那麼傷害孩子的事情？我也不知道，我也不想要，也覺得不應該，覺得難過，可是我只能道歉，不然呢？她對我生氣，我事後都可以承受。」

我說：「別人的難過和怒氣，你都可以承受，唯一很難的就是去認識這個生氣，跟它交朋友。你不願意回頭去看那個暴氣的你，為了逃離他，你甚至願意付出代價。」

有沒有想過，也許正因為我們想保持疏離，情緒能量才必須要很大、很強烈，內在那一部分的我，唯有如此才喚起我們的注意，才獲得了出口。

我說：「也許你的感覺是對的，這個情緒好像另外一個你，有一套想法和面對事情的方式，似乎不是你能掌控和影響的。」

他用力點頭，希望太太知道他不是不愛她跟孩子，只是對「暴氣的自己」無能為力。

我想幫忙拉近他跟內心那個自己的關係，「暴氣」情緒被關心和理解之後，也許就不再需要用切斷理智線來發聲。

「他不是今天才冒出來的，是一次又一次慢慢累積的。我在想，也許你的憤怒不只是在跟孩子說：不要哭。」

他想了想，手絞在一起，垂著眼說：「小孩哭很正常，但是他哭，我覺得很煩，覺得自己很沒用，覺得快瘋了。我爆發，是想讓他知道我那種快瘋掉的感覺，……。」

我說：「你的憤怒是因為你感覺自己沒有作用，甚至會有一種失敗的感覺嗎？」

他說：「我真的常覺得自己沒用，很失敗。」

那是一種受傷的狀態，在負傷中覺得自己不會成功，卻仍要努力做些什麼。

他的心裡感到自己沒用和失敗的聲音，對著誰呢？誰讓他想證明自己？是孩子嗎？是太太？還是過去的父母、師長……？

娜汀哈里斯在「深井效應」書中談到「童年逆境經驗」，他做了一個比喻：有一年英國倫敦發生霍亂，大家都以為是空氣傳染所造成，後來發現感染的人都喝了同一口井裡的水，進而注意到那口井裡的水才是傳染的源頭。他用這口深井來比喻「童年的逆境」，意思是當生活出現許多困難，表面上看起來不一樣的身心健康問題、行為問題或環境適應問題，很可能是來自於個人童年某一段時間的創傷。創傷的影響就像那口井裡的水，它未處理淨化的能量才是污染的根源。

每個人在孩童時，都難免有幾口「深井」，當時發生了一些事情，對我們來說是一場打擊，內在掀起憤怒（被攻擊、貶低、欺負、看不起……），或者傷心（被剝奪、離開、失去……），在那些時刻裡，如果沒有被引導、被撫慰，為了重返安全舒適的感受，為了跟上身邊人的腳步，只能逃離內心洶湧的情緒。

想一想極端的狀況：一個被嚴格對待的孩子，他的感受不會被安慰和理解，他只能接受要求，他表達情緒時如果會受到沒完沒了的批評質疑，他該拿這些情緒怎麼辦呢？他得試圖忍耐那團從心裡面冒出來的不舒服，至少知道不能表露在行動上，否則後果更不好受。他當然不知道那一團不舒服的情緒有哪些內涵、在說什麼，他無法想像為情緒表達的可能。這時壓著它、胡亂往裡面收，對他來說是最合適的方法。

於是，慢慢地，這團情緒會離他的意識而去，類似的情境裡他開始感到無所謂了、習慣了。跟不能被接受的情緒成功地畫出一道隔閡，與這團情緒之間保持疏離。儘管他大部分能力與思維會跟著時間繼續成長，透過新的機會、新的際遇獲得學習，然而內在被圈起來如同深井的部分還隔絕在傷痛發生的現場，處在無能為力的狀態中，持續對外界無法信任而保持警覺。

直到在長大的路上來到某個觸發點，也許情緒能量再也沒有囤放的空間了，也許潛意識明白：表達出來已不再深具威脅。因為他長大了，知道自己能夠安全，或者知道對手已經不是父母，不再害怕和糾結，於是情緒從底層竄出，這時，伴侶、同事或者孩子，就成了在隱密空間中受困已久的情緒能量的出口。

當情緒汩汩而出，他的意識被席捲，只能成為情緒噴發的管道，就像完全失去控制。而他宣洩的對象（同時也是觸發他情緒的對象：孩子、伴侶……）會感到驚嚇、痛苦。

身邊人的痛苦也反應出他內在的一個面向，那個對情緒能量束手無策、只能承受的自己。

這是一項挑戰，他如何站穩在強烈情緒的面前？並且支持無能為力的部分？他是否再次選擇壓抑、疏離、蓄積和強力宣洩？

我們即使長大了，仍經常在相似的情境中啟動處在深井時的反應模式。例如因為害怕而逃避、閃躲，放棄努力，然後困在無能為力和自我否定裡；或者過度警覺而感到憤怒，發動攻擊。

這些反應模式意味著有一個孩子還停留在當時的年歲，無法明白事過境遷，滄海桑田。他沒有意識到自己的能力和選擇早已增長，眼前的人也許沒有任何侵犯的意圖，只是在他眼中幻化成巨大的敵人，使他怒不可遏，一再重播被情緒淹沒和逃離的模式，耗費身心能量。

童年的逆境經驗影響之所以很大，是因為困難發生在年幼的時候，當時理解力不足、能力不足、無法控制、無法思考。因此感到自己無能而虛弱，外界可怕無情，而我們卻無意識地一直帶著過去經驗的認知模組。

深井裡的情緒，如何不成為我們在困難中的濾鏡？

我們的內在小孩必須被認識，被承認他所承載的故事，然後被帶著長大。

深井裡的情緒包含著一組期待和渴望，以及衍生而來看事情的觀點，那底下往往是孩童時在特定遭遇中所凝聚，對自己以對外界的認同。例如一位3歲的孩子，母親病逝，跟著父親與繼母生活，但很快地迎來弟妹，他內心也許悄悄種下一個認定：「我是一個人，沒有人無條件愛我。」

與這個自我認同相伴隨的是：對於被寵愛的深切渴望。他失去原生父母的陪伴，在渴望和當時的處境間搭了一座信念橋樑：「被肯定才有可能被疼愛」，因此形成不斷努力並期待他人認同的模式。

「我是否被你肯定？是否夠好？」便成為他與人互動時不斷隱隱迴旋的思緒，那麼即使別人對他好，他也會覺得這是有條件的、不穩定的。當他表現不好時，更有深深的危機感，引發焦慮和孤單，同時也有不公平和悲傷的情緒。

可以說，在他努力的背後有一個在繼母面前渴望愛而不懷抱希望的孩子蹲在那，要解開這個模式，化解糾結的情緒，他需要願意遇見深井裡的這個孩子。

如果我們希望生命更自由，我們常常需要回到底層的地方去面對我們在太早期的時候就已經形成的自我認同，這個「面對」不是找到一種「說法」來作為原因，而是走一段探索和靠近的過程，不逃離、不放棄、不迴避，直到有能力接觸內在的孩子。

怎麼做？和當下的情緒能量建立起可以對話的關係。就是這一段路的開始。

學習跟情緒面對面要經歷：

把它當作一個孩子，或一個關係密切卻久未見面的家人。

被情緒擊倒之後，記得它並無惡意。

一直到我們有能力跟強烈的情緒保持距離，能覺知它的來臨，並且願意探索，而不是將它拒之門外。

慢慢的，那些躲起來的情緒，我們曾經感到危險和陌生的，會逐一浮現。那麼我們就慢慢地一部分一部分的找回自己。

我們可以把引發情緒的情境，當作認識某部分自己的入口。許多情緒來自於他人眼中反映出一個我們無法接受的部分。

想想我們心裡是否有這些句子：

「我沒有那個意思，我被誤會了。」

「我又錯了，我做錯了。」

「他用他的標籤來貼我，把我說成……。」

如果這誘發心裡的論戰，想要躲藏或攻擊的一系列劇碼，請記得這是一個機會，好好地看看「我是否不想接受……？」「如果我有……，我會覺得自己很糟。」「我不可能是……，我不能是……」，並不是說要去確認自己是怎樣的人，或自己究竟有沒有那個部分，而是我們所不能接受的特質，往往來自過度僵固的教條，太多「我是……」「我不是……」，所以才會因為別人的反應而引發危機感，引發強烈的情緒，因此要面對情緒困境，便需要覺察什麼是我們難以接受的。

趁這個機會知道自己在害怕和抵抗什麼？比探究「我是這樣嗎？」更有價值。重要的是發現「原來我在害怕成為這個。」

我們心靈渴望的是：即使有一天我有這個面向的特質或經驗，我也OK，擴大自己的可能性，容許自己可以有不同的樣子和體驗，一點一點的清除抵抗，地雷變少，內在沒有被隱蔽的孩子，等於拿掉人際間期待和渴望的柵欄，情緒便可以活潑流通。

當跟某些情緒有「壓抑」、「疏離」、「無法面對」以及「被吞沒」的關係時，也許這是一個機會，我們可以好好的問自己「害怕和難以接受的是什麼？我要讓自己更自由的方向是什麼？」

透過接觸當下的情緒，看見內在孩童，拿掉他當時的限制，引導他走出教條，化解侷限的自我認同，我們正往更為自由的路上走。

擁抱體驗，穿越生命斷裂之處

如果生命來到預期之外的地方，過去寫的劇本大綱，例如白頭偕老、在專業裡晉升……等，被迫放下，我們很容易質疑前面白過了嗎？往後的道路，起點在哪裡？

重新咀嚼過去的經驗，讓內心說話，會發現故事的改變本有跡可尋，想朝哪裡去，心田也早有萌芽，回頭傾聽自己的體驗，才有機會發現我們已長成的翅膀，可以在故事斷裂處展開飛翔。

我還剩下什麼？

他55歲，妻子離家好一陣子。分開已經是事實，離婚手續只是遲早的事。

他說：「活到這把年紀，我不知道自己還剩下什麼？」

他做過很多事情，年輕的時候考上公務員，從事文化方面的工作，不好也不壞，只是沒有發展性，也沒有感到由衷的熱情。後來，決定創業，放棄鐵飯碗，幾年經營下來，公司只是持平維生，於是又回到領薪水的工作崗位，換來悠閒的下班生活。

談到一路轉折，他同時談及自己廣泛的興趣，參加了各類社群：羽球、合唱、登山……，什麼都碰一點，每一樣都熱衷好一段時間。

他分享：「我還非常喜歡中國哲學，有一段時間每個禮拜跑去跟一位法師打坐，聽他說一些中國的哲學，自己一邊讀，覺得很有意思。但你說現在這些在我身上有留下什麼痕跡嗎？沒有一樣有名堂，也沒讓我現在過得幸福快樂，反而覺得白忙了一場。」

我沐浴在他眼中的笑意，跟著興味盎然，同時也跟著他的嘆息起伏。嘆氣裡頭的畫面是：一個人手上捧著很多東西，問：「我不知道這些要放哪裡？接下來呢？」

我分享心中看見的：「你覺得沒有剩下什麼，也許是因為你還不願意往下看，沒有人能夠知道和預測你走過的這些道路，學過的這些事物，在你心裡可以成為什麼，也許這會一直是過程，不會有一個最終的樣子。你去看，它就會長，不斷地串接延展，你是否願意品嚐自己的生命經驗？」

那些年的生活，是一股天真、想要自在揮灑的活力，一直多方嘗試、多方認識。

我邀請他形容那股活力的模樣，他說那是一個大男生，大概15、16歲的少年，覺得日子很長，不急著決定。沒有什麼未來一定要到達，也覺得機會很少，什麼機會都要把握，想蒐集各種經驗和朋友。

那麼，說著「還剩下什麼？過去做的有意義嗎？」則是內在哪個部分呢？

他體會這句話的心境，形容那像一個50歲的人，喃喃說著：「你有在顧家嗎？」「你有做出一番成就嗎？」「你有累積財富為了你們將來做規劃嗎？」他發現這是從妻子和她娘家的眼光反射出來的，以前自己未曾好好認識的部分。

他為這個大男孩好好體驗過，這些年真的累積很多好玩的事情，在許多地方，不管在台灣甚至中國，去哪裡旅行總有可以找的朋友。這些經歷在他的敘說中慢慢鮮活起來，好多的笑容，很多放在心裡面的收穫。對大男孩來說，沒有遺憾。

我也提議跟這個50歲的大叔聊聊吧！在內心裡，大叔經驗到什麼呢？是否一直潛伏在底下，暗暗地也累積一些感受？

「為什麼太太的眼光、娘家的擔心會抓住你、讓你懊悔，甚至是氣急敗壞？那是因為他們也許也喚醒了你心中一些對自己的想法，是你一直沒有聆聽的部分。」

我們想忽略的東西，也許正因為裡面同時藏著害怕面對的渴望，越是深刻的渴望，我們越沒有信心去接受，於是只要有人觸動這個議題，就引發了焦慮和害怕。焦慮和害怕讓我們傾向於癱瘓自己的腳步，無法往前想，只能兩手一攤「過去做的都沒用……。」

我徵詢他是否願意用另一種更慢、更認真、好奇的態度來探問自己。

「如果你把太太問你的問題，用自己的方式，很尊重真誠的問你自己，觀察看看你的內在會發生什麼？」

他回想過去爭執的片段。「她對我的要求，我有時候也會問自己，卻沒辦法正面回答，常常跟她起口角，我認為自己沒有做錯什麼，生活也過得下去，她為什麼要質疑，可能我覺得被否定吧。現在這些都過去了，這陣子我一個人，不需要再跟她爭論，其實心裡也冒出她問我的這些問題，什麼是我要累積的？什麼是我這段路的意義？有沒有一個方向是我要深度耕耘的？」

他沉澱下來，穿透太太的身影，面對內在的那個自己，很安靜地、很篤定的提問：「我累積了什麼？有沒有一條路是我接下來想要專一的？」

現在他不需要跟任何人證明什麼，也不需要反駁，單純收下提問。

在這個願意回應內心的位子上，他完全擁有選擇，那些沉澱在心中的經驗、那個大男孩、大叔，都是資源和盟友，他只要願意徵詢和聆聽，多個部分將在回應提問的方向上，一起創造。

我跟這位先生在那段時間，每個禮拜見面，散步旅行至過去的故事，以及他對世界萬物的興趣。這些翻過來、轉過去，看了一面又一面。

有一天他預告了「再見」，因為計畫前往另一個城市。

「前段時間聯繫上一位久違的朋友，交換彼此的近況，越聊越深入，我把所有我對這些年的想法和感觸都跟他談，他也講很多生活的經歷，感覺彼此心裡有類似的追求。後來這個朋友遇上有人想投資他去做有關教育的事，我決定跟他一起，我想要把我以往的學習、對科普的興趣和中國哲學思想結合起來。」

這一刻，我感到好驚喜，常常當我們整理好自己，內心有新的狀態，外在就有新的機會。

「你心裡的兩個部分，大男孩和大叔，他們會如何感受接下來的旅途？」

「我想這很滿足我的好奇心，我想靠近這個朋友，看看他的生活圈；我可以去不同的城市居住、認識不同的人，能學習用一些媒體的方式。不過以前在玩各種東西，我大部分都是學習者的角色、玩票的性質，交際應酬多過於給自己明確的挑戰，這一次倒是有清楚的目標。」

「關於耕耘呢？」

「想到要耕耘或堅持，會有點害怕，怕辜負一個證明自己的機會。不過我們討論過，回應心中的邀請，並不是要證明或討好某個期待，是跟自己一邊討論一邊前進。我決定這麼做，讓過去所學的東西結合起來發揮，透過分享完成自己的風格，做出來的不管是什麼，也像鏡子一樣，可以看到自己的面貌。也許再10年，我就沒有現在這麼好的身體狀況了，也該是這一段路要開始了。」

他心中原本充滿憂傷和自我否定：「我一無所有。」他沒有一直待在這份情緒裡、重播這個認知，他願意理解這份感受，傾聽它的需要。在痛苦的逆境之中，處境也許一時無法改變，但我們一定可以做點什麼來善待內心的自己。做點什麼支持情緒釋放、做點什麼支持渴望發言。我們首先可以影響的是跟自己的關係，改變是漸進的，也是必然的。

想要讓自己的心不再自責和痛苦，我們不能完全被動的期待獲得呵護、認可，期待他人的溫暖，即使他們暫時雪中送炭，注入的能源也會漸漸消退，而再度落入挫敗與渴望的漩渦。

在療癒的路上，要主動靠近自己，放大內心隱隱作響的呼喚。剛開始不中聽、聽不懂，不要放棄，慢慢來，讓每個聲音甦醒，自然會靈感俱足，可以認出和回應來到身邊的資源，把生命帶往下一段路。

《第二章 相癒的空間——培養觀察者意識》

內心需要感受到接納和信任，才能敞開並轉化。你能給自己多少的安全感是所有療癒的基礎。與內心連結時，注意力的品質需要刻意學習。你得主動靠近自己，讓心願意說話，生命的活力自然甦醒……。

要改變的不是存在的故事，而是照耀故事的更大的你——

那些私密的、外人無法插手的事，攤開來有用嗎？

她說：「我從來都是一個人，非常孤單的感覺，如果我告訴我媽在婚姻裡辛苦的地方，她會說：結婚就是這樣，大家都一樣，你就是好好過下去，沒有必要抱怨。甚至更進一步我媽會說：有問題的是不是你？你從來不知道要反省你自己。」

「所以我很撐，我撐到完全撐不下去了，隨時隨地都在哭，我還是不會求助，不會告訴別人。」

「一起長大的朋友勸我，去諮商吧！在諮商中把這些辛苦的事情說出來，不會被審判、不會被批評，把這些辛苦消化掉。」

「可是我自己都不知道我怎麼了，我不相信我跟一個陌生人說，他能給我什麼新的東西，他畢竟不是我，他能夠比我更了解我自己嗎？」

她在說的是一直以來都很痛苦，卻遲遲沒有求助的原因。也在告訴我，雖然坐在這裡，卻不知道如何信任這個消化痛苦的過程。

我看見內在的兩個她。

辛苦的部分正在說：「我無法再被擠壓了，無法再承受了，無法再這樣下去，我需要……。」

另一個在母女關係裡受傷的部分，想保護自己，還在撐著：我不需要媽媽理解我，不需要訴苦，那個沒有用，我永遠不希罕有誰會幫我。所以對自己說：「別幻想誰幫得了我，不可能的，不要再讓自己出醜了，獨立一點，認了吧！」

她內在的兩個面向，有互相衝突之處，她沒有轉過身去看他們，而是輪番跳入其中，這時，不論誰，只要替一個面向說話，對立的另一個面向就會被挑起不安。

我伸手去碰觸那個辛苦的部分，期待另一個保護的部分退後一點，讓一點空間，我嘗試支持她去看見那份再也不想撐的感受：「可是你睡得不好，整個身體都很緊張，所以你對孩子跟先生說的話，我聽起來內容真的都是出於好意，都沒問題，可是散發出來的氛圍他們卻感覺到被攻擊，容易想和你碰撞、反抗你，真的是很難受不是嗎？裡面的情緒需要好好地釋放出來，你過去跟媽媽的故事，過去累積的傷口，也需要處理。」

她突然嚴肅的抬眼：「怎麼處理？有用嗎？就已經都發生了，就是這樣了，再講有什麼用，那些事情我也不想再去想，我也沒有要改變我媽什麼了，我只想要好好的過現在的生活。」

我知道她誤會了，她以為我在說透過諮商，可以把以前的事情打開來，改變一些內容，這是天方夜譚，難怪她感到不抱希望，所以拒絕了，因為她內在那個反抗和保護的部分告訴她，「誰都沒有辦法替你改變些什麼。」

我試著讓她明白：「你的保護者和那些辛苦的部分，都值得被好好對待，他們本身不需要被改變，要調整的是他們彼此角力的模式。的確沒有誰可以改寫過去的故事，但一定可以轉變內心分歧、衝突的狀態。

內在需要你帶入一份厚實的情感能量，去看見保護的模式，也看見痛苦的感受，給予他們表達而不互相擠壓的空間。我想祝福的是你的內在空間，即便我們沒有一個夠好的過去，和可以給予支持的外部後盾，但你仍然可以讓內心活在足夠好的氛圍裡，那意味著：不論是你的辛苦或是你的堅強，如果浮現了，都可以感覺到被更大的你所接受，甚至安慰。」

比起尋找幫助，或證明誰來都不會有用，我希望她願意去看「需要幫忙的我」，以及「想拒絕不抱希望的我」。這種「看見」很重要，是「友善的觀察者意識」，能為內在提供情感能量。

這個觀察者中立而接納，可以作為內心各個感受的後盾，是一座橋樑，能把不論是諮商或者其他幫助導引到內心需要之處。

故事是引發痛苦的背景，而內心不同面向的自己，彼此衝突，才是痛苦的主因，學習做內心的觀察者，才能創造空間，擁抱全部的自己。

另一個朋友說：「我去諮商了四次，我在前三次就把我所有的故事都說完了，可是沒有得到什麼新的東西，我的狀態沒有改變，感到非常失望，我想應該是諮商的派別不一樣，你推薦一些適合我的學派，我願意再花錢試試。」

「在失望的對面，你的期望是什麼呢？」我感覺似乎不只是派別的問題。

我刻意喝飲料不看他，希望他往裡面一點，而不是找我要。

「可能是期望對方給我一些我不知道的，可是想想也不可能，我已經跟自己對話過這麼多遍了，能夠挖的我都挖了，我也不相信他能給我什麼新的東西。」

「ㄜ……，可能期望我講一講狀態會好一點吧……」

「怎樣的狀態呢？狀態好一點在你的想像中像是怎樣呢？」我小追問了一下。

「嗯，我也不知道，是說不會想自殺嗎？是說變得更積極樂觀嗎？又覺得不可能，有可能我講一講，他給我一些東西，就……變好？」

「你的期待不太清楚，不過有一些關鍵字，包括『講出自己的故事』、『負面的念頭』、『積極樂觀』、『心理師回饋』，你希望這些連起來有一個改變方程式會運作，但其實你很難相信對嗎？」

「可以這麼說吧！」

我直話說：「你知道嗎？我最害怕遇見像你這麼聰明，對情境的思維已經千錘百煉的個案。這樣你談話的時候，就好像是搬出腦袋裡面寫好的一本書來讓我閱讀，然後要我寫心得、寫眉批，然後你希望從我的心得裡面得到一些神奇的東西。我可不可以跟你分享，最讓我對諮商成效感到信心的歷程，你聽聽看？」

「有個人在這裡把自己的腦袋打開來，他試著有什麼說什麼，並非一定要說以前整理好的、確認的、要讓我聽懂的版本，他甚至刻意去說還沒整理好的、有點碎片般的那些部分，我可能這邊提問一下、那邊觸碰一下，例如他順著想法說，我滑一下他的感受，他就看看那裡有什麼，也許冒出來別的……，可是我們一直走在一起，去翻開心裡的故事，嘗試用不同觀點和體驗方式走進故事。如果回到上一個比喻，一本書，這個談話像是我們一起寫，放進去的不只是他記憶裡發生過的事，以及當時的認知和感受，還會加入我們所談或過程一問一答，這邊看一下、那邊想像一下，多方體會出來的。這個過程俗稱「梳理」，然後這個人會感覺痛苦的故事在內在空間裡沒那麼礙眼，甚至對這個故事有一些新的情感。」

「如果是這個過程，收穫不是來自我的眉批、心得跟解讀，而是來自於敘說互動交流的過程，很多人會把收穫描述為：『我比較愛我自己，我能夠接受自己，我可以跟我的情緒相處，我可以更放鬆……。』」

「我猜你現在如果聚焦在我最後講的這個結論，你會覺得『就這樣喔！』，因為從過程到這個結論，聽起來很清薄，不是你處在還沒整理自己的狀態裡會有共鳴的。」

他說：「所以是不帶預設地講話，接受現況嗎？所以要我接受自殺意念？放任負面感覺在那裡？接受我的狀況很糟糕，一直糟糕下去？這是什麼目標……？」

我哈哈大笑，然後瞪他：「我就知道你會有這個結論。你知道嗎？當我撈出這些經驗的時候，我就像捧著一朵花，是我自己走在這個過程裡，體會到的一個綻放出來的美好，我想也許你可以聞一聞它的芬芳。我想說的是：你不會有同樣一朵花，可是你會有你自己的，結果你把我捧著的花拿去腦袋裡面攪動，最後就得出了一個乾扁扁的殘渣。」

他笑了，「是這樣嗎！」

我舉了一個例子給他。

「有個人曾在聚會中分享一個旅行經驗，覺得那為他帶來了改變，下次還想背上背包前往。當場另一個朋友問他到底收穫是什麼？他說風景很美，跟當地的人交流也學到很多東西，那個問他的朋友就說：我從旅遊頻道也可以看到非常美的風景，甚至得到非常深入的報導，親自去走走，還會多些什麼呢？

這個人很難回應。他經歷這趟旅程，拍到的風景沒有旅遊頻道播得那麼豐富，眼睛所見的、耳朵所聽的，甚至礙於語言的隔閡，一點都不深入，到底收穫多了什麼？」

透過這個例子我告訴他：「你非常想要明確知道的收穫，偏偏是必須走過才能領會而難以預先訂製的。」

療癒，是往內在走去的歷程，這趟旅行對我來說，並不是有一個特定的寶藏埋在裡面某處，或者在出口作為獎賞，以致於我們需要藉由各種對的方法去挖掘。那個寶藏是隨著旅程本身而來——走進內心，願意待在那，跟內心互動，感受蛻變，這個過程會先經歷的成長是：寬闊溫厚的觀察者意識，最終是跟自己的關係，跟生命的關係。

那些無法釋放的痛苦，日益加劇的惡性循環都在告訴你，內在消化情緒、沉澱出智慧的自然系統堵塞了，修復和連結需要一段歷程，諮商也只能是一份支持。就像指著月亮的手，月亮的光是你帶入內在的意識品質，那才能為內心各種感受帶來寬廣包容的空間。

除非你願意真誠的、友善的觀看自己，其他人與資源才能在這個基礎上延伸及放大療癒的力量，療癒力量的源頭來自你。

對自己友善的關注

你帶著什麼態度靠近你的心，便為你的內在空間帶來什麼樣的氣氛。

以家庭互動來做比喻，關懷的氣氛，讓疲憊的人想回家；開放的氛圍，讓大家想說話；權威的方式，帶來秩序也帶來躲藏；冷淡的往來，使人空虛向外找尋溫暖……。

當你跟自己說話時，可以觀察：心裡面是不是有些感受冒出來更多，即使大部分感覺並非變得更好，糾結、卡住仍然存在，但是否有些事在發生？

某些情緒強烈了一點、有些身體感受變化了、僵硬的地方轉移……。

這是一個線索，當你開始注意自己，對自己說話，不論是情緒或身體，會發生移動和改變，這表示你的意識和心靈之間有連結，對彼此感到安全。

內在空間可否是一個安全、充滿支持的家？這關乎你對待內心是否具有友善的品質。也就是向內的注意力，不是指責或推開心裡頭的任何一部分。

一位夥伴寫信過來，

「因為放假前跟主管有一點口角，這幾天還是覺得很緊張，一直放不開，就算有去運動、去逛街，也沒有很開心。我到底該怎麼樣活在當下呢？」

只要談心靈、談修養、談靈性，都離不開「當下」這兩個字，那似乎是全然投入享受眼前的境界。

我們對「當下」好像有些想像，「當下」應該是輕鬆愜意的，「活在當下」的照片，背景是天藍色的，一個人雙手張開仰望著天空，全然自在，與背景融為一體。這個畫面中，如果有不開心、緊張，就不在當下。換句話說，彷彿要做些什麼，讓自己解開牽掛，才到達當下，但要努力拋開什麼的意志，卻帶入更多自責、懊惱，結果離「當下」境界更遠。

我提醒他：「你還不確定星期一主管會找你說什麼，也許你也正在想接下來要怎麼跟他解釋，要怎麼處理眼前工作的任務，事情懸而未決，因此有焦慮緊繃的狀態，但是你不想要這個狀態，你更希望自己在假期中輕盈的充電，這個期望帶來生氣或厭惡，跟緊繃產生了拉鋸。這個拉鋸讓你努力的要放鬆，更自責自己為什麼學習了這麼久還是無法放鬆。如果討厭這個拉鋸的感覺，就等於層層疊疊把更多的箝制加諸心上。

不想繼續施加負擔給自己，先承認『我在奮力掙脫』、『我知道這很難』、『我想要放鬆』、『我知道現在的情況不可能很輕鬆』。透過承認，以及體會目前的狀態，你可以先鬆開『怎麼還沒有學好』、『為什麼我做不到』、『我都……怎麼還……』的自我批評枷鎖。」

返回當下，從給予所有此刻狀態友善的凝視開始。

一起體會一下那張活在當下的照片，一個人張開雙手，閉上眼睛，深深地吸氣，他張開全身的細胞，他允許藍天綠地所帶來的風、聲音、氣味……。

你是否可以用接受風和陽光一般的誠意，感受在那裡的緊繃？是否願意用看著綠葉扶疏的微笑，看昨日遺留的軌跡？

友善地接觸內心所出現的，你與自己相處的氛圍會開始改變。

如果你想要的不是現在這個樣子，而是另外一種樣子，例如已經生氣，想要的是快樂，接下來就會「懊惱」為什麼快樂不起來。「懊惱」對「生氣」是不友善的，而你如果能敏銳地意識到「懊惱」，恐怕又更生氣了。這一連串下來，必定發展成一團「無能為力的壓力」，這團從情緒到身體層面的緊繃，它從「我不想要生氣」開始。

拓展「友善」的品質，從認出自己正在對抗些什麼開始。

接著看看這個對抗如何存在，仔細的觀察它，通常「我不想要」會在身體裡面形成緊繃，進入到胸口或者胃部，甚至是背部的地方，可以注意到一股緊抓的張力，這時候對它表達「是的，在這裡，我感受到了，現在那是我的一部分」。這個表達為內在空間帶進包容、寬待的背景，正如那幅藍色天空的圖片。而一團緊張、一把恐懼，看作是那朵雲、那陣風。這時你的意識化身天空，張開懷抱，那麼你已經活在當下。只對來到眼前的那個部分開始友善，就是療癒的起點。

如何用友善的態度走入內心。

忙碌的述說、忙碌的思考往往帶著許多互相衝突的力道，就好像一個媽媽想跟孩子聊天，對孩子說：你快一點……，你是不是……？你怎麼不說呢？我剛剛問的不夠清楚嗎？你到底有沒有在想？孩子會怎麼樣呢？他會僵住，而不是自由表達更多。

別對內心用力敲門、吼叫，急於弄清楚它想怎樣，這沒有幫助。靠近，需要從容節奏。

可以用《小王子》書中，小王子和狐狸相遇來做比喻，狐狸彷彿內在感受，願意也希望跟小王子建立友誼，但牠需要一段歷程。狐狸說：「只要認識我就好……，你該有耐心，先坐得離我遠一點，不要說話……，每天你可以坐近我一點。」

適當的步調，耐心、單純的關注，尊重是友善的前提。

我想起一個孩子。

有一天，正當打掃時間，家人急急忙忙來接，孩子被告知媽媽自殺過世了。我跟孩子在喪事過後見面，他淡淡說著：「媽媽從樓上跳下來，已經去找菩薩了，因為她生病又跟阿嬤吵架，所以太激動了。媽媽有說要我聽爸爸的話，乖乖唸書，她會保佑我。」

我說：「你會害怕嗎？」

孩子回答：「不會，因為媽媽會保佑我。」

我說：「你有嚇一跳嗎？」

孩子回答：「還好。爸爸說媽媽太累了，要休息。」

我說：「你會難過嗎？」

孩子回答：「一點點，因為她要去菩薩那邊，如果有人很難過，媽媽會不想去。」

老師說孩子有正常上學，如期完成功課，也跟同學玩在一起，適應良好。

一段日子後，多升一個年級，我又見到這個孩子。老師描述他常會默默無聲緊跟著好朋友，曾告知他好朋友會不自在，建議他跟好朋友可以約定一起玩，其他時候自己做自己的事，可是他仍然不斷看著要好的同學，惹得同學開始嗆他。孩子不像以前那麼活潑，比較容易悶，會鑽牛角尖。

我們都知道突然失去母親，對於成長期的孩子來說，絕不是一件小事。要理解母親的自殺，有更多感受要走過，如果是我，可能會想念媽媽、想像跳下去的畫面、會害怕、會困惑「媽媽為什麼不要我？」「為什麼沒有先告訴我？」。

事情發生，孩子被動接受，或者根本不知道是否接受，被推著進行儀式。人面對創傷變故的本能經常是「痲木」，好讓自己不被各種突然的、陌生的、危險的、困難的感受襲擊。我經常看到孩子們用「無感」的方式保護自己，看著大人忙碌混亂，他們不會冒險掉進去感受的漩渦。這是自我保護的機轉，等到外在秩序恢復了，心裡頭累積的感受也許才能稍微探出頭來。

男孩緊盯著朋友，也許因為不安慢慢擴散。他的不安跟失去媽媽的衝擊有關，然而那些衝擊不是需要解除的，而是需要被接受，得到表達，慢慢地與他對媽媽的感情、對自己的認同互相融合交流，成為他獨特的面對生命的感觸。

這個創傷要被看見，然而在我們碰觸傷口之前，更重要的是要讓內心在當下感到安全，並尊重他的內心現在冒出來的部分。

我跟男孩聊著現在才探出頭、願意被意識到的那些感受。

關於忍不住想跟著好朋友，他輕觸「不安」：「我怕他去玩遊戲沒有找我」、「我沒有在看他，他一直說我在看他」、「我覺得他需要幫忙，我要幫他做事」。

我一邊聽，一邊帶他走到擺滿小公仔的櫃子前面說：「哇，心裡面的感受很多，有大的、有小的，在那裡跑跑跳跳，有小兔子、松鼠、狗狗、小貓……。」

他選小兔子代表害怕，把它放在桌上。

我手勾著他，看著小公仔說：「我們站在這，跟牠揮揮手。哈囉，小兔。我們可以跟害怕待在一起，多認識牠。如果牠想躲起來，也沒有關係。」

男孩拿著兔子跳啊跳，喃喃自語：「我要跟牠去玩，牠不可以把我留下來。」

小松鼠代表生氣。

他拿著生氣，我捧著松果。

「嗨，讓我來看看這隻小松鼠喜歡我做什麼，我就在這撿菓子歡迎牠，牠可以生氣，也可以慢慢抱怨，我就在這。」

小貓咪代表想幫忙。

我朝著貓咪揮手。

「哈囉，小貓咪好，聽說你想幫忙。」「小貓咪幫別人的忙之後，也許會累，牠喜歡什麼呢？」

小男孩建議我們可以唱歌給牠聽，讓牠開心。

當男孩借同學物品或幫好朋友抬東西的時候，對他來說，是很自然的好機會，可以跟同學聊天，就像小貓咪聽我們唱歌一樣開心。

這些感受分別被邀請出場，男孩不是看著好朋友，不是看著老師的期待，不是看著我們的擔憂，而是友善的看著他自己。

男孩需要得到如何和好友相處的建議嗎？可能也不錯。但內心如果沒有先被安全的打開，建議很可能進不來，也很可能是帶著要打擊某些感受的姿態進來。

如果這些感受被嗆、被提醒、被制止而冰封、沉寂或扭曲，再好的建議也無法被他內化。我需要先看顧的是他的裡面有沒有一份友善，可容納這些感受。

那些舉著手的感受，蹦蹦跳跳的內在能量，被我們友善地招呼著。

男孩與小動物之間（內在感受）減少了對抗和緊張，他對自己友善的氛圍，慢慢讓他不被情緒能量驅迫，放鬆了，可以比較好整以暇地看著朋友，加入朋友，減少緊張不安氛圍的相互傳遞。

走一趟與內在重逢的路，最重要的是明白對自己的情緒友善，將使得內在空間減少互相對抗的張力，讓這些能量相互調和。外面沒有神奇之手可以越俎代庖，你得嘗試向內心敲門，得到它的回應。你需要待自己如同好友，才開始踏上聯繫內在的旅程。

體驗：

讓注意力成為友善的

- 想起一個情境，你在那，不被打擾，空間中卻充滿一種氣氛，彷彿在說：很高興你在這，在這，就做你自己。
- 化身為這個空間，歡迎你喜愛的動物或植物前來，感受自己發送的友愛的氣息，沒有期待和要照顧的負擔，輕盈的提供一個空間，讓它在那裡。
- 沐浴在其中一會兒，感覺到你臉上的線條放鬆了，感受身體肌肉和呼吸同步起伏。
- 現在感覺胸口的中心，不論從身體內部知覺到什麼，將意識融入友善的空間背景，知覺胸口中央，像待寵物或植物一般，允許這份感受在那，保持輕盈、沒有需要做些什麼處理的負擔。

例子：

「我想到我養的約克夏，不管牠是吃東西、睡覺、焦躁，我微笑著陪牠，感到很自在。

我現在胸口悶悶的，想像這團悶悶的是約克夏的樣子（深深的吐氣），……我慢慢找到、陪著牠、沒有負擔和期待的陪著。」

好奇

你喜歡向自己提問嗎？

當你問自己問題時，回頭看那個提問的你，是迫切追問的嗎？像看到聯絡簿被寫紅字的媽媽，還是帶著開放和好奇的邀請，願意跟內心散步，去到哪裡都可以？

我遇過一些朋友，出於想要改善心情、改善情況而接觸心理學，越來越喜歡探索自己。常常自問「為什麼」，常常思索：「為什麼我有這個白日夢？」「為什麼我一直在追求濃烈的感情？」

當他們把提問帶來諮商，我注意到這些提問帶來的效果差異很大。

有的提問沒有孵出新的東西的空間，重複詢問，反而讓提問者一再挫折。

有的提問讓人感覺像是一個出遊的邀約，充滿輕鬆活力的氛圍，讓我想快步跟上，與他一起探索，並且很有信心地知道旅程不會一無所獲。

所以我開始注意到「對自己提問」的情感能量，也許是影響的關鍵。

我邀請一名學員描述跟自己問答的過程：

「你問自己問題時，內心發生了什麼？你有注意過嗎？」

「我問自己為什麼想要瘋狂的感情？為什麼想要一個人，一直證明他很愛我？欸……很快聯想到跟小時候的環境有關。在家裡我爸他非常暴躁，我媽一直在伺候我爸的情緒……，可能我覺得被冷落，造成我很孤單，想要有人做我爸媽，可是我又想到有很多人，他們父母根本不在身邊，也不會像我這樣啊，我朋友就說我媽也沒有對我不好，這也是，但我為什麼就是這樣渴望人家狂熱的對我？」

請他再往下看內在的過程：

「這段回應，讓你的內心現在感受到什麼？」

他停了一下：

「腦袋更亂。」

「是不是我要得太多？」

「可是我也沒辦法改。」

「我就想找到原因，因為我也不想這樣下去⋯⋯。」

腦袋裡提問更多，並且添加幾個批評自己的聲音。像這樣的歷程，並沒有讓他好受一點。

他跳起來說：「所以，我就更想找人陪我，來告訴我，其實不是我的問題，不用想那麼多。」

他的提問，帶來對自己的懷疑，增加了焦慮，引發另一層壓力。

他向內提問的過程包括：

投入於故事資訊的分析比較，而非關懷故事中的自我。

想確認原因、源頭，雖然思考脈絡出現了，感受經驗並沒有跟上。

很快串連各種訊息，引發一些情緒，很快離開，擱置情緒。

向內心探問→發現→進行思考，這個方程式用在自我探索上面，有一個接著一個的問號。每一個問號不是為了讓內心更封閉，而是要更加敞開，才是邁向療癒。

聽過伊索寓言裡北風和太陽比賽的故事嗎？

話說有一天，北風和太陽遇在一塊。他們一見面就想較勁，這天，北風提議說：「我們來看看誰比較厲害，能夠讓路上的人先把衣服脫下來，誰就算贏了！」太陽說：

「好啊！那你先。」北風摩拳擦掌，大顯威力。一會兒，整個大地。都是北風的舞臺，風猛烈地刮了起來，狂風大作，海浪淘天，樹葉掉滿地。可是路上的行人，卻把衣服拉得更緊，走得更急，沒有人脫下衣服。等到北風力氣用盡了，只好無可奈何的說：「好啦，我承認我沒辦法！太陽，換你來表現，看你有什麼好辦法讓路上的人脫衣服？」太陽上場後，撥雲見日。金黃色光芒普照大地，越來越溫暖，路上的人們紛紛放慢腳步，一件一件的把衣服脫下。北風看了很吃驚，見識到太陽的厲害，終於認輸了。

這段故事很可以隱喻什麼是內在所需要的。

如果內在感受到壓迫，有人想脫掉它的外殼，它會抓得更緊。

對自己提問，探詢內心深處種種，需要它卸下防衛，自然而然地打開，才能與觀察者意識進入對話的關係。

內心對壓力很敏感，但請相信，它渴望向你表達，生活中的困擾就是它傳遞的訊息。你的好奇可以向太陽學習，放射陽光的溫度與寬廣。

我在工作裡面注意到，當人們很努力的探究，帶了很多的問題到談話中來，剛開始會很有速度感、很有效率，但不久之後更遇到瓶頸，使自己感到挫折，因為覺得「怎麼沒有新的發現？」他們會困惑：「說來說去，我已經把知道的說完了，然後呢？我該怎麼樣對自己探索更多？我知道我可能需要了解自己，才不會有這些莫名的情緒和行為。」

這些挫折，一方面來自於內心並沒有跟隨他的敘說而展開更多，許多感受依然鎖在裡面。另一方面是內在回應了，他卻略過了，迅疾如風的想法不停找下一個目標。

別急著找結論，讓頭腦慢下來，意識聚焦在某個點上，讓想法和感受慢慢的彼此靠近。你越是願意待在似乎不清楚、理不出頭緒的過程裡，內心越願意敞開，這時仍然可以思考提問，但不要費力。

讓感覺和想法一個勾著一個，慢慢出來，投入探索的運作中，甚至忘掉一開始為什麼需要知道，專心地「好奇」，讓內心展現它自己。

有一次，一個朋友說了一件有趣的事：他年初買了一個海馬的抱枕，那個抱枕對睡眠幫助很大，他形容自己跟抱枕在夜晚相依為命，過了好幾個月後，發現有些事情改變了。剛開始那個抱枕會給他一種好像親密伴侶的感覺，帶來安全感和安慰，後來這兩個月，突然之間這個抱枕就變得只是抱枕而已。他觀察到心裡這個微細的變化，微笑的張大眼睛看著我，他說：我想知道這個體驗怎麼來的？

「好奇」像小朋友蹲在地上，撥開小草想認識一隻小蟲，然後看著它說：「哇！」

我鼓舞著他為內心帶入好奇的態度，不考慮接下來要幹嘛。

「好哇，試試看，心裡面想著這個抱枕，讓那個畫面在那裡，想著抱著它的感覺，就讓那個感覺停留在身體裡，然後跟著這個畫面和感受漂流一下。」

過了30秒，我們再回到這個畫面，他說：「心裡有一種難過的感覺。」

然後我們繼續跟著這個難過的感覺，以及抱著枕頭的畫面。

他說：「出現了前前男友的臉，然後感受到喉嚨有些漲漲的。」

繼續這樣做。

他說：「怎麼會呢，難道跟我前前男朋友有關，過了這麼久耶！我不知道呀，心裡就冒出來這個。」

我關心：「現在覺得怎麼樣？」

她回應：「覺得身體蠻舒服的，心裡有一種很有趣、快樂的感覺，就這樣。」

接著說：「我想前前男友某個部分，一種很淡定的部分，留在我這了。」

我們所做的是，有一個想探索的動機時，放掉要有答案的壓力，對當下的感受好奇，前進一段路，不論這個感受會帶我們去哪裡，都專注投入。

並不是說一定要採用這個方式，它只是個例子，這個例子的重點是沒有分析。沒有進一步去想：合理嗎？是這樣嗎？所以然後呢？心裡浮現這些要做什麼？

這個例子包含：

一個探索的提問

念頭和感受互相跟上對方

頭腦慢下來

耐心跟放鬆……

好奇，很重要的是意願，不是積極去挖掘的行動。當你提出一個問題的句子，等於對內在表示興趣，願意靠近它、看著它、不知道會出現什麼、也不著急、也不撇開目光，然後接受聽見和看見每個浮現出來的。

在認識自己的路上，值得培養對內在好奇的態度，讓你的內心知道「提問」是個邀請函，不是一張考卷，不用翻找追求正確答案，是跟「提問的自己」手腕著手去逛逛，帶回一些新的體會和發現。

體驗：

讓注意力成為好奇的

- 準備好紙跟筆，確認好可以專注與內在交流的時間，設定計時器提醒結束。

- 想著某一件事，它帶來一些感覺，你有點好奇內在發生了什麼。
- 想著這件事情，在胸口中體會到內在的反應，然後把注意力放在那裡，也許你可以把一隻手也放在那，然後慢慢送出這個提問：「關於這件事，我心裡發生了什麼？」
- 用紙跟筆把注意到的現象寫下來，注意到什麼就寫什麼，用畫的也可以，因為內在的回應不一定是語言的形式，可能是身體性的，或者整體的感覺。寫下來、畫下來，是在表達：「謝謝你，我收到了。」
- 可以反覆提問，只用同一個問題就好。注意到當下浮現的，寫下來、停一下、聚焦於內，再一次提問，再一次注意、寫下來……直到時間結束。
- 結束時，真誠的跟自己說「謝謝」。

好奇的提問，讓內在感受有機會一一探出頭來，只要不批判、不急著定義，就不會限制住這些感受的流動，你會了解自己發生了什麼，同時也知道這些表達出來的東西也變化了、溜走了。最後有機會接近一種清晰而非濃厚的情緒，更像是核心的情感或認知。

例子：

「最近，我奶奶因為失智的關係，住到我們家來，至少這一年都會住我們家。我選擇一個焦點，心裡面想到我待在客廳，我阿嬤在房間，她一直在叫人，一直發出各種聲音，其實旁邊已經有人陪她⋯⋯。我一直感覺到煩躁，坐著也不是，要走進去也不是⋯⋯，我把注意力放在胸口裡面煩躁的感受上，一隻手也放在那裡，然後問自己：『在這個情況，我怎麼了？』

我注意到，裡面有一個小小的人開始變身，變成超級賽亞人，全身都著火，握緊拳頭，我把它畫下來，用原子筆畫出火焰的形狀。

我又回到這個客廳的畫面，再一次問自己：『現在這個情況，我怎麼了？』注意到難過，比較像是抓著頭，覺得到底要怎麼做才好？大家都很痛苦，怎麼樣才能大家都好受一點？我拿筆把這些話寫下來。

再吸氣吐氣一次，回到那個場景裡，再一次問自己：『現在這個情況，我怎麼了？』感覺到想要哭，我很想念以前的阿嬤，對於自己現在對她的態度很愧疚，我也不喜歡自己這樣。我拿起筆寫下來：阿嬤，我很想念你，很對不起。

我讓自己放空，再次回到客廳，再問自己，這次我感覺到淡淡的無奈跟哀傷，也覺得這就是必要的過程，我怎麼可以只想要好的，不想要壞的。這個回合沒有拿起筆，我讓自己靜靜的流眼淚。

再一次，在那個客廳，……感覺到有點無奈，手腳四肢重重的，其實有其他的畫面，這個過程也有很多好笑的時候……。我記下來無奈的表情，還有無奈的笑……。」

直到時間到了，

「謝謝我自己走了這個過程。」

歡迎

情緒，你肉眼看不到，卻佔有空間、具有質地，它是實實在在的能量，你有發現嗎？例如生氣的時候，能量在肩膀和手上，所以特別想出拳、想砸東西；警戒的時候，一股能量在腳上想找出口，幫助我們逃跑。

如果仔細感受身體，你會感覺到身體內部情緒能量的濃淡、流量、輕重。

就像空氣不好的時候，需要開窗、需要清淨機、需要一些處理，否則累積的氣味和各種灰塵無法散去。所以囤積的情緒，也不能靜置不理。

「我知道我滿了，我再努力都無法改善情況，該放棄嗎？」

也許在思考是否放棄改變選擇之前，要暫時收回思考事件的力氣，先好好打理囤積的情緒。

「打理情緒又是什麼意思？」

要改善情緒，如果靠著一味向外努力，透過改變情況來扭轉感受，不能不考慮內在還有多大空間來創造新的行動熱忱。心若是很滿了，還要奮力一搏，就像背著磚頭重擔，跟處境賽跑較量，通常會陷入苦戰，不僅看不到新的靈感和可能性，又裝進更多挫折。

要往內把心的空間打理出來，多數人對自己展開分析檢討，延伸思緒，有時候頗有收穫，有時候反而陷入死胡同，為什麼？

有觀察這麼做只有內在的反應嗎？翻來覆去想的歷程更有精神，還是更混亂？

「我問自己『要什麼』，但是沒幾分鐘，又推翻了，被這些想法纏住，一直兜圈子。」

「我是一個很會想的人，如果事情沒想通就不會停……。」

「我每天都會把白天跟他人的互動想過一遍，回想我跟他們的對話，想想我的回應，以及這樣說、那樣說帶給別人什麼樣的感覺……。」

以上這些進入內在空間的方式，無非想梳理囤積的混亂及困惑，可是分析和思考時，如果帶著焦躁和氣惱的能量，可能對內在帶來威脅和索討。

以著急的態度進入內在空間，會是什麼光景？

面對一個情況，往往交織著許多感受，我們可以把每一個部分比喻成一個小孩。孩子們亂哄哄在心裡，而你（觀察者意識）進了家門，想安撫他們。他們看到你自然而然急著開口，急著秀自己給你看，但此時你沒辦法看，因為你有好多問題需要釐清，要他們坐下、開始進行檢討，家裡的氣氛會如何？

一個來談者說：「你說的，我都想過了，我很會自問自答，很多部分覺察之後，它自己會跑會轉，不會卡在那裡。可是我最近卻發現不管用，越想越煩，好多念頭，根本靜不下來。」

我說：「也許最近真的太難了，密集衝突、爭執，越來越累，也越來越急，試著感受一下你自問自答的口氣如何？」

他說：「你說我對自己說話的口氣嗎？很糟吧，像我跟我老婆說話的樣子，我明明想要好好說，她總是覺得我口氣很衝。」

他的口氣並非惡意，只是填滿著急。

如果你受夠了，因而想處理；很煩，所以想好好跟自己說話，不能讓「著急」、「氣惱」當家作主，他們與內在各種感受衝撞，會帶來更多沉重的情緒。

心裡頭的感受，需要被好好「接待」、好好放置，被尊重而不是嫌棄。

一份情緒一旦被接待了，彷彿它有一個位子可以坐下來，便不需要大聲疾呼，不需要害怕躲藏，當它被邀請時會較容易抒發表達，你不僅可以了解他們，也會獲得更多靈感。

首先，你的意願是向內溝通，不是自我打擊。

向內溝通的心念，如同向外表達的語言，具有力量，傳遞著情感和態度。

你會怎麼接待一位貴賓？

「嗨，小美，你好！」

「哈嘍，小美，你來啦！」

「小美，看到你真好！」

於是，遇見一個感受時，跟自己說話的句子首先換個形式：直述句取代問句。

與它對上眼（體會情緒在你裡面是什麼感受）。

示意：「嗨，@@（感受），你好。」也就是體會感受時，觀察者意識不排斥，願意接受情緒在那。

一位學習過澄心聚焦的男性，我鼓勵他在一起想辦法之前，為內心做點事。

我問：「回想昨天跟老婆吵架，你撐著頭坐在椅子上，無法回應。說到這個片刻，你注意到心裡有些什麼？」

他表達：

「我注意到有個好想逃離的感覺。」

「我注意到一個害怕，怕她覺得被丟下。」

「我注意到一種很想摔東西的衝動。」

「我注意到好累、好想放棄。」

鼓勵他認出一個感受，就停頓一下，好好接待每一個感受。

我的提示只是輕輕拉著他，避免他過快向浮現的感受追究。

「嗨，好想逃離的感覺，你可以在這。」

「害怕，你在這，你好。」

他半睜眼，慢慢輕輕說著，手放在胸口。身體更沉地坐進沙發。

我提出一個畫面，來描述如果願意跟感受打招呼而不是批評它會帶來的：「你現在就像進到一個空間，大家互相注意到，互相對了眼，叫喚名字，空間開始有輕細的聲音和溫度。」

為了鼓勵他繼續體驗，我誇張的起身表演：「當我願意接待，說出歡迎的時候，彷彿把蹲在這的、藏在床底下的……、一個一個扶起來，你招呼了一兩個，其他的會願意陸續出來。」

把注意力往內帶，認出存在的各種感受，很像把裡頭的燈逐一打開，內在情緒逐漸清晰，安全的氛圍也一點一點擴散開來。

他說：「我常常暴怒，也許因為我心中沒什麼安全感。」

我讓他知道：我們都很害怕在關係中感到被排斥，都渴望被歡迎，單純的歡迎。如果能對待浮現的感受，一次一次好好接待，就像投入一枚一枚安全感硬幣，累積多了，由內而外的平安自然形成。有內在關係的安全氣氛，才有外在關係的安全感受，然後你才願意冒險靠近別人多一點。

我是在生生不息的催眠學習工作坊裡，學會不斷向內在表達「歡迎」。

史蒂芬·紀力根（**Stephen Gilligan**）老師的7天課程，除了介紹內在正向能量生生不息的理念，還有好多示範與練習。

當他進行催眠引導，對待坐在個案位置的學員，最常表達的不是引導指令，而是「welcome」，帶著誠摯邀請的手勢……。

「我只覺得心裡頭有沉重，不知道是什麼？」「嗯……歡迎它……。」

「肩膀緊緊的」「你感覺到了，歡迎它。」

「有點想哭」「好啊，那個想哭的感覺，也歡迎它。」

往往被說出的感受一個一個，越來越豐富，負向的、正向的、核心的糾結、在意的人、事、古老的記憶，像流水汩汩而出……

沒有事件鋪陳，沒有故事背景，但我聽著、看著總有許多眼淚和情感跟著浮現，因為在彼此連結的網絡裡洋溢著被接待的溫度。

後來，在接受督導的課程裡，更細緻體驗到「歡迎」的威力。

當時每一個個案可以挑選兩位治療師，輪到我要坐治療師的位置時，不知道為什麼滿是焦慮和疲憊，搜尋不到自己可以怎麼做的方向。

老師當時看著我說：「是否有個想退後的感受？那很好，看到它了，向它問好。」「是否也可以注意到自己身上充滿療癒的質地，也對它說歡迎……。」像個小魔法，讓我跟自己的拉扯、跟情境的征戰頓時融化，當接待內心升起的種種，我注意到自己同步共感著身旁夥伴的感受。

接待、歡迎的動能似乎疏通了連結，覺知如掌心一般張開、擴大。身心記憶了這份經驗，從此領了「歡迎」這個字眼放在心裡。

內在感受浮現，你願意試著接待它們嗎？用招呼語句迎向它們，對所覺察的部分柔軟而真誠的靠近，如果你感到「不自在」、「困惑」、「無聊」，別急著跟自己爭論或找方式排除。不拉扯、不較量就沒有輸贏，讓這些感覺只是得到你中性的注視。

神奇的放鬆感會從意識與感受的連接中發生，內在空間有陽光和清風照拂著。

體驗：

對內在表達歡迎

- 想起一個家人或朋友，你期待見到他，而他即將來拜訪你，你內在那份喜悅、歡迎的情感，會如何流露出來？可能是送上花束、可能舉杯、大大的笑容、擊掌、擁抱……。
- 準備這個歡迎的儀式，在身體內部坐定，注意到任何浮現在眼前的，僅僅對它表達出歡迎。

例子：

「我想到是張開雙手去擁抱。」

「……發現喉嚨緊緊的，我擁抱它，來了一陣顫抖。……現在注意力被帶到頭部，脹脹的，我想著張開雙手擁抱這個好大的脹，嗨……歡迎。脹脹的感覺不見了，……好像注意到胸口，想起昨天去運動一個蠻讓我煩躁的畫面（停頓一下）……，我對這整個畫面跟感覺張開雙手……我喉嚨有點……哽咽，覺得……其實很多感覺沒那麼難……。」

觀照

觀照——看著的魔力。

在心理學、心理治療、靈性成長的範疇裡，無限重複的字眼就是「覺察」。

有段時間，只要人們問我：

「為什麼要做諮商？為什麼你覺得做諮商有意義？」

我總說：「因為那可以幫助你覺察自己。」

他們繼續問：「一直覺察自己在想什麼、感覺什麼，會怎樣？」「為什麼要一直覺察？沒有盡頭和明確的里程碑。」

我回答不出來，有時很挫折，那挫折不是懷疑，而是無法把覺察的「好」傳遞出去。

往內看、感受和發現自己的心裡動作，有各種名稱來描述，例如「內觀」、「靜心」、「打禪」。第一次認真學習，是研究所時參與王麗文老師帶領的課程。在一輪接著一輪靜坐的練習中，聽從指示把注意力放在呼吸上，卻一直被瞌睡蟲撂倒。當時可以說沒有從這個過程裡感覺到任何好處，只是重複閉上眼睛就跟瞌睡蟲拔河、被老師叫醒覺得尷尬。但老師的分享，對我而言，還是為靜坐體驗加分了。

王老師當時分享：她的人生到那時候事三度下定決心維持靜坐，每一回遇到難以度過的關卡，四處摸索，總是回到靜坐中。

深入靜坐的體驗，甚至讓王老師覺得自己可以投入任何工作，就算要在菜市場賣菜，以前沒有經驗，應該也可以賣得很好。我被這些體驗分享和老師當時的神采所吸引，同時也困惑，目標不是要「安靜」和「空」嗎？

後來自己透過學習和經驗才慢慢體會：坐下來、觀看內心的動靜。對頭腦的活動和外在行動而言，是朝向停下來、靜下來的方向，然而內在視野和感受，卻是往打開、推進和更新的方向。

「為什麼要看自己？」「為什麼在諮商中不直接給建議，而是幫助個案覺察？」

我常跟學生一起討論其中的道理。

學生說：人經常延用過去習慣的反應模式來因應生活挑戰，因此不斷複製自己的困境。如果能夠覺察自己的模式，不再用一樣的方式，才機會改變受困的狀況。

意思是：「覺察」才能使人看到自己需要改變的地方。

覺察可以帶來改變，只是這過程怎麼發生的？

是發現了自己的什麼，拿起來檢查校對一番，決定要保留以及如何去蕪存菁嗎？

舉個例子來說：

有位朋友談起他對伴侶常有不滿意、失望的情緒。說起來都是生活的小事情，但是這類情緒越來越頻繁發生，囤積越來越多，使他無法正向地與對方相處。

例如看到對方使用微波爐，沒有加上蓋，讓食物溢出來，明明也認為這是小事情，擦一擦就好，卻感到很煩躁，甚至是嫌惡，忍不住說：「你不知道這個要注意嗎！」即使收住一些力道，還是把一些「不耐」和「輕蔑」發射了出去。

彼此都沉默了，彷彿一顆冰塊投向他們之間。這些情況多了，溫度也不斷下滑。該怎麼樣讓這段關係更好一點？該如何回到彼此在這個關係中舒服、輕鬆的狀態？他覺察到自己的批評，嚴苛的態度讓對方小心翼翼，自己的負面聚光燈不斷加大電能，放大對方疏忽的小地方，看不到對方的好。

他說：「這樣的循環不好，我開始不表達這些看不慣的地方，不能忍受的都儘量自己做。」他真的提醒自己，不要只看對方不好的地方，當感到不耐煩、想批評的時候多深呼吸，別說出那些不好聽的話。

我關心：「後來呢？」

他說：「這類挑剔變少了，可是彼此也疏遠了，開始覺得我不需要她。」

的確會這樣，隨著覺察，他對自己的反應有檢討和轉彎，雖然改變了相處的氛圍，卻沒有拉近彼此的距離，這是因為他忽略消化心中的情緒。

我提醒他：「你沒注意到嗎？雖然你選擇不說，選擇自己做，但其實你還在生氣，只是變成生悶氣，讓你對女友不滿的需求和感受都被悶住，它們還杵在那裡，沒有被面對，跟你想體現的寬厚、柔軟、欣賞，還有很大的距離。」

囤積的情緒能量，其實最需要的是好好被看見。

引導他去看：「重溫你對另一半說出這句話的情境『你不知道這個要注意嗎！』然後注意去看心中存在哪些東西？」

他發現這裡聚集了很多不想要的東西。

他真的不想看到對方能力不好。

不想感覺到自己對別人的嫌棄。

不想要自己說出來的話，這麼沒有同理心和包容度。

不想要感覺到自己的尖銳。

不想承受對伴侶小心翼翼的愧疚和心疼。

我把看見的跟他分享：「你努力的方式是用意志力將事情推向特定的樣貌和結果，可是你內在有這麼多部分沒有準備好朝向同個地方，因此會有壓抑的辛苦。」

我建議：「讓自己在這個主題上有更多能量用在往內覺察、往內看的狀態，以此開出一個讓內心充分表達的空間。」

他緩緩吐一口氣，願意專心去看他們之間的互動。

「我一直在建立幸福，就是……建立……要有很多條件，所以，我忍不住控制，非常謹憤……。」

我鼓勵他留在裡面，繼續看，繼續覺察。

「我求好心切，就像掐著女朋友的脖子說：『你為什麼不能再更好一點？其實有很多部分我已經放寬了，你還是做不到。』」

「她手足無措，有點壓抑，可能有難堪、委屈和憤怒，我也很不忍。」

這時候他不只處於使勁、生氣、要求、懷抱希望之中。他正在觀照這些，因此此刻他有一個更大的觀察者意識，用一雙大眼睛把所有這些部分都看在眼裡。

在觀照的時候，他不是把力氣用來討厭自己、討厭女友、發出對自己和別人的要求，他把能量用來包容這些部分的存在，但不被任何部分所牽制。

這時候他可以從習慣性的思想、念頭、記憶和行動抽離出來，從很寬廣的角度來體驗原來的事情。

我們之所以難以單獨地給予每個感受所需要的轉化空間，是因為我們總是活在連鎖的思考裡面，我們被這個鎖鏈的反應式給制約了，例如他的軌道是：「如果我那麼控制，我就會常常對女朋友生氣，如果她接收到我的怒氣，她會不快樂，我們就無法幸福。」於是幾乎同時地，當「生氣」、「想控制」浮現，會不幸福的「害怕」和「緊張」便包圍過來。

觀照的大視野讓我們平等的看待每個情緒及思想，不從因果的角度來給某個情緒或想法施加壓力，那麼原本連鎖的情緒、想法和行動之間開始出現空隙，注意力脫離原先的反應鎖鍊，來到超越原來模式的空間裡，在那裡他仍然感受到糾結的地方，也同時有平靜的質地做後盾。

累積平靜的質地，行動裡的能量自然不同，哪怕他仍然說出這句話「你不知道這個要注意嗎？」兩個人之間的氛圍也絕對不相同，因為裡頭沒有被壓抑而無聲竄流的情緒能量，這樣的改變是自然推進的。

很多困擾都是受困在我們的意識能量一直困鎖在某個觀點、某個需要中，例如：我有合適的女朋友才會幸福。

站在一個面上，我們會對另一面進行防堵，與之拉扯。

當同時觀照兩面的時候，能量自然移動到可以包容兩邊，涵蓋正面與反面之和的狀態。這種狀態可以讓人自由的移動，對自己的選擇擁有正面的感覺。

我鼓勵他：「願意的話，你讓注意力去到衝突的那個片刻，觀照一會兒，這個歷程會有新的作用力發生，先不急著給自己方向和指令。」

為了安頓他，我將「觀照」的作用比喻為一個往糾結的點輕輕揉著的力道，揉著裡面結成一團的東西，它分開來了，慢慢清晰。各個部分在意識空間裡活動，也許有新的聚合。

他看見「嫌棄的態度」

看見「失去關係的擔心」

看見「生氣」以及生氣的另一面——「因為很努力產生的疲憊」看見「想要更幸福，卻搞砸的懊惱」。

後來他看見自己累壞了，女友也累壞了。

一路看下來，很多了，無需立刻做點什麼決定，給這些在硬視野中的各種感受自然沉澱的空間。

後來他分享：

「有一天我很平靜的跟我女友說，『當我對你所做的表達不滿的時候，謝謝你包容我。我看到我自己求好心切，這個部分的我真的不好相處，我也看到你的忍耐和委屈。很多次我事後都知道沒那麼嚴重，但也不知道要跟你說什麼，只想跟你說謝謝。』之後，我覺得自己放鬆很多，不會一直抓她辮子，不會特別留意，不高興當然會有，但不會暴氣或很需要壓抑。」

觀照的歷程，可以創造出特別的空間，超越原先觀點的靈感。

儘管許多人感到陌生，不懷抱信心，我仍推薦每個來談者去體驗看看。把某個時刻裡的整個情境，包括自己與他人，放進心中，慢慢去看，心中有哪些反應？有哪些念頭？專心從容地去看，讓這些情緒能量接收到「被看見了」。

一個來談者分享：

「這個星期我對『別人給我指教的片刻』做了很多觀照，我不急著去決定我的行動，僅僅多一些觀察，的確有意外收穫。

一直以來，當我覺得被攻擊或是遇到不喜歡的意見，就彷彿有個盾牌在我前面，我死死拿著它無法做其他反應，可是我不喜歡這樣，我希望自己大器一點，也許可以反擊、也可以接受。

那天在課程的成果發表中，老師給我一個回饋，他說我不太會講話，我感到生氣，接著注意到自己已經在盾牌後面，我同時記得『大器』這個需要，我停下來一會兒，看見內心浮現這些，也看見盾牌。後來很好玩，盾牌毛細孔變大，老師的話彷彿滲透進來。接著我很自然地說出我的提問：透過我剛剛展示的活動，『不太會講話』請問是指什麼樣的環節？

我表達得很自然、很中性，也從老師那裡得到很有養分的回饋。如果我沒有觀照『盾牌』，我會比較情緒化，即使老師給回饋，可能也聽不進去。」

觀照，讓我們暫停與困難的糾纏，加大與難題之間的空隙，讓內心囤積的感受舒展、呼吸，內在一個感受和另一個感受的連結鬆開了，我們與自己與他人互動的氣氛自然跟著改變。

體驗：

後退一格觀照內在各個部分

這一次我們選擇一個正向經驗做為起點，來走一趟觀照的旅程。所謂的正向，只是相對於讓我們感到受苦的另外一面，而這個建議只是一種體驗的選擇。

- 找到一個空間，好讓自己在過程中不會突然受到打擾，設定好這趟旅程的時間。
- 挑一幅喜歡的畫面，或是一個讓你舒心的聲音，或是記憶中的一種滋味，或是空氣裡正存在的一種芬芳氣味……，任何正向經驗的焦點都可以。

• 用以下的句型，讓內在風景可以不斷透過這個句型流轉而出「我正覺察到（看到、聽到、聞到、觸摸到）……。當我正覺察著……時，我同時覺察到……。當我正……時（重述上一句經驗表達），我接著……。」

• 直到時間結束，在呼吸裡頭陪伴自己一會兒，感謝內在發生的以及那個觀照的我。你可以說出來，也可以在心裡面說，一般而言，說出來比較能夠維持專注力，但那不是必須的。

例子：

「我正看到一棵樹，當我看著這棵樹的時候，我特別注意到它的葉子垂掛著。當我特別注意著它的葉子垂掛時，我看到孩子盪鞦韆的影像。當我在心中看著孩子盪鞦韆的影像時，我聽見孩子的笑聲。當我正聽著孩子的笑聲時，我覺察到自己臉上浮現了笑容。當我正覺察臉上的笑容時，我注意到胸口和肚子像嬰兒的呼吸一樣在起伏，當我注意著胸口和肚子的起伏時，我覺察到身體裡面有一種想要伸展的感覺。當我覺察到想要伸展的感覺，接著我看到自己在旋轉的畫面。當我看著自己在旋轉的畫面，接著我感覺身體的晃動。當我感覺身體在晃動，……。」

「感謝觀照中所有發生的過程。」

療癒的前行，是注意你現在是什麼，正在哪裡，而不是要去哪裡。

有人問：「大家都在說原諒、談和解，是不是要對家人有好的感覺，自己的狀態才會改變？可是我真的沒辦法對我爸有正面的感受，我甚至不想要跟他有關聯……，我該怎麼辦？」

我跟他分享，關於「原諒」、「和解」、「接受」，無需鑽進去這些語詞，拿語詞的意涵來跟自己此刻的狀態做比對，可以把它視為導航系統的參考定位，來設定意願的方向。而邁內改變，則需要步步認出此刻心處何處。

我邀請他注意看看當下的內心

「當你這麼問的時候，什麼在你面前？」

他說：「擔心是否會一直不幸」；「無力：我也想愛他，但真的沒辦法」；「恐懼：我會不會遇到跟他一樣的人。」

現在的自己，現在心裡的部分，才是最需要被照顧的，我提醒他：「原諒、和解如果沒有先來到你心裡的這些地方，其實哪裡也去不了。」

心理學有一個改變的矛盾理論；「改變常常發生在一個人想成為他自己的時候，而不是他想成為另外一個人的時候。」改變也常常發生在願意體認當下的狀態，而不是對此刻進行否認的時候。越是想扭轉、想拋棄心裡面的感受，越是在原來的情緒上疊加複雜的糾纏。

他原先憎恨父親，經過探索和學習，也許憎恨減低，但仍然憤怒，又加上「擔心自己沒有原諒父親會發生不幸」，恐懼出現了，接著為自己始終無法放下而自責。這種滾雪球效應徒增內在負擔。

「接受」不能是口號，僅只是邏輯理解的同意。

羅伯費雪所著《為自己出征》的故事裡，有一段描寫武士來到沉默之堡，貼切地傳達一個人如果尚未體認內心此時此刻的真實，哪裡也去不了。

沉默之堡有兩個特色：四面都是牆壁，沒有任何門通往城堡的其他地方；房間裡全然地寂靜。

他需要找到出口，才能繼續前進。

在那裡他遇見國王，國王也在關卡中，原來國王已經來過幾次。

武士很驚訝，表示自己是因為困在盔甲裡面才來到這裡，國王卻說其實不只武士，大多數的人都有一身的盔甲，國王說：「我們用重重的防衛，保護我們所以為的自己，久了以後，就困在這些自我防衛裡面，出不來了。」

武士很好奇：既然國王這麼有智慧，怎麼會被困住？怎麼會需要到這裡來？國王說：「我的智慧僅止於讓我知道我又被困住了，讓我可以再回來這裡，學習更了解自己。」

武士請求跟國王一起走，他想如果有人作伴，也許比較容易找到出口。國王不同意他的做法，因為國王嘗試過了。發現只要跟別人在一起，就不會看到離開房間的門，因為跟別人相處，我們會刻意把好的一面呈現出來，不自覺地隱藏自己，人要獨處的時候，才有機會脫掉自己的盔甲。

武士請求依循國王曾經過往找到的門，也不管用。

國王分享自己的體會：「人要在了解以後才能真正的看見，等你了解在這個房間裡有什麼，你就可以看到通往下一個房間的門。」

國王離開之後，他的那扇門對武士而言，只是堅實的牆壁。

武士終於發現，唯一的選擇是沉靜下來面對自己，他體驗著單獨的沉默，終於注意到從來沒有發現過的事情：「他害怕獨處。」這個體認打開了一扇門。

在下一個房間裡，他唱歌、說話，跟自己做了許多應對寂寞的事情，然後他說：「我想其實我很害怕獨處」，這句話再度打開一扇門。

在下一個空間中，他深刻的體認自己是如何排斥獨處：「我一輩子的時間不是在高談闊論過去的功績，就是在誇耀未來的計畫，沒有享受當下發生的事。」

第三道門再度打開。

他接受這個過程：知道自己的狀態、體驗它、深入看見。

他開始聆聽，究竟當下的寂靜是怎樣的聲音，接著回顧他的不聆聽在過去的生活中如何發生影響，他從未聆聽自己，也拒絕聆聽親密伴侶，他讓太太住在沉默之堡中。這一刻他體驗到太太的感覺，感受這些體驗所帶來的眼淚。

在淚水裡，下一扇門打開。

內心與他對話，心說：「這些年我一直在這裡，只是你沒有一次安靜到可以聽我的聲音。」

沉默之堡消融。

「門」是里程碑，象徵武士願意放下得到什麼、放下成為什麼，願意體認當下是什麼。一步步傾聽內心的狀態、體驗與理解自身的歷程，與逐層脫下盔甲，前進到下個階段，是同一件事。

有個人談到他對同事的情緒：「OK，我知道我很生氣，我也可以接受我的生氣，因為他就是踩到我的雷了。但是我現在每天還是需要跟他合作，如果這個情緒我過不去，跟他相處的時候就很痛苦，好像一直被針刺，那我可以接受我的生氣，但是我要怎麼過得去，讓自己好一點？」

想要離開這個與生氣糾結的牢籠，要先仔細傾聽跟同事相處時，究竟心裡發生了什麼。

首先，一團感覺真的是生氣嗎？一直是生氣嗎？

其次，當我們說「接受」，是否更像是「不然就已經吃虧了、受傷了，那還要怎麼樣呢？我沒有因為我在生氣而罵我自己，就算接受了。」

透過「接受」來一層一層地鬆脫盔甲，走出心裡的牢籠，必須是願意展開不斷體會和了解的過程。

這個人願意的話，可以進一步體會：「這個生氣如何讓你痛苦？跟同事相處時，這個情緒如何作用和變化？想讓自己好過一點是什麼？是想要他了解你的需求？想要多了解他的另外一面？還是希望自己不要敏感，可以麻木一些？」沒有正確的答案，只是要細微觸摸到自己內在的真實。

往往是因為急著擺脫情緒，才將情緒經驗幻化為「封閉的監牢」，充分的接受情緒滾動的過程，才是還原通道的方式。你所想消除的所有狀態，要先在你的覺知中還其本來的面貌。

就像國王和武士縱然有相同的方向，卻要走過完全不同的門，每個人都能透過傾聽自己，讓感受浮現，來開展擺脫心結的路徑。

如何體認當下真實的狀態？身體提供了很好的感知情緒和情感的落點。

我們常常太快以為自己有這種特質或那種個性，例如用各種心理測驗及理論，幫自己標註：「我有這些，所以我是依賴型人格，所以會沒有安全感，……。」

外在資料可以帶來自我探索的參照，但不是拓展自己、打開內心的歷程本身，因為這些標籤無法直接幫你開門。

記得武士每認出一個潛藏著、以往從未覺察的狀態，有一道門就會打開，使他往更深處走去。如果可以了解：沒有任何一種感覺不會改變，沒有任何一種關係不會移動，那麼就不會那麼害怕去承認現在的感受，去看見關係的隔閡。

擁抱當下的感受是為了降落在地面，回到可以重新啟程出發的地方。那些已經來到卻不被接待的感受，如同一條鎖鍊綁住你的腰，你拼命的往目標走，它就定在那裡拉住你。認下它，才能前往解開的方向。

想突破遇到的難題，如果看不到任何可能性來改變自己，或改變生活中的其他人，就像沉默之堡的四面牆壁，儘管摸索著解決的辦法，卻都不是那道「門」。也許就停留在此刻，傾聽自己，踏實的練習靠近內心，承認自己不知道如何為下一步做些什麼，接觸那份無奈的感覺，迎接一道一道的感受，讓心靈之堡引路。

一個女孩一直在面對困難的人際關係，她很努力表現友善，找話題跟別人搭橋，還是經常碰壁，受到冷落。

她描述對自己的感覺：「我覺得自己不正常，同事也這樣說，就是我駝著背，講話很小聲。我要怎麼改變自己？」

我邀請她體驗講話的此刻，注意到內在有些什麼？

她體會到：「有一個我就……駝背、不敢講話，另一個我在罵它『人家都不喜歡了，還這樣！』然後就很焦慮。對了，辦公室的姐姐會盯著我說，『你幹嘛一直搓手』，她可能覺得我……。」

女孩思緒延伸，在遠離自己以前，我鼓勵她先進入「駝背」的那個自己。

她彎起身，沉默了一會說：「我剛剛想到那個姐姐的時候，背更駝了，身體在說：『不要張揚』、『不要表達』、『好可怕，不要被看到』。我也不確定我的背在對我說什麼……。」她很難肯定，有些猶豫，但沒有離開願意繼續往內體會的狀態。

她描述此刻浮現的記憶：「我想到最想躲起來的時候，是高中那三年，第三年我幾乎沒辦法去學校。高一一進去時，我不知道自己哪裡來的熱情，主動要當幹部，結果讓別人覺得我很愛現，很多同學看我不爽，當時被排擠得很嚴重。後來雖然轉學，但還是沒辦法融入別人。」

她沒有跳出來分析這段回憶為關係模式帶來什麼影響，只從情緒和身體的訊號去體會此時內在發生了什麼：「啊，我覺得很緊繃，身體一直想要縮小，偏偏我蠻高大的，縮起來的姿勢很像告訴別人：我沒有愛現，我沒有要張揚，我可以讓你們做主。」

她沉默好一會兒，感受這段話「縮小」、「沒有愛現」、「沒有要張揚」、「讓你們做主」。

我邀請她一邊感受身體，一邊看看這些字眼意味著什麼。

她說：「把自己捆起來，以免表現什麼觸怒對方，討好每一個人，不要被看見……，一直幫自己加上新的綳帶……。」

我回應：「這讓我聯想到木乃伊，那麼，有想要解開的感受嗎？」

她說：「應該說……應該解開，而不是想解開。」

我好奇：「你可以問問自己，關於解開，內在的反應是……？」

女孩聳聳肩背，「內心好像不想，因為它其實很怕被注意到，每次我把背挺直都不覺得放鬆，常常是因為被注意到了，不想被盯著，才規定自己要跟別人一樣抬頭挺胸。我感覺很困惑……。」

我支持她此刻所體會的：「也許我們可以謝謝這個『駝背』想帶給你安全的感覺，我們來看看它，超越『好不好看』、『會不會被笑』的眼光，靜靜的注意著你背駝著的地方和向內縮的肩膀，告訴它『可以駝著，可以不張揚，可以是現在這樣』。」

女孩深深地吐口氣，「好特別，我不強迫自己放鬆，身體也就不那麼緊繃了，沒有一定要挺起來，反而肩膀和手就不用力了，背有比較柔軟。」

關於「駝著背」的部分，她的內在當下並存的真實狀態是「害怕被排斥」、「期待被接受」，進入體驗，專注認出感受，如實表達，直到放鬆開始發生，就像四面牆壁有了出口。

這個短短的旅途，她從「我要如何讓同事不覺得我奇怪，如何讓自己表現開朗？」

的期望出發，意識到心中存在著拉扯，體認「我的確是不安的、的確是想躲起來的、的確不喜歡被強迫要挺直」。

我們可以預期，如果她能一點一點持續練習體會並承認自己當下的狀態，就會慢慢從「如何討好別人」的枷鎖中往前走，而有機會來到：「現在，在這個空間裡，我的身體姿態和聲音想要怎樣表達它自己？」

改變之門與被我們認定為阻礙的部分，在心裡環環相扣。首先你必須意圖回到內在空間，同時體認你心中真實的狀態，一點一點，一層一層，伴隨耐心和勇氣，道路的下一步總是在阻礙消融之際浮現。

體驗：

體認此刻的真實

單單去承認在一份關係中目前存在的現象，就能從自己的內在產生新的空間和可能。

- 找到可以跟自己相處的空間，設定好允許獨處的時間。
- 順著呼吸，把注意力帶進身體的中軸，感覺到呼吸沿著脊椎上上下下，感覺到自己的注意力很穩定的坐在內在空間的中心。
- 想起一段關係，在心裡面看著對方。慢慢的說出在這份關係中體認到的，「面對你，我體認到……。」

- 慢慢說，跟內在感受同頻。在每回表達之後，保持一兩個呼吸時間的靜默，讓身體裡隨之浮現的動靜走完自己的韻律。
- 時間到了，向內表達：「這些是我目前的體認，不是終點，我接受這個當下，我祝福我自己，也祝福你。」

例子：

「我想著我和一位同事的關係，我很不願意面對他，我們彼此迴避，現在我找到自己的中心，坐好了，看著他。」

「面對你，我體認到的事實是在我們之間有很強烈的緊張。（吸氣、吐氣）……面對你，我體認到我被討厭……對，被討厭……（呼吸、停頓）。面對你，我體認到我想討好你又很氣你……（呼吸、停頓）。面對你，我體認到……我們之間很僵硬……。」

關係中的不舒服，往往讓人魂牽夢縈，在腦中喋喋不休。透過體認目前所存在的，便是放下與自己不斷爭論、不斷臆測對方的壓力。當能量從頭腦的戰場中退出，來到內心支持各種情感、情緒的流動，下一步關係的空間也逐漸打開。

可以說上話的距離

想一下，如果想跟一個老朋友好好說話，怎樣的距離最合適？大概是兩個人都坐定了，中間隔著一張桌子的距離。

如果有個人著急的撲向你，你有辦法跟他對話嗎？應該只能被動的接收對方的氣息和氣勢，可能是他的熱情如火，也可能是他的著急，或者他的脅迫。

要是一個人離得很遠，連表情都看不清楚，卻得跟他說話，恐怕要扯著喉嚨，勉強說上一兩句，也絕不是討論的時機。

有許多人願意跟自己的內心交流，願意進一步理解自己的感受，可是他們做不到，其中的關鍵原因是忽略了與自己內心的感受連線，以及找到可以對話的距離。

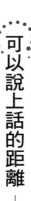

意識和內在的感受可以約略分為三種關係狀態：

第一種，意識完全在感受裡面。

這時被某種情緒占滿，用情緒的能量來思考，同意情緒的動機，由情緒導引行動。如果情緒是憤怒的，很可能一直搜尋對方不應該、不對、不可以的地方，讓情緒的能量持續升高，接著引發對自己當初所作所為的懊悔，或者向對方發出批評攻擊。

第二種，與感受疏離，不覺察它的存在。

不覺得自己有某個情緒，可是這個情緒的確存在，只是不在認知中、不在覺察範圍裡，自己可能感覺不到被它打擾，它在動作裡面、在口氣和整體狀態裡，這時候旁邊的人可能會說：「你怎麼了？看起來怪怪的。」你卻很驚訝：「有嗎？」

或者旁邊的人生氣了，跟你說：「你今天是吃了炸藥嗎？為什麼我講什麼都要反駁！」

你一頭霧水：「我剛剛有反駁你嗎？你不是在問我要不要買這個，我就表達我認為不適合，我不是在表達意見嗎？為什麼反應這麼大？」可是身邊的人說這不像平常的你說話的態度跟方式，你明顯就是有事啊！或者有不爽啊！

第三種，覺察到某種感受，與它共處，不擴大它。

知道有這個情緒，而且知道自己某個部分受到困擾，仔細感覺可以發現身體裡頭有些地方被這個情緒拉扯，也可以聽到這個情緒所產生的念頭以及它想做些什麼。可是你不全然在那裡面，有一些跟它不一樣的看法，有些意願跟它不一樣，可以注意到在那股強烈的情緒周圍還有其他感受，這時候，你不全然等於這些感受。

感受是內心的訊號，與它相處、與它對話，是支持自己，面對內在困擾很重要的過程。

處在第一種情形裡，你需要跟感受拉開距離，一方面讓感受能量不過於強烈，一方面提醒自己不在這個特定的感受裡進行思考、推論和決定，直到可以體認這份感受只是內在的一個部分，它的發言不代表你的全部、事件對方或任何未來的事實。

一個學員跟我討論他與感受相處的經驗。

因為工作任務的性質，每到月底便壓力倍增，焦慮感弄得自己很不舒服，他學習過一些方法陪伴自己，於是好一陣子在緊張滿點的時候坐下來內觀靜心。但是令他困擾的是，15分鐘、20分鐘過後，身體裡的緊張能量並沒有減少，反而增加了。他知道也許這是一個過程，本來被壓抑的東西浮現出來更多，也許再靜坐一陣子會好一點，可是他沒有時間和空間繼續在安靜的過程裡。他希望調節這份感受，好讓自己跟緊張對話，並進行接下來的工作思考。

當緊張的感覺表現在心跳、肩膀僵硬、呼吸不上來的身體現象上，可以透過身體這個通道來釋放掉一些能量，例如有意識地用力呼吸、有意識地快走、跑步，懷抱對自己友善的態度，一方面覺察這份感受，一方面在動作中讓能量出來。

他這麼做之後，發現這可以幫助幾乎比身體更大、持續擴張的緊張感逐漸穩定，雖然仍駐留在身心裡，但只佔部分空間。他可以開始問自己：「我緊張的是什麼？哪些是可以預先準備的？哪些是不可控制的因素？現在我能為工作任務準備些什麼？」

處在第二種情形，你所需要的是跟感受拉近距離。

和自己的感受無法連接上的人，可能會說自己大部分的時間都很好，甚至是別人眼中的好好先生、好好小姐。自己並非在壓抑，而是可以不計較，可是來到某個點，會突然爆炸，讓自己嚇到，也讓身邊的人感到莫名其妙。

爆炸性的能量，很難被理解、很難對話，因為這些感受在時間線上已經跟思緒和事件脈絡脫離了。因此，要了解自己的情緒能量究竟從何累積而來，需要經常輕敲心門，讓感受即時發聲。

可以從哪裡觸及自己疏離的感受？

1. 從周圍的訊息：

你感覺自己很平常，或者沒有那個意思，可是不只一個人反應給你，跟你自認為的有差距，他們會問你：「你幹嘛那麼衝？」、「發生什麼事嗎？」、「你到底在不滿什麼？」、「你怎麼了嗎？」

你可能一頭霧水，但這是一個機會，值得把握。請回想這一整天，經歷過了哪些事情，心裡頭歷經哪些思緒，有哪些感受？要注意，不要輕易地收下別人所做的描述，因為那是他們的感覺，不是你的狀態。例如他們覺得「被嫌棄」、「被攻擊」，不表示你有輕蔑或生氣；他們說你「煩躁」、「沮喪」，也不表示你真的有那樣的情緒。只是那可能真的表示「有些什麼」在你的裡面，在你的微表情、動作、聲音裡面發酵著。用好奇的態度，陪自己慢下來體會看看那是什麼。

2. 從親密之人的反應：

身邊的人可能在某些時刻告訴你：

「你明明就不是無所謂，如果真的無所謂，你就會……，你就不會……。」

「我完全不懂你的點在哪裡，我上次……就可以，這次只是……就不行，你又說不出所以然……。」

「你到底是什麼感覺？不可能沒有感覺，否則你不會看起來那麼有壓力，可是你又說沒事……。」

把他們所提到的事件，甚至他們的思緒寫下來，用自己的聲音來慢慢問自己：「對我而言，我在意嗎？」「惹到我的是什麼？」「也許我有感覺，那可能是什麼？」

親密之人容易看到我們的態度和話語之間的距離，容易把我們過去的想法和現在的行動之間的矛盾指出來，這是個好機會，可以開始認識經常躲藏在意識之下，從某個態度或動作中溜出來的感受。

失去動能的時候，看看是什麼感受覆蓋住活力。

你可能會發現已經好一段時間，在生活的軌道裡，該做的事就去做，沒有不能接受的，可是也沒有喜歡的。做什麼都不來勁，有沒有達到什麼結果也無所謂，如果有人問「有什麼感覺？」，就只有「疲憊」和「煩」。

這是一種麻木的狀態，身體和腦袋在運作，心卻離得遠遠的，彷彿沒有感覺。其實，是心裡面已經堆積了太多，認知上覺得無法消化，改變不了，而切斷了與感受的連線。

要接回連線，首先要承認自己對目前整體的「無力感」或「無助」，那是通往其他感受的門。

若是處在第三種狀態，可以與感受聯繫，而仍保有觀看、思考的空間，這時便能與它的對話、對它產生理解，啟動協調改變的歷程。

如果你捲入情緒中，像是泣不成聲，或者憤怒還在拳頭上，需要讓思考往後退，先釋放一部分情緒的能量，這時候身體是最好的通道。用注意力導引情緒在身體層面流通，會讓內在逐漸釋出空間。

如果願意好奇自己的感受，卻無法觸及時，需要先化身為偵探，將他人反饋及自身狀態的訊息都撿起來，不啟動對外的爭辯或防衛模式，單純放進心裡面體會，慢慢問自己、敲敲自己的心，讓感受甦醒過來。

與內心的感受連結，調整出好的距離，才有聆聽、理解和消化的過程。

體驗：

與感受連結並騰出距離

- 書寫一段文字，描述一件最近發生的、心裡還掛著的事，平鋪直述，無需修飾。
- 閱讀書寫的文字，每一個畫面和轉折的地方稍做停頓，在胸口處待一會兒，問自己，「當時或現在，有些感受在心中嗎？」寫在該描述文字的下方。
- 再次閱讀事件和感受的文字，看看這些對感受的描述是否貼近自己。這時你已經跟感受聯繫上，並試著認識它。
- 體會每個感受裡想表達的一句話，寫下來。
- 如果身體中有張力浮現，關注它，保持呼吸。對自己說：「我允許這些感受在這，並繼續流通。」同時注意力不只在緊繃之處，也包含整個身體空間。

• 內心想一位你願意對他表達這些感受的人，可能是信任的人、事件中的對方，當然可以是自己。在心中面對他，將這些句子表達出來。

例子：

一個大學的女孩，父母離婚之後，她跟媽媽一起經歷各種變動，打官司、搬家、外婆過世、外公中風需要照顧……。女孩上大學以後住校，最近跟媽媽的溝通讓她有些感受卡在心裡。

• 描述的文字：「最近很多辛苦的事，學校功課應付不來，被同組的同學在群組裡攻擊，不知道未來的方向在哪裡，覺得很煩，傳訊息跟媽媽求救，她卻只回一些哪裡有在打折，要不要一起去逛的訊息。就算她打電話過來，想跟她聊一下，很容易被打斷，一直聽到她說等我一下，或我等一下再打給你，讓我有一種我造成負擔和麻煩的感覺。」

• 覺察感受：「最近有很多辛苦的事，學校功課應付不來（緊張、害怕），被同組的同學在群組裡攻擊（生氣），不知道未來的方向在哪裡，覺得很煩（沮喪）。傳訊息跟媽媽求救，她卻只回一些哪裡有在打折，要不要一起去逛的訊息，就算她打電話過來，想跟她聊一下，很容易被打斷，一直聽到她說等我一下，或我等一下再打給你，讓我有一種我造成負擔和麻煩的感覺（傷心、孤單）。」

- 重新看這些感受，覺察被同學在群組裡攻擊，比較多是「慌張」，跟媽媽的通話被打斷，現在的感覺比較像是「懊惱」。
- 聽這些感受，寫下一句話。

緊張害怕：我很怕被當掉，學不到專業，連學歷都沒有。

慌張：我不知道要怎麼跟同學道歉他們才會接受，我不想要這麼尷尬。

沮喪：我對自己很沒信心，不敢想目標。

懊惱：媽媽也有自己要煩的事，我還帶給她負擔，但我又很想要聽到她跟我說：「沒關係，慢慢來，我都在。」

- 再走一遍這些感受，慢慢地呼吸，伸展身體。
- 心中想著媽媽，把這些感受一個一個的說出來，她聽見自己的聲音，同時也感覺著胸口和胃部有一波一波的情緒能量。

現在，這些感受還在她的身心裡面，但跟一開始的時候不一樣了，她有空間做其他思考、進行其他工作，同時更了解這些感覺，也準備好要傳訊息跟媽媽說說話。

第三章

《帶入療癒能量與自己交流》

不要小看你能夠提供給自己的療癒能量，與內在感受打交道是鏗鏘有力的行動，就如同你對外界做的所有事情一樣具體，有回音。透過向內表達歡迎，展開傾聽與描述，在身體裡面體驗並召喚想像力，我想與你一起創造內在的療癒空間以及守護這個空間。

好朋友的邀請

內心是同行的伴

衝突比冷漠好，交流互動比共識和平更重要。

內在一定會回應，只要去聽、守在那，保持好奇，關係會解凍、改變和升溫。

頭腦意識和內在感受的關係，如果想像成一對伴侶，不一定能夠同心同德，但是不可否認的是，兩個人有共鳴和彼此契合，會帶來幸福和活力。再好的伴侶關係，也有分歧的時候，當一起面對生活中許多任務，因雙方不同的需求，總會產生拉扯和衝突。

我們的頭腦和內心可能是佳偶或怨偶。如果頭腦認為應該去工作，心裡也有期待的感受，頭腦覺得可以去運動，心裡也浮現著運動完暢快淋漓的畫面，這種一拍即合的狀態，多麼讓人夢寐以求！

但更常有的狀況是：頭腦明明覺得這件事不可以、不合理，心卻很渴望，不斷懸著。或者心裡感受到憤怒抓狂，腦袋裡拼命希望釋懷，說服不了對方，於是精疲力竭，互相討厭。

其實，不怕分歧和衝突，怕的是冷漠。

你有無跟伴侶冷戰的經驗？覺得講不通了、再講也沒有用，拒絕表達，刻意忽略對方的反應，想要降低對方的影響力，可是事實如何呢？冰冷的空氣沒有帶來更寬闊的空間，無聲的關係，在心裡卻佔據最大的位子，風吹草動都很敏感，對方的舉動特別佔據你的記憶體。

跟自己冷戰，不想聽內心說話，也是類似的情形，各種情境裡，微細複雜的感受如果沒有流通，慢慢凝固石化，會讓整個身心動彈不得。

有一個個案跟我分享：

「上一次來找你的時候，談到正在面對的問題，你問我在身體的層面感受到什麼，我回答你：『沒有耶，和平常一樣，沒有特別什麼不舒服』，可是最近我發現，其實影響很大。我有時候喘不過氣來，從胸口到整個肩膀都很悶，有些時候睡到半夜兩三點就醒過來，我以為這些現象都是分開的，都是獨立偶發事件，可能胸悶跟運動量少、姿勢不良有關；半夜醒來，也許是當天太晚喝咖啡……，現在，我想這是不是連串在一起的現象？」

回想第一次談話，他條理分明，列點報告，講了很多，卻讓我們沒有頭緒，不知道講完了要往哪裡去，既沒有鬆緩的感受，新的理解也無從出現。

他的身體並非寬鬆舒適，而是他從未把注意力放在上面，造成身心與意識的隔閡。當他意識到身體、心境、頭腦互相關連的可能，我便鼓勵他放空一下再談話，一邊講一邊留意心裡頭的現象。他慢慢說，有時候沉默，有時候忘了剛剛想說明什麼，談話內容有點拉雜、無順序，但身體的訊號卻一點一點冒出，有時眼中夾帶著淚水、手舞足蹈或沉默混沌。即使沒有找到明確的結論，心中麻木之處已悄悄鬆動。

你無法置內在感受不顧

有時候想拉著車頭前進，趕快把事情處理好，可是後面的車身、零件一個一個解體，跟不上車頭的方向。內在許多部分，如果沒辦法跟頭腦有一致的效率和方向，可以想像最後只剩下車頭的畫面嗎？那一定不是一個幸福的場景。

她說：「我想清楚了，現在沒什麼問題，這樣做是對的，但是心裡空空的，提不起勁。」

這時寧願留在僵局裡，停下車頭，聽聽車身各部分為什麼遺落各方？想往哪裡去？比假裝沒事、忽略漠然，來得有幫助。

可是想到交流，對很多人來說相當不習慣。人跟人之間也許一起玩、一起熱鬧，卻不一定可以交流。更何況對象是自己，簡直很難想像！

如果要跟一個不太合拍的人說話，會面臨什麼呢？

「要聊什麼？」還沒開口，就有踢到鐵板的擔憂。

「他都不理我，都聽不懂，我跟他講有什麼用？」過去的挫折感全部出來擋路。

你有沒有那樣的經驗，嘗試去融化一個冰凍的氣氛？或者有體驗過被融化的感覺？

在與親密關係親人、摯友相處中，一定有類似的經驗。

要做試著融化冰塊的一方，不外乎嘗試接觸、保持耐心，從對方看似沒有回應的狀態中，給他反應的機會。等著、聽著、表達，一點一滴，不求快，也不求對方的特定反應，漸漸的，氣氛會不一樣，溫度一點一滴開始升高。

你對於跟自己的關係其實可以懷抱更多的信心，生活中的伴侶不一定想和好，可是我們的內心與大腦一定想要結合。

內心也許不會如你所預期的給出回應，但不可能沒有反應。每一個你向內投入的能量，都會引發一些漣漪效應，傳遞想靠近感受的意願和給予關注，必然會帶來解凍和交流。

嘗試去接觸你不喜歡的感覺，一開始很難。

曾經有人這樣跟我描述，當他被鼓勵去破冰，例如對伴侶或孩子，內心浮現的想法是：

「我也知道我要試著去接受他、看到他的好，但我又覺得這些都是屁話，好像在叫我騙自己要去喜歡他。那為什麼他就可以不努力、我行我素，我就要壓抑自己，改變自己的喜好去喜歡他的行為呢？」

千萬不要貿然「聽對方的話」或「跟隨他的想法」，因為那樣很可能同時壓制心中「不喜歡」、「不願意」的感受。只是邀請你去了解他，不是討好他，或有責任喜歡他。

在這個過程中，有時候讓對方當你世界裡的主角，試著跟他互動，這是接觸以及交流的開端。

對於內在

跟自己的感受重新相處，不用急著改變，不用要求自己要同意某個想法或感覺，最重要的是：這個想法、這個狀態已經發生了，它在那裡，不要假裝看不到，假裝它不存在。

把內心當作要修好的伴侶，不論喜不喜歡，在那的感受，輕輕接觸，嘗試保持一種彼此相知的關係。

在疲憊的時候，在每天的最末，在任務與任務之間的空隙，別忘了，向內發送一份邀請：

嗨，好朋友，我就在這，跟你坐下來。

此刻，好嗎？

不論內心浮現什麼，在靜默中與它輕觸，交集也就開始了。

描述你所感覺的

弄清楚自己的感受並不是一件容易的事，馬上可以說得出來的感覺，很可能是來自昨天的、上個月的、或對從前類似事情的印象。

當我問自己：面對這件事情，我有什麼樣的感受、什麼樣的體會，有時我得試著忽略一下子就跳出來的形容，刻意看看是否有別的方式可以描述。這時腦袋往往出現空白，但是也在同時，對事情的反應反而鮮明起來，某些畫面在腦袋裡繞，胸口裡有些東西開始翻攪。

即使經歷相同的主題，內心的體會總是在改變，因為生活是一連串的經驗，每一個片刻都有新鮮的發生，看事情的觀點和內心的需求也會隨著遭遇而有不同。

可是我們很少停下來去看這些體會，總覺得今天的自己跟以往的自己都一樣，新鮮的感覺就在我們對自己刻板的印象跟生活的忙碌裡被沖刷離開，這很可惜。如果能停下來，往內跟感受連結，看見那些正在萌芽中的部分，這些部分才有機會被理解，成為新的收穫、新的觀點、新的和外界的關係。

我們都有很多分享故事的經驗，特別是在內心感到很混亂，或者喜悅興奮的時候。有些故事，你會特別想要鉅細靡遺的講述，如同實況報導般，有時候不是為了經驗交流，而是這些故事裡頭有些感受本身想被完整的表達出來。

我媽媽就有這個特質和功力，我們雖然很喜歡跟媽媽閒聊，可是常常忍不住對她喊卡：「好，所以，請講結果。」因為，她喜歡把事情從非常遠的地方開始不跳步驟地講到我們在聊的這個點。譬如有一次，我們吃著桌上一盤很有水分、甜度適當的芒果，爸爸喜孜孜的要我們猜猜看價格，我們當然順他的意往上猜高價，媽媽卡位進來準備公布答案，說明卻從她怎麼樣想吃芒果開始，一路如何動念頭提議去買芒果，到熟悉的水果行看到價格和貨色……，又遇到鄰居一番交流，爸爸稱讚人家，鄰居熱情推薦熟識攤商，他們費了一番力氣才找到攤位，如何跟老闆喊價，最後才終於到達我們吃的芒果到底一斤多少錢。

就算我們耐不住性子，請她直接跳到結局，她會加快速度，但仍堅持按照順序講完。後來我們不再打斷她，索性原汁原味地品嘗她的經驗。

因為對媽媽來說，有人跟著她走一遍她所聽見的、所看見的，很重要。她並不需要我們記住這些故事的細節，而是如果她沒有把事件中的情境還原，沒有把對話鋪陳出來，就好像沒有辦法表達出買到這樣價格的芒果帶給她的完整感受。只是說一個價格的數字，無法傳達這個過程的湊巧、愉快、用心和得來不易的經驗。

讓媽媽非說完不可的，正是一種心理上的需要，內在經驗想要完全地被聆聽、表達。也就是說我媽媽說完了，我們究竟有多專心聽，感同身受多少，不是那麼重要，最重要的是她自己很完整的把經驗中的許多段落跑過一遍。當感覺被重新串聯、組織過，會更容易被消化、沉澱。

往往一些特別深刻、特別衝擊的經驗裡蘊含了很多感受，模糊不清、說不上來，就會在心裡面一直重播，掀起重複的情緒。如果經驗可以被說出來，裡頭的感受被仔細描述，它會擁有伸展的空間，不只是碎片地散落在意識裡，這會帶來比較清楚和釋懷的感覺。

好好的描述一個經驗，嘗試表達裡面特定的體會、某個細節的感受，會帶來更多禮物。

為什麼需要描述，才能收到禮物？因為內在感受不是完整待在那的，是隨著描述的過程它才會冒出來，才會慢慢孵化、出土，變得有輪廓、有形貌。

描述的動作與內在狀態會持續發生微細的交互作用。

M告訴我：「我先生開車在樓下接我們。小孩上車了，但當我到樓下去的時候，我不到他們，警衛說：『車好像剛剛開走了』，我都還沒有上車，車子居然就開走了。雖然他們很快回來接我，可是我心情很糟，無法平復。」

我請她停一下，請她慢慢來，不要錯過那些感受。

「居然，這兩個字，裡頭是什麼感覺？」

她很快地說：「就很傻眼啊！搞什麼，你知道他平常對自己的事情有多小心嗎？……。」

她似乎很憤怒，聲音很大，手也舉起來了，說一大串之後，洩了氣般消音，嘆了口氣：「就是很生氣，不能接受。」

有生氣，但也不只是生氣，鼓勵她再看看還可以怎麼描述。

她說：「有點難過失望，……應該說很失望，不是……其實我有種不意外的感覺，會被忘記我不意外，只是很突然的印證了我心裡很深的害怕，在他心裡……我不重要。」

她再度停下來，重新咀嚼這個句子：「他的車居然就這樣開走了。」

她聽見心裡的吶喊是：「你們難道都不知道我沒有上車嗎？我真的這麼不重要，我有沒有在車上對你們來說，都沒有差！」

許多沉積在下面的感受一點一滴被帶上來。

「現在，我的胃裡面有一些不舒服，被嚇到，他把車開走，好像我一直隱憂的東西突然被印證了。」

描述感受，可以讓意識不斷地接近糾結的地方，這個結成一團的地方慢慢地攤開來，慢慢醒來，很不舒服，也更清晰分明。

「我一直都覺得他們不是很尊重我，他有意無意地在孩子的面前貶低我，當然他會說是開玩笑的。事實上他們又的確很需要我，但我內心總有一種我被需要但不被重視的感覺。我想要澄清，但澄清不了。我覺得當他把車開走的時候，就好像印證了我心裡面的這個感受，我真的不是很重要。當你們所有東西都帶齊全了，當你們可以安心的離開家了，就沒有需要我的地方了。當你們在享受快樂的時候，有沒有我並沒有差。」眼淚伴隨著這些聲音湧出來。

現在更清楚的是，車子開走的時候，情緒是「嚇到、生氣、失望」，聲音是「果然，我真的不重要！」以及「我都幫你們把東西準備好，你們就可以拋下我了。」

隨著描述，感受像是被還原壓縮一般，慢慢膨回來，不再是扁平的。它有厚度、有內容，這裡面有歷史，有它的主題。

如果M只告訴我：「我很生氣，真受不了，怎麼會這樣做事！」我會替他難過，有些心疼，當然會給她安慰，但是她沒辦法觸摸到感受的豐富性。

描述，對內在感受而言，有輕輕觸發的作用，這個動作使得心開了一扇門，然後繼續打開下一扇門。

嘗試去找尋貼近內在經驗的描述，有機會探索它，使它展現自己細緻的層面。貼近心的感受之後，才是跟自己好好談一談的時機。

她想著：「我看到自己有一個設定，如果不被需要，就會被拋下。我因為跟他互動的時候，有被貶低的感覺，就一直不安，原來是會被拋棄的威脅感。所以，那天我才會覺得果然印證了。這個其實對我來說，對我們的關係來說是負擔。」

她開始問自己問題：「為什麼不被需要就等於被拋棄？為什麼不是表示他們可以獨立了，我可以自由了？」她一直往下想，很有幫助，這個過程的關鍵是她願意認識內心「不安、被拋棄的恐懼」以及「不被看重」的議題。當她的描述到達這裡，她跟這個感受之間才有直接接觸以及可以對話的連線。

為內在感受作描述來展開探索，有一些原則可以參考，最重要的是懷抱「好奇」，而不是「挖掘」的態度。

恰當的距離

試著透過描述來跟感受對焦，並不是要捉住什麼、定義什麼，反而是要知道它不會固定，也不代表自己或別人永恆的現象。即使暫時用個形容的方式，最好再輕輕鬆開，意識才能繼續深入，使感受更加明朗。

啟用感官

揪住心頭的感受通常複雜，難以一言以蔽之，用簡單的語詞常不足以完整，需要很多角度切入，像是相近或相反形容詞，像是手勢、聲音、動作。

你可以用內在的五感想像，以貼近感受。

如果透過視覺，你想怎麼表達呢？就像試著要把它畫出來一樣。

「它像是一團黑黑的線纏繞在我的心口上。」

如果你內在的耳朵聽得到，它會是一種什麼聲音呢？

「它先是倒抽一口氣，憋住，以及很細的哭泣，可能不敢哭得很大聲。」

它會有味道嗎？

「也許是一種習慣的發霉的味道。」

它嚐起來、觸摸起來如何？

「微微的、刺刺的、毛毛的，並不太尖銳。」

情緒裡有它想說的話，最好試著越說越完整。

「怎麼可能？我以為我不會再這樣被對待了～好不堪！」

耐心，允許中斷和模糊

你接近一個感受時，要保持空間並且放慢速度，否則你語言可能蓋過它，所以別走太快，與它可以有一個呼吸的距離，保持聯繫和空間。

也就是嘗試描述之後，靜默一個呼吸。因為很大、很深的情緒累積，需要鬆動的過程，因此耐心很重要，通常是最重要的。

心靈有尋求開展的動能，許多的治療只是支持和喚醒這個歷程的方式，慢慢地跟進，慢慢描繪心中的感受，就是推動心靈往治癒的方向前進。

多元的方式

加入自己的想像力和創造力來做描述，會非常有幫助。不論你用何種方式來描述感受，這些方式是顯示內心狀態的螢幕，同時也跟內心交流共創。每個人擅長和熟悉的形式無需相同，有的人最盡情生動的描述，會國台語交雜，甚至加入一些英文，有的人願意塗鴉或繪畫。

每種形式都值得做嘗試，要記得它們只是媒介，我們無需是任何一種形式的專家，這些方式是支持我們更好玩、更容易地貼近感受，與之互動。

除了字詞、畫面，身體姿勢和聲音也是我經常在工作坊邀請夥伴一起體驗的形式。在一次課程中，我請大家把「尷尬」的字眼帶進內在，邀請一個身體動作表達冒出來的感受。

一個夥伴左右邊不協調的輕微抖動、晃動，表情掛著笑容卻僵硬。

一個夥伴胸口往後退，慢慢緩緩的，正把自己捲縮起來。

第一個夥伴感受這姿勢後發現：在尷尬裡，我不允許自己停和安靜，要自己做點什麼，裡面有焦慮。

第二個夥伴來回感受之後，笑著說：「尷尬裡，都是躲藏和戒備。」

上面只是一個例子，你一定有其他方法。形式可以很多元，但只有一種也不要緊，最重要的是願意透過表達跟內在感受共鳴，來回交流。

透過描述，能夠認識和促進感受的流動，發現內在的感受和所以為的不一樣，是一個體驗過就會想再次經歷的過程，因為我們都渴望親身見證自己的改變。因此，不要錯過流動的感受，不要輕易把此刻的體會塞回去從前的語言框框，埋葬了正在更新的自己。

傾聽就是愛

有一部電影是我喜歡跟夥伴分享的，尤其是在澄心聚焦的課上：「尋找快樂的15種方法」。

故事中的主角是一名心理醫生，有很好的收入、井然有序的生活、交往已久的女朋友，看起來算是令人羨慕的順利人生，但他的內心卻感到被禁錮。夜裡，他反覆進入一個夢境：一開始駕著飛機、帶著小狗遨翔，最後卻被攻擊和摧毀，這個夢境象徵他的初心殞落，找不到生命中的熱情。

他終於對自己承認，他其實過得不好，不知道怎麼幫助自己，也對工作失去信心，難以支持求助的病人。

鼓起勇氣告別女友：「我得出去走走，旅行一陣子。我無法讓我的病人們快樂，我必須做研究，關於如何快樂。」

旅途中他記錄了各種為人們帶來快樂的方法，包括金錢、修行、行善……，為了繼續行醫，他需要這個研究結果。

最終，他體會到這些方法的核心是點燃人們去愛和被愛的感受。

返家的飛機上，巧遇一位被癌症所苦的女士，病情發作時，機組人員徵求一位醫師支持。他來到女士的身邊，醫治身體並非他的專業，他能給予的，僅僅是握住她的手，將所有的熱切、對她的擔憂和鼓舞化為陪伴，聽她說著最後一段路的心願。

終於撐到飛機落地，分離之際，女士在救護擔架上握著他的手說：醫師，謝謝你，傾聽就是愛。

我們追求快樂、追求成功。但本質上，我們尋找的是心被碰觸的體驗，關於愛的體驗。

當內心所有的發生全然被傾聽時，愛就發生了。

許多來談者，剛開始尋求諮商時會問：

「這些過去的事，我都知道，我把它講出來，這會有什麼不同嗎？」

在我的體驗中，有時候差不多，有時候的確有很多改變發生，但，是什麼帶來差別呢？

似乎不是說與不說，那是「說」的時候，我們同步聆聽自己了嗎？

關於「傾聽」是否發生。

聚焦心理學（Focusing），創始者尤金・簡德林，進行了非常著名、影響至深的實驗。

他是人本心理學大師羅傑斯（Rogers）的學生。這個以人為本的學派，強調人原本就具有想要活出內在真實、發揮潛能的動力。一個人一旦展開了解自己的行動，就能朝向心理復原，對自己有更多興趣、更接納，以及願意活出真實的樣子。而什麼樣的治療可以支持個人展開這個過程，羅傑斯提出治療中重要的態度：接納與關注，無條件地「傾聽」。

簡德林了解人本學派精神的可貴，他進一步想知道：在談話治療的現場，是不是有什麼現象和模式與改變相關？可以成為治療的途徑。

他的研究團隊蒐集上千卷心理治療錄音，將治療過程的錄音資料進行分析，發現促使療效發生的主要因素並非在學派或治療者，關鍵在於來談者的談話態度，是否在過程中接收到自己內在發生的體驗。也就是他們是否在講述的時候，同時有一份觀察的意識，在當下傾聽自己。

簡德林觀察那些有收穫的人在談話時做到的事：人們會停下來；在講話的過程中留白；摸索著言語之間內心冒出來的模糊感受。

因為觀察到這個現象，他發現，如果人們談話的態度不變，不論是長期或短期治療，他可以透過前兩卷錄音預測這個人是否能在治療中獲得轉變。

獲得傾聽是內在的需要，尤其是被自己所傾聽。

你有沒有跟小小孩相處過？

他們總是密集地呼喚：「你看！」「你看我！」「我跟你說……」「我告訴你……」

就算你完全知道他要幹嘛，要說什麼內容，如果你的頭沒抬、眼沒對，只出個聲：「好啦」「知道啦」「很棒很棒」，他一定不會罷休，會跑過來拉扯你，或者把要給你看的東西整個搬過來。

我的女兒小時候常常就這麼喊著：「媽媽，我跟你說喔……」，我若一邊做事一邊回：「好啊！」她通常不會說下去，而是繼續這個開頭「媽媽，我跟你說喔……」，重複了N遍，像一個人一直輕拍我肩膀，要我回頭。有時等我手空了，可以認真聽她說的時候，她倒忘了。不過她好像不介意剛剛想說的不見了，高興地說她接著發現的。我明白，被關注，比起表達完整，對她更為重要。

我們的內心，也有這份赤子的需求。

「你有在看我嗎？」

「你有在聽嗎？」

關於這個需要，你會怎麼回應一個想被關注的孩子？

例如孩子用黏土做了一道甜點給你享用，你可能吃上幾口，也可能誇獎他擺得很漂亮、做得很好，但如果是要那個孩子繼續創作，享受這個過程，讚美不見得是他最渴望的。

他渴望的是身邊的人願意繼續看、繼續聽下去。

所以當孩子拿點心黏土給你，你也許只是說：「你做了一個蛋糕給媽媽吃。」他會開心地接著：「對，我做的是巧克力口味的，今天老闆休息，所以我偷偷的特別幫你加了藍莓，是你喜歡的。」如果你問他：「為什麼要加藍莓而不是加草莓？」他不一定會接，反而你跟著重述他做的：「你趁老闆不在，特別幫我加了藍莓喔！」他會接著更興味盎然地告訴你：「對，我還幫你搭配一杯果汁。」

我們內心所需要的聆聽，也是這麼單純，內在不介意大腦能不能回應給它更好的東西，不需要加油添醋，越是原汁原味收下它所傳達的，它越能感覺到被愛。

被傾聽的心會自然表達更多，就像那個端點心給大人的孩子一樣。

態度上，不是聽故事，想追結局的那種「聽」，也不是對車水馬龍、市井人聲渙散無關緊要的聽，是像聽正奏起的旋律，將感官交出去，一邊聽一邊好奇下一串音符。

在一段特定的關注自己的時間裡，讓注意力反覆回到同一個焦點，有助於打開對內心傾聽的深度。

例如：

有時我感覺胸口悶，有個聲音想被發出來，我重複把注意力放在那個地方，即使只是內心重複去聽那個聲音，身體也會隨之鬆動。

如果腦子裡有一個念頭，慢慢地播放這個念頭，同時覺察情緒是否降下或升起，覺察身體內部的感覺，覺察緊跟著的下一個念頭，然後再播放一次。我發現，每一次都有不同的現象發生。

有一個夜晚我的念頭是：「我又吃太多了，很不舒服，我真的很糟糕。」

第一回：腹部的右側抽痛、胸口的中間有些緊張，浮現「到底為什麼要明知故犯」。

第二回：腰部的左邊緊繃，微微的懊惱，有點拿自己沒辦法的嘆息，接著煩躁。

第三回：手部跟胸口有點顫抖，胃堵堵的，有一點難過，浮現「吃很多拖累自己」。

重新傾聽幾次都可以，這個過程似乎可以幫助心裡面一大串東西做釋放。它們沒有那麼明顯的因果邏輯，而是像一串葡萄一樣彼此關聯，做完之後，那個揮之不去的念頭在我的裡面就淡了，彷彿被分解了。

我在遊戲治療中，常常觀察到：當一個孩子自發地玩耍，治療師觀察他的動作、表情和言語，回音一般地重述這些，受傷的孩子會表達受傷，尋找安全感。害羞的孩子開始想表現，焦慮的孩子會發展一些掌控力，找自己的節奏。

治療師重複如回音一樣的描述孩子的狀態，提供給孩子傾聽自己的過程，孩子突破困境的動能和創造力便自然而然慢慢出現。

我相信，我們內在的孩子也渴望這樣的傾聽。

想像你被一個人看顧著，你不需要從他的身上得到肯定或是反對，他總是輕輕的點頭，了解你做的，聽到你說的，感受你感受的。

這個人做得最多的就是表達，他聽見了。

這會感覺如何？你需要體驗才知道。

對自己展開傾聽時，做內心的回音，對我而言很有幫助。
例如有種「煩」的感覺趴在胸口，
我看著，呼吸著，跟它說：「你緊緊地趴在這。」
繼續聽著，它變薄了，擴大了。
我說「變薄了，擴大了，現在是這樣的。」
它被傾聽，有了些移動，就像一個孩子一樣，被聽見了，就說更多了。
……
找時間，讓你的內在知道「我在聽……。」

與內在經驗打招呼

友好，從打個招呼開始。
多年以前，開始學習跟內在建立關係的最初幾堂課，最不習慣、也體驗最多的是和內在感受「打招呼」。

想想，當我們跟某個相識的人擦身，不管要不要停下來說話，應該會打個招呼，在交會的片刻裡傳遞善意和溫度。如果被視而不見，會感到不安心「發生了什麼事嗎？」。若是想跟某個人進一步交談，也會先跟他打招呼，讓他知道我看到他了，讓他也注意到我。

內在感受浮現，與它相遇怎好視而不見？

覺察到某個情緒或狀態，也許無法一下弄清楚「是生氣」、「是羞恥」、「是難過」，只是有些什麼來到胸口，可以停頓一下，不到1秒鐘的時間就足以跟這份感受打個招呼，讓注意力跟感受碰觸一下，這麼做之後，感受不會被壓抑和扭曲，也不會瞬間膨脹接管思緒，這是向內心發出一個訊號，與它友善接觸的開端。

網路上有一篇談婚姻關係的文章，裡頭描述一對夫妻破冰的小故事，我很喜歡，也曾多次建議來做伴侶諮商的來談者。

它描述這對夫妻之間累積太多衝突經驗，一講話就劍拔弩張，演變成彼此相敬如冰，在一個屋簷下生活，不做任何交談，這不是自在相安，這是相互折磨。在嘗試所有親朋好友的建議：「攤開來談」、「約會」、「閒聊」之前，他們需要的是做得到的、受得了的——一點點善意的接觸。

突破僵局的零點一步就是「打招呼」。

持續好幾個月的時間，兩個人像室友一樣相處，沒有過問彼此大小事，只在每次分開後重聚時，例如剛起床、下班進門、一個在客廳另外一個突然走出來……，不錯過瞥見對方的瞬間，對眼點頭、輕聲嗨、輕抬個手……，哪怕一開始感到做作，不習慣，每一次僅需捱過兩秒。這短短一瞬間不會只有難為情，還傳遞了「你在這，我看到了，希望你好」的輕薄溫度。

經過一段時間，兩人之間的接觸可以從幾秒鐘到幾分鐘，閒聊、交談、共處的信心慢慢滋長。

我們和自己的關係不也如此嗎？正因為緊密，所以往往也特別緊張。尤其某些念頭一出來，若是非善意的或超過本來所以為的，立刻使我們像被燙到一樣彈開，接著手足無措、壓制、否定這個念頭，或是否定自己。

一位媽媽心中浮現：無聲無息弄死小孩的畫面。

一位讓人很放心的高中女孩內心出現：偷好朋友東西的念頭。

一個大男生突然一直想：遇到一個人玩的小朋友，用力地推倒他。

他們都困惑的說這不是他們平常會做的事，他們也絕對沒有做這件事情的好處和動機，可是這些念頭或畫面不自主地跑出來。有的人會開始害怕這些念頭，彷彿真的有可能發生，於是格外小心，那個高中的孩子不再讓自己單獨留在教室裡。遇到科任課，搶著離開教室，一定要有人先回去了，才肯踏進教室。大男生說：「我不可能會這樣做，這不是我的想法，我可能最近電影看太多了，亂帶入一些劇情。」媽媽懊惱的自我懷疑著：「我是不是潛意識裡面有什麼很殘忍或可怕的東西呀？我怎麼會這樣呢？會不會我平常對孩子的保護或者愛反而是假的？」

不論是壓制它、否認它或自我批評，都是很自然的反應。但是，也如同人際關係，「迴避」、「攻擊」的反應如果多了，彼此接觸的安全感和信心就會降低。所以，有人會害怕或不知道怎麼跟自己相處，其實是不知道如何接待內心浮現的林林總總。

可以只是打招呼。

跟浮現出來的，也許還不清楚怎麼了或者為什麼的那些部分，保持距離，同時傳遞尊重：「我還不知道自己為什麼有這種感覺或念頭，還不知道怎麼看待，但是我尊重這個感受的確存在。」

和內在打招呼，意味著對來到的感受傳達一份「看到了、不排斥」的善意，這開啟了認識它、與之交流的方向。

跟內在的感受打招呼的方式很多，如同你跟不同人打招呼，也會隨喜好和默契而不同。

親近的朋友，你遠遠看見，可能大呼名字、奔過去敲一拳、擁抱他。

一般同事，說「哈囉」、道早午安、「吃飽沒」也很好。

跟不太熟悉的鄰居也許會點頭微笑、舉個手示意。

而我喜歡對內在的感受說「Hi」，用一個呼吸的長度專注於它。然後就自然地讓注意力回到當下正在做的事情。

最重要的是別勉強自己，自在、簡單、目前可以接受、不感到彆扭的就是適合的。

有朋友喜歡用「零極限」體系中的「謝謝你、我愛你」，當然沒問題，但如果這會引起你的小劇場：「有什麼好謝的？」「一定要很愛嗎？」那就不是好的選項，因為跟內在浮現的感受，你也許只想淡淡的點頭示意。

我經常在連續不斷的忙碌裡，透過簡單的認知到心裡有些事發生，跟它打招呼，來陪自己調溫調速。

有一天孩子放學回來，嚷著期末英文考試分數，當時正在廚房忙，一聽到分數，心瞬間往下一沉，我注意到有東西來到胸口，注意到自己下意識的把這個感覺輕壓著，不過還是有一部分流了出來，那個部分對孩子說：「怎麼會考這樣。」小學而已，真的不是一個有確實學習吸收的分數，可是他不是說都準備好了嗎？

孩子說：「很難セ！」口氣中充斥不耐和生氣。

「班上有幾個人超過80分呢？」我想確定到底難不難。

「12個人90分以上」，12個並不少啊，有很難嗎？念頭接著來。

這時候胸口已經膨脹起來，我沒繼續說什麼，因為孩子大了，他反駁的口氣裡面已經告訴我，他不會再收下更多批評和指教，所以我繼續做飯，繼續當下的家事。

同時，這個分數所引起心裡面的感覺半夢半醒，一會兒膨脹一會兒壓縮地變化著，我覺察，跟它打招呼，輕輕的看著它，卻不去觸發它。

直到洗澡的機會，我給自己多一點時間待在浴室，然後把這分數的影像端在心頭，準備好去看見它更多。

首先我覺察到胸口脹脹的，腹部熱熱的。「Hi」

一點難過跑出來。「Hi」

彷彿我打開門，坐在入門處，每一個迎面而來的感覺，不論身體的、情緒的，都與它輕輕擊掌。

跟它說Hi，讓那個「Hi」迴盪在腦袋、胸口、喉嚨⋯⋯，感覺我與它之間，身心空間，輕輕暖起來。

這時候，難受的感覺變得更清楚，焦慮擠滿肩膀跟胸口。「Hi，看到你了。」

被分數「嚇到」的感受浮出來。「Hi，看到你了。」

想起小時候家裡店門口的盆栽、摩托車、馬路。「Hi。」

「為什麼跳出這個畫面？」

接著放下這個問句，因為接待訪客，打招呼時，不需要急著打聽對方的相關消息。

我繼續注意內在浮現的。

父母的身影在我心上，他們做著事、低著頭。「Hi。」

這時，一點難過浮上來。「Hi。」

一個念頭：小時候爸爸媽媽總是辛苦工作，很喜歡他們欣慰的笑容。「Hi。」

情緒在胸口跟喉嚨之間移動，停在喉嚨。「Hi。」

喉嚨周圍一股壓力。「Hi。」

浮現一個詞「掐著」，伴隨著困惑、驚訝。「Hi，看到了。」

喉嚨的感覺先是緊，後來披著一層鬆鬆的、麻麻的感覺。

梳洗結束，走出浴室後，心頭感覺寬鬆很多。

吹完頭髮，我跟孩子說「待會可以看一下你的考卷嗎？這次你考前有努力，我想研究一下你覺得比較困難的地方。」

他說「好」，愉快地吃著水果。

我的情緒好些了嗎？思考出什麼解決的辦法了嗎？或者發現為什麼自己那麼在意嗎？無法肯定，的確都有一些。

最重要的收穫是：突來的感受沒有變成暴衝的互動，也不是被壓抑著。

我確定內在被這個分數掀起了一些東西，我願意向它致意。使它沒有因為被忽略而壓抑，也沒有潰堤，這個「說Hi」的內在行動，是打開門，給它穿流消化的空間。

同時，向內在感受逐一「打招呼」，為我接下來對自己或是對孩子的學習做進一步思考，做了暖身。

睡前，在床上，沉澱一下，內心浮現一些體會。

很久沒有想起小時候端著考卷，希望父母過目並微笑的自己。

關於那個掐著的感覺，很鮮明，但那是什麼意思呢？是我對孩子的期望掐住他了嗎？還是我正掐著我自己？

都有可能，不過當我想到這裡的時候，注意到心裡有一些情緒又浮現出來，似乎更像是我掐著我自己。

我忍不住笑了出來！對呀！做父母真不簡單，現在的父母要面對內心的「恐懼」、「期待」，以及「做一個好父母」的意願，包括不想給孩子傷害，不願意把自己過去承擔的壓力給孩子。所以當內在有一些小風暴來臨的時候，我的確掐住喉嚨，讓自己少說點、慢點說。

嗯，我看到這隻掐住自己的手了。

跟它說「Hi，看到你了。」

我很感激這個歷程。

打招呼，能為心靈空間帶來：

安定：我想起照顧小嬰兒的經驗，當他輕輕哭啼、發出呼喚時，如果沒有回應，他很可能越來越大聲，情緒跟著衝高。回應他，給他一些聲音或碰觸，有很大的機會，他可以感受到已被關注，即使不是他最想要的密切、全然的關注方式，

預備交流：打招呼，就等於告訴這些感受：「好的，很願意看到你」。受到尊重的貴賓，總會願意坐下來，給你與它深談的機會

安全表達：當我跟內在感受打招呼，它們通常不再那麼強烈，而是更加細膩，層次豐富，因為它們已經被看到了，不需要大聲疾呼，而能娓娓道來。

你可以擁有與自己的內在感受打招呼的方式，也可以跟我一樣，跟它說：「Hi」。讓呼吸、注意力、這份感受，三位一體。

走入身體

身體記錄著創傷，也攜帶修復的動能。

從20世紀70年代開始，身體和心理相互影響的現象受到注意，許多治療取向強調在心理療癒中帶入身體，對內在身體的覺知成為創傷治療的根基。

芮奇（Wilhelm Reich）首先將身體元素帶入心理動力學，提出「身體盔甲」(body armornig)的概念，認為創傷事件容易造成肌肉緊繃，讓生命能量無法流動，需要運用方法疏通堵塞在身體中的生命能量。後來，哈科米取向（Hakomi）、感覺動作療法（sensorimotor therapy）、彼得・列文（Peter-A.-Levine）的身體經驗創傷治療

（Somatic Experiencing）、眼動身心創傷療法（EMDR）、澄心聚焦（Focusing）等等，都將關注和開展身體過程作為心理治療的核心。

我在自己療癒旅程中，除了經驗到身體的確儲存思想、情緒和記憶的模式，也體驗到身體內部的能量會自然朝向開展、釋放和更新的方向。只要我們能夠有意識地給予注意力的資源，將覺知帶入身體內部糾結、阻礙的地方，就能促進動能回到自然的運轉軌道。

原來，身體內部的療癒力需要的不是引導，而是認知到它的可能性。也就是體認身體會囤積感受的能量，同時明白這個能量可以透過友善和支持的注意力，開始流通。

當我透過一次又一次的練習，覺察到身體會立即回應情緒和意念，並且發現在身體中可以清晰感知療癒進程。我變得越來越樂意走入身體，將更多信任和資源帶給它。

創傷治療的大師，彼得列文認為，不論把身體過程帶入任何療法，都會大有進展。將身體帶入心靈療癒的取向，提醒我們體認身心是一體的，頭腦遺忘的、隔離的，身體會幫你記得。

我們可以培養對身體內部能量的覺察。

- 回到身體去面對經驗的印記。

- 經由身體讓壓抑的情緒重新流通。
- 給予身體支持，讓情緒的能量轉化，成為情感和智慧。

我記得一個發生在凌坤貞老師「身體流自我療癒工作坊」的經驗。當時有一個體驗活動，地板上擺放三張紙，分別寫上「身體知覺」、「情緒」、「意念」，我們將紙張擺放為一個三角形，自己站在最中間。歷時12分鐘，我們所需要做的是不斷的觀察自己，按照覺察的向度分別站在不同的紙張上面，並且不論覺察到什麼就說出來。

例如感到肚子涼涼的，說出「肚子涼涼的」，並站在「身體知覺」那張。浮現「怎麼會這樣？」的念頭，說出這個念頭的內容，並站在「意念」之上，……。

沒有要說給誰聽，也沒有其他引導，只要獨自跟著內在浮現進行下去。當時，我很專注投入的覺察，在三角形裡面繞圈幾回之後，一度站在「身體」紙張上，雙手自然舉起，舉得非常直、非常高，一個意念冒出來「救我」，浮現彷彿在井裡的圖像，然後跳出小時後摔進路邊工地坑洞的事件。情緒一層一層攀上來，身體顫抖著，事件的歷程湧上胸口。

浮現的故事是：我跟著一個以前一起住在外婆家的大姐姐出門，也許她並不情願帶著我，到大樓門口時就拒絕我跟著她，要我在樓下等著，她自己到對面雜貨店買東西，等了又等，我想過馬路去找他，也許因為天色暗，也許心急，我摔進坑洞……。我不知道接下來是什麼，只記得下一幕，滿臉灰泥和血站在路邊，她見到我大笑……。回家的時候，客廳裡有很多親戚、客人，大家都在說說笑笑……。

我的鼻子上留著一個直到現在還有的疤痕。

腦袋裡，我一直記得那幾幕眼睛所見的畫面以及別人的反應，關於自己的情緒和身體經歷的，一無所覺。

當我站在身體的位子上，保持覺察，感受一層一層打開，就在身體顫抖的同時，心頭浮現出難過、眼淚，以及越來越高張的生氣。接著胃部緊縮，我似乎害怕正浮現的生氣，抱著肚子蹲下來，喊出「你就是欺負我，你擺明了欺負我！」

我有意識地一次又一次用聲音表達，更多的難過和更多的生氣浮上來，然後意識到心裡有個聲音說：「你怎麼會讓別人這樣欺負我，我甚至不知道她對我不好，我根本不會知道怎麼辦。」

眼淚伴隨著想要嘔吐的感覺太過強烈，我從團體告退，抱著馬桶大吐，沒有吐出什麼實體的食物，只經驗到輕盈釋放。

回頭想起這段經驗，我體會到事件發生的當下，其實是嚇到了，不論是皮肉的痛，還是心裡的情緒，都沒辦法表達，甚至根本無法覺察，處於魂不守舍、麻木僵硬的狀態，這是創傷心理學裡面提到的「凍結」的現象。意識和身體與心靈之間有一道無形的牆，於是，受傷之後發生什麼，想不起來了。那個受傷的孩子需要什麼，想為自己說什麼，都斷掉了。

這些封住、斷掉的部分，在工作坊體驗中，以一股從胃部到喉嚨之間的噁心感受顯現，直到整個身體歷程經驗之後，我從內心裡和站在路邊的小女孩對上眼，感覺到胸口湧出的情感，擁有被這份情感帶出的眼淚。

在那以前，也嘗試過在冥想中跟內在小孩對話，總有隔了一層像在演戲的感覺，現在透過身體，才明白什麼是跟自己接觸。

我體會到傷口裡面存在著想要去完成些什麼的驅動力，事件會隨著時間過去，成為頭腦裡一抹記憶，但留在裡面一團被壓住的動能一直等待著被碰觸，等待表達出來。

這個療癒的歷程為我帶來什麼改變，很難言喻。與它相關的痕跡是否消弭，我也不清楚。

但這無疑是正向的歷程，那一段經驗被完整地帶回到心裡。當時嚇住的能量如同解壓縮般在意識裡釋放，從此無意識不再需要花力氣隔離，於是囤積在經驗周圍的緊張也解除了，我完整體會了小女孩的感覺，而能跟她自在的交流。

你可以與身體結伴，支持自然的生命動能甦醒，當傷痛經驗不再需要被隔離，它終究會轉化成為身心資源的一部分。

去到身體之內，讓自己凝聚、安頓

我通常會在諮商一開始邀請個案跟我一起進行身體掃描。把注意力很緩慢的、細緻的、專心的投放在身體的每個部分，我們通常由下而上，從雙腳開始走過腳踝、小腿、膝蓋、大腿一直來到頭部，最後放置在胸口跟腹部的起伏，回到胸口的正中央。

我發現依序感受身體的每個部分時，正在思考擔心的、被各種事情帶走的注意力便逐漸集合來到當下。這時，不只是腦袋坐在諮商室裡面，整個身體也被邀請來到這裡，就好像跟自己說：「Hello，大家（身心腦每個部分）現在都在這裡了，集合了，我們可以全然的，一點都不慌忙的一起面對這個主題。」給予自己的關注不僅更集中、柔軟，感受的敏銳度也會提升。

一個夥伴分享：他覺得這個過程就很像整理書桌，本來桌上有好多東西放在那裡都很吸睛，等把每個東西都摸過，同步往邊邊歸位，它們並不會消失，但不再吸睛。那些要進一步去面對的，就留在書桌的正中間桌面上。這時候有一個清晰的焦點，同時也回收了所有需要來到現場的能量。

我自己常常在晚上睡覺之前做身體掃描，站著、坐著或躺著，慢慢地、順序地去感覺身體的每個部位。用單純的注意力伴隨呼吸去圍繞一個部位，會將它從日常警覺和焦慮的模式中鬆綁，我會自然地開始打哈欠，有時每個關節會自己動一動，頭腦中緊抓不放的代答問題退到淡淡的背景中。透過循序感受身體可以清理自己，安頓自己。

在身體中走一段歷程，不探問地跟隨

積壓的能量會主動尋求出口，特別在某些情境裡，過去類似的殘存情緒能量會被誘發來到意識的表層。我們如果有所覺察，就能在身體中推進它的舒展和釋放。

推進身體流動，要小心腦袋的思慮是否太快介入，每當我提議個案關注情緒上來時身體的感受，他們幾乎都能體驗到內部的變化。如果同時冒出很多疑問，提問裡帶有著急和困惑，他們的身體歷程也往往跟著轉向。

曾經陪伴一個朋友，他說即將要做一場演講，是非常熟悉並準備好的主題，可是不知道為什麼整個人很緊繃，他需要一點支持。我邀請他站著，鼓勵他把全身的肌肉跟所有的呼吸交給他所能感覺到的緊張，看看身體會做出什麼動作？他握緊拳頭，背部拱起來，僵硬的像石頭一樣，我鼓勵他繼續呼吸，不用去保持或特意調整這個狀態，然後他後退幾步，接著像洩了氣的皮球一樣坐在地上，冒出類似慌張的情緒，他問：「我怎麼會慌呢？難道是我有什麼地方沒有準備好，我忽略了嗎？」這時候注意力離開內在，感受也停滯了。

我建議他把問號掛在旁邊，就像輕鬆的掛一個皮包一樣，就在這個片刻，再一次進入身體，停留在身體中心持續感覺發生了什麼。

他說：「剛剛緊繃的地方鬆了下來，心裡頭的狀態轉變了，不是慌，反而是有一點混亂，在頭部的地方跟頸部的地方覺得緊張。」

我想談的是，當我們把一份注意力放在身體內部，另外一份注意力就像拿著紙跟筆細心警覺的記錄企圖尋求解答，「思考」和「探究」可能會阻礙覺察，限縮身體內部能量流動。

所以當你決定要陪著內在身體走一段路，就支持注意力安住在這個旅程中。

一個女孩在身體流中漫步，

「老師，我剛剛跟你說話的時候，突然有一種不安，可是我不知道什麼讓我不安。」

我說：「不安彷彿在身體的哪裡活動著？」

她觀察：「胸口，我好像看見自己的心臟在收縮，劇烈收縮。」

我提示：「就看著它一會，告訴它『你可以這樣』，注意著它的變化，和所有周圍的感受。」

她：「我不知道為什麼，有點想哭，而且，也覺得生氣，心酸酸的，胸口有點痛。」

我：「跟隨身體的感受。」

她：「我一直帶著生氣，雖然沒有什麼大事，也許是我要求太多。」

我：「很多感覺在這裡，慢慢來，你可以生氣，也可以覺得不能生氣，同時繼續觀察身體裡……。」

她：「胸口靠近後背的地方有點痛，擴張，兩邊膏肓……很有感，說不上來。」

我：「保持注意，同時呼吸……。」

注意力保持在身體裡，放下心智頭腦的提問，她的生氣可以得到所要的寬待及轉化。過去的經驗，無法經由意志來拋棄它的影響力，它會一次一次冒出來，身體中封存的能量等待我們準備好，給予接納和耐心。當阻礙被覺察到，身體開始流動，釋懷的狀態自然會發生。

停留在身體，離開思考，給靈感空間

托勒在《當下的力量》談到透過內在身體傾聽：

「聽別人講話的時候，不要只用心智，要用整個身體傾聽。傾聽的時候，一面感覺你內在身體的能場，這樣做會把注意力從思考移開，而創造出一個寧靜的空間。讓你在不受心智干擾的情況下，真正地聆聽。你等於給了對方一個存在的空間。這是你能給出的禮物當中，最珍貴的一個。」

你有試過傾聽自己嗎？當我思考一個主題而沒有辦法突破的時候，我會幫自己計時幾分鐘，放下原來繞圈的思考，放開正在建構的畫面，進入身體，不為了尋求什麼，是給出空間讓會發生的發生，專注在身體裡面，思慮自然消失，新的體悟翩然降臨。

一個年輕的孩子琢磨著曖昧的關係：

「我覺得他很細心，對他的朋友都很好。」

「我怕他有點膚淺，每次講對人的想法，都重視外表。」

「我不知道要不要答應他，我有那麼喜歡他嗎？還是只是要人陪？」

「他長得有點像我以前認識的……。」

我跟他分享，腦袋各方面的資料既然已經都翻過，評比的方程式也跑過幾回。關於體會一件事情，有另外一種可能，就是停下來感受此刻身體中發生的，讓思緒停下來，我們一起漂浮一下。

她停頓後，心中放著那個念想的人，一邊觀察自己，一邊說：

「我有點想後退、有些緊張，可是如果他沒有靠近，我可以隔著距離看著他，我是開心的，現在忍不住想微笑……。」

我請他不要急著歸納，允許空白和模糊，允許正在沉澱的慢慢落下來。

後來，她說自己目前還不想靠近，不想做決定，不需要急著確認對方是怎樣的人，反而想思考如何保持聯繫和舒服的距離。

思考、情緒等能量都在身體的空間裡，進入身體覺知所關注的主題，能夠促進並形成超越各種聲音的整體體悟。

這種超越思考、情緒、成見的體悟，澄心聚焦中以「深感（felt sense）」稱之。它發生在頭腦的停頓中，不同於熟悉的念頭或情緒，有別於思考分析的動能，存在於以身體為核心的覺知中，受到觀察者意識的支持而發生。

隨著心裡所想的事物不同，身體的感受會跟著改變，因為內在對任何事物的反應都具有獨特性。因此，可以嘗試看看，關注某個特定的事物，往內靜候身體裡的回應。有時候非常驚人的是，透過身體而來的訊息，跟你本來以為的不一樣。

身體會回應我們的注意力，在裡面，你會遇見受傷的過去、修復的潛能、靈感與新的洞見，往往超過我們思考所及的範圍，這是邁向新鮮未知的移動。

你可以確實待在內在身體之中，並展開覺察，傾聽內在身體，邀請它同行。

接納情緒

帶領療癒工作坊時發現，若觸及傷痛的生命經驗，有的人可以鮮活的感受到當時的情緒經驗，就像遇見過去的自己一般，重新疏通以往打結停滯的部分。對有些人來說，過去傷痛的事件和情緒經驗，卻是山高路遠，虛無縹緲。

一位學員分享：「我爸喝完酒回家，就找我媽吵架。我常常在睡夢中因為他們的聲音驚醒過來，很僵硬地躺在那裡，什麼都聽得清楚，假裝什麼都不知道。如果發出聲音，被我爸注意到，他會來找麻煩。其實就算很安靜，我爸也常常主動叫我出去，問一大堆問題，然後發脾氣。我也習慣了，他也改不了。

現在他老了，不會找我們麻煩，反而是他很怕我媽，我好像也沒什麼感覺。我看到大家因為過去的事很激動，有很多情緒，我不知道，我是太麻木了，還是這些事真的過去了。」

接觸深沉的情緒需要有意識地準備，並且創造安全感。因為這些深沉的情緒不像我們日常生活中大家共通的，容易理解的情緒表現。譬如因為工作量很大而感覺到緊張；被主管碎念、刁難而生氣；因錯失良機而感到可惜。感受並且表達出大家都有的情緒，相對安全。可是更深層的嫉妒、恐慌、痛苦，則會因為在可被接受的範圍之外，而被批判、排拒，或滯留在無意識。

這些被滯留的情緒不僅還在，也持續發生著影響，它們在意識的岸邊拍打，使我們得花力氣抵抗著。這些阻擋的力度，容易在身體與情感層面逐漸形成盔甲。

然而儘管無意識持續地努力，這些情緒能量仍會繞過防禦，瀰漫在身心各層面。

你會發現有些人明顯被陰鬱、易怒的氣息籠罩著，惱怒、無奈就寫在臉上，問他怎麼了，他卻說「還好啊」，問他在生氣什麼？他也說「沒有啊」。事實上，情緒已然跟他整個人黏貼在一塊，形成他看待外界的濾鏡。儘管他不覺得內心有什麼情緒需要被處理，但是意識的確浸泡在情緒中，使得自己的觀點和活力動彈不得。

我們當然可以讓陳舊的情緒轉化，讓心的空間騰出來，生活有新滋味。因為這本來就是我們應得和值得的狀態。

想想看年幼的孩子，他們的情緒躍動快速，情感展現不受拘束地超越框架。可能前一刻毫不客氣地對你尖叫，這一刻緊緊抱著你入睡；上一秒如仇敵般要傷害哥哥，這一秒跟哥哥一起瘋玩。對他們來說沒有天長地久的怨恨，也沒有要自己快樂或者友愛的目標。

從他們的狀態，我們可以認知到：情緒豐沛而且變化快速，情感活力來去自如是我們原初的狀態。

後來，進入團體生活，燃燒的情緒可能帶給周圍的人打擾，如果一發難以收拾，也會妨礙團體生活的運作。因此，幼兒的情緒展現開始接受一連串規範，也同時在這些約束中學會忽略情緒的呼喊以及收斂情緒表達，練習將注意力移動到左腦，用來學習邏輯思考、學習理解環境規則。將團體需求放在個人之前，這些鍛煉在整個學齡階段十分重要，只是同時會抑制了感受以及釋放情緒的本能。

這是成長的代價，也是我們需要走過的路徑。

這個發展歷程會來到某一刻，我們發現內心沒有鮮活的感覺、死氣沉沉，一切無可無不可，找不到意義。

空虛的痛苦開始敲打著意識，邀請我們回頭尋找自己的心靈。

這份邀請帖經常在青春期收到。

一些憂鬱的國高中孩子總是說：「我覺得一切都沒有意義。不要問我感覺到什麼，我不知道。你問我為什麼會這樣，我也很想知道。」他們需要重新找回和情緒接觸的能力。

回頭來看看這個過程，關於理性腦和情緒腦的成長，一開始，情緒容易淹沒思考的運作，後來，當理性思考被大量培育，反而抑制我們與情緒的連接。與情緒的疏離不僅讓生命失去活力，也失去對這個世界的好奇、感動、愛恨等百般滋味。

能夠再度體驗情緒，等於找回內心深處的那個孩子，請注意：是找到那個孩子，而不是變成他。

我們終究希望擁有赤子之心的同時，能與團體合作並顧及他人的需要。並且，在理性脈絡中，允許內在孩童暢所欲言。

重新和情緒接觸，便是跟幼年的自己建立關係的歷程。

要認識和善待內在孩童，你幾乎可以透過閱讀所有給幼兒父母的教養書而得到啟發。你會發現做幼兒的父母，需要接受情緒能量的爆發，同時要有穩住場面的底氣。

那麼，做自己內在孩童的父母又何嘗不是。

首先，設下保護的界限，不為情緒所傷。

如果一個孩子用歇斯底里和無理取鬧來傷害他自己以及父母，情緒過後，發現自己陷入混亂，他會很高興做了一場充分的宣洩嗎？不，他會害怕自己的情緒能量。

如果他的父母能夠為他設限，引導情緒安全地釋放，他才能逐漸認識和接受自己的情緒能量，並對父母感到信任，願意接受照顧和引導。

相同的，如果你能允許情緒展現，並確保自己及他人處於安全狀態，沒有為情緒所傷，你的內在孩童會逐漸對你產生信賴。內在孩童的安全感來自於你是否能認識自己的情緒，而且妥善照顧自己。

其次是不被勒索的底氣。

你明白愛一個孩子，並不意味著要照著他所願望的一切去實現，例如他現在要吃糖，你知道即使不准他吃糖讓他很失望，但那沒有大礙。而你會把他的需要納入考量，也許在特別的時刻帶他品嚐相對健康的甜點，或者給他另外會帶來愉快的選項。

也就是說，即使內心有負面情緒，你知道就算不立刻滿足這些負面情緒所要求的事情，也不會因此崩潰，被負面情緒吞沒。

在焦慮或憂傷的面前，我們不必有應該要快樂起來的壓力。

第三種底氣是耐心。

如果家中淹水了，要把水排出去需要一些時間；如果著火了，讓火熄滅，讓損壞的東西復原，也需要時間。遭到淹水或局部焚燒的家可以比喻為情緒對內在空間造成的衝擊。

情緒瀰漫的時候，努力的過程受到質疑、關係中所有的疑點都凝聚起來、自己和他人的價值遭到破壞，這些都可能發生，我們需要很多的耐心知道這不僅會發生，也知道這是暫時的現象，會持續朝向復原和改變。

耐心意味著，知道情緒來了願意看照它，支持它的進程，在重擊過去之後，再次滋養灌溉內在的空間。

因此，為內在孩童做一個有愛、有底氣的守護者，需要直接接觸情緒能量，並具有理性做後盾，既不被情緒嚇住而攻擊它，也不被它拖著跑，才能被內在的孩童所信任，並整合內在孩童所帶來的感受和活力。

關於接納情緒

鼓勵你回想小時候情緒爆發的經驗，這會幫助你找到心中的孩童所需要的。

我記得小時候爸爸媽媽非常忙碌，我住在親戚家，也許因為很少看到他們，有機會相處的時候，我挑剔又脆弱，明明很期待看到爸爸媽媽，卻容易因為一點小事就拗起來，不想說話，不想動作。爸媽如果安慰我卻沒有得到正向回饋，他們會跟著發飆。

我回到那段時光裡去感受當時擁有的情緒，以及這個孩子他的需要。

這個孩子的情緒是憤怒和焦慮，極度害怕爸媽不喜歡他、處罰他或離開。

透過情緒化發作，他想讓爸媽感受到他有多不開心，有多渴望爸媽可以在身邊。

而在情緒爆發的當下，他其實很害怕，需要感受到：「即使我那麼拗、生那麼大的氣，也不會搞砸什麼。爸爸媽媽會在，而且一定來得及和好。」

童年從未被理解的情緒經驗，常常會變成重要關係中反覆出現的雷點和主題，你得認識它，才能在強烈的情緒裡知道自己需要什麼樣的支持。

你童年所經歷的當然會跟我不一樣，不過孩童所需要的安全感是普遍的，而傳遞安全感的方式需要自己獨特的創造力，那象徵著成人的你跟過去的你開始合作了。

我將情緒能量所需要的支持整理成三個部分。

給予保證和溫度

從童年情境，找出你的療癒句子，在你跟自己過不去的時候可以派上用場。我的句子是：「不用急著不……，就算你很……，我們還是可以……，你不用擔心會搞砸什麼。」

例如，當我的孩子在家裡不斷用難聽字眼碎念別人時，我心裡面往往出現一整把火，為他的狂妄和不知自省而憤怒。然而我希望自己趕快消化這個憤怒，才能面對孩子，才能跟他溝通。

這時，我便需要這個句子：「不用急著、不生氣，就算你仍然生氣，我們還是可以好好關心孩子，想清楚再表達，你不用擔心生氣的感覺會搞砸你的好意。」

可以多方面跟自己試試看，我嘗試過用「你」來稱呼心中正在憤怒的部分，比用

「我」來得有幫助，感覺這樣改變稱呼，跟強烈的情緒之間能夠創造一些空間，也就是尊重它而且不害怕它。讓這個句子在心裡面跑個幾遍，內心某個高張的拉扯就放鬆了，放鬆的生氣，放鬆的厭惡，情緒不被打壓，又可以在內在的空間裡展現，自然持續變化，慢慢蛻變成我可以跟孩子好好溝通的情感。

你會有自己的句子，我非常鼓勵你去探索。

孵化它

有時候情緒只是一團不明所以的存在，說不上來是什麼，你只覺得也許跟什麼事有關，的確不好受，但事情看起來又明明沒什麼大不了。

你知道嗎？往往因為頭腦裡對這個情況的認知跟心中的情緒不一致，所以才搜尋不著合拍的語言，而未能清晰的情緒可能持續累積直到被了解。

我想起陪青少年釐清情緒時，儘管他們臉上各種難堪、憤怒的神色，當他們試著表達，往往斟酌半天，最後卻只剩一個字：「煩」。

要孵化模糊不清的情緒，得先拿開應不應該或嚴不嚴重的設定，不顧慮要使誰聽懂，不急著搞清楚究竟是什麼感覺。可以單純回頭重述發生的事情，一點一點，走個幾遍，情緒會慢慢發酵、變得清晰。悶住的情緒不管多瑣碎，多無厘頭，要伸展開來才能釋懷。

記得一個朋友分享的經驗：「我國中時，很擔心青春痘，照鏡子摸自己的臉的時候，我媽經過時就說『你的臉快爛掉了，還不知道要節制一點，狂吃那些沒有營養的東西』，這件事很小對不對？真的很小，可是我就怎麼樣都記得，拜託，這麼日常的小事，居然隔了這麼多年，卻一直被我記得這麼清楚。」

我跟她說：「會在意，是因為裡頭有沒走完的情緒。」

鼓勵她重述這個事件，她講了三次，慢慢把裡頭夾住的情緒翻出來。

「我摸我的臉，看到鏡子中的自己，我其實很害怕、很無助，那時我根本沒有辦法預料我到底會不會好起來？還是會一直這麼醜？」

「我媽說我的臉快爛掉了，這句話真的好重，因為我也這麼覺得，原來我也很同意她說的，只是她好直接、好無情，就像拿針直接戳我的痘痘。」

「她常常講話都不顧慮我的感覺，很殘忍，可能也不只這件事，很難過。」

「我爸爸那時也說『你應該早點睡』，我覺得他落井下石，嗯，我應該是覺得孿孤單的。他們會把很多對我不滿的事情，在我很脆弱的時候，像丟仍石頭那樣丟過來，我沒有辦法反駁，就定在那裡被丟。」

重複回顧和敘述對我弄清楚情緒很有幫助，因為第一次說的時候，會傾向把它表達完整，讓人聽得懂。第二次說，不必花力氣組織，更可以深入體會細微的感覺。你可以隨時停下來去注意所說的這個小段落裡跳出哪些情緒。在澄心聚焦講義上有一句話說：「被疏離的情緒依然如故，被覺知的情緒煥然一新。」情緒期待被覺察和更新。

在身體層面釋放它

在《情緒分子的奇幻世界》這本書裡，作者談到：

「所有的情緒都是健康的！憤怒、恐懼、哀傷這些負面的情緒，跟平靜、勇氣、喜悅這些情緒一樣健康，不要抑制這些情緒，要讓所有的情緒健康的流動，壞的情緒就會轉變為好的，我們就可以脫離苦海！健康不只是持有快樂的想法，有時候痊癒最大的推動力來自爆發壓抑已久的憤怒，讓免疫系統在猛力的衝擊底下得以重新起動！」

釋放情緒的能量層面，內在態度要走過的路徑是：

我知道有情緒

我想支持它釋放

我知道情緒在身體中，我正感受著

我找一個方式來釋放它

你當然可以哭、可以叫、可以槌打、可以跺腳，我經常藉由自發的抖動和呼吸吐納，也常鼓勵個案一邊說話一邊允許自然晃動。總之，讓身體和情緒以及你的意願共同運作，都會有幫助。

然而，只是讓情緒宣洩無法使我們來到清明治癒的狀態。我對史瓦吉多在《當靜心與諮商相遇中》所分享的，相當同意。

「學習情緒上的表達會讓人們過度熱衷於表達，結果就像是之前熱衷於壓抑一樣，變得過度熱衷於表達。真正的蛻變來自於覺知的日漸滋長，唯有如此，一個人才能夠有意識地回應當下的各種情況，可以自由的表達或是不表達。表達有時候也是一種逃避真實感受的方式，就像對有些人來說，持續待在憤怒的狀態裡是安全的，因為那讓他不需要去感覺憤怒底下的脆弱和恐懼。」

在投入情緒時，記得擁有後退一格看著情緒的覺知，像慈愛的父母看著眼前哭倒在地翻滾的孩子一般。

這樣才有機會聽懂情緒想說的話，而感覺到跟自己的親密，這是接納情緒的重點。

以上，我談到關於情緒的抑制和脫去盔甲的歷程，面對情緒的底氣以及接納情緒的途徑。

有些人在了解和實踐的過程裡會困惑：「我都這麼做了，還是覺得很不好受。情緒還是在那，在我胸口燒著！」

這是真的，有這個困惑表示你正走在對的路徑上，接納情緒的歷程，情緒不一定會立刻縮小或消失，但是，心的空間一定會變大。

心的空間逐漸變大，綁在胸口的情緒就不再是全螢幕，你可能很挫折，又同時懷抱希望，這相違的部分看似矛盾，只要你不急著選邊站，想要打擊任何一邊，它們就不會彼此推擠。事實上，當不同的情緒狀態被你同時覺察和接受，它們會互相調和，產生改變。

你如果覺得挫敗，認為情緒沒有好轉，那是因為你期待做些什麼使情緒改變，並且你對如何改變有了設定。

情緒一直在改變，它會自然地發生，「沮喪」在走向釋懷之前，也許有一段憤怒和孤單，你用「有沒有感覺好一點」去評估時，這個框架立刻帶來壓力和挫敗。

所以，放下「縮小、消滅、轉變情緒」的目的，就像養育孩子，需要的是給予守護和成長的空間。練習接受情緒轉變的歷程，你的中心觀察者意識會更穩固、堅定且慈愛，你內在的孩童將樂見一個他所需要的大人。

邀請象徵

當我們試著說明一些感覺和概念，嘗試運用某些有類似特點的具體事物來做比喻，這個過程是「象徵化」。

「象徵化」是相當自然的心理運作，例如夢境的內容就是對我們日常思考和情緒的象徵化。在心靈探索的層面，如果有意識的運用象徵，為內在的現象打個比方，不僅可以促進內在歷程的變化整合，也能帶出更多原本不覺察的，接近潛意識的的訊息。

「象徵」可以作為和自己更深度連結的工具。

因此，當人們仔細敘說生活經歷之後，我喜歡鼓勵他們為內在感受做個比喻，例如我會說：

「他帶給你的感覺，除了開心、揪心、還可以怎麼形容呢？」

「那個情境給人的感覺會像是……？」

「你覺得……對你來說……，你可以打個比方來說你們之間的互動嗎？」

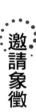

因為運用象徵的時候，人們離開原來使用的語言格式，同一個時間就鬆動了原先的思考路徑，這會慢慢地改變他們跟特定經驗之間的關係，改變原本糾結的狀態。

我發現：

- 運用象徵能擴展覺察，使原本模糊不清的感受更加突顯。
- 象徵成為一部分自我的容器，使你更能接納經歷中的自己。
- 象徵，帶來新的視角，讓你對經驗有不同的發現。

象徵擴展覺察

他是一個大孩子，跟媽媽很親近，常常聽媽媽訴苦。聽他轉述媽媽訴苦的內容，以及他既心疼又煩躁的心情之後，我問：「聽媽媽抱怨外公不負責任以及冷漠，你心裡的感覺像什麼？」

他說：「像是整個人站在原地被推來扯去，不能反抗也不能倒下，……不倒翁。」

哇，不倒翁看起來好可愛，可是本人應該不好受：「這個不倒翁承受了什麼？」

他說：「我無法反駁她，那是她真的遭遇到的痛苦，小時候那些事情……很辛苦，可是我不討厭外公，外公現在對我很好。所以我也不想附和媽媽，她抱怨，我聽，可是很像她把拳頭發洩在我心上。」

這時候頓了一下，他說出現在感覺到的：「嗯，我發現：我會痛，但我不忍心叫她停，因為我知道她更痛。……」

這個帶著固定表情、不做特別反應的「不倒翁」象徵，比喻內心承受媽媽抱怨的感覺。這個比喻，比「煩」、「不想聽」、「心疼」透露出更多對媽媽的情感、挺在那裡的堅持，以及別無選擇的無奈，把他內心的經驗表達的更完整。

象徵成為一部分自我的容器，讓你從不同的角度看到自己。

F被憂鬱所困好一陣子，仍撐著工作，卻常常力不從心。

她沒有動力多說自己的生活，深陷在沙發，垂著眼睛，用微弱的聲音，一點一點描摹出內在的氛圍。她沮喪無力的心境，意象是：

「灰色空氣的房間，死寂凝固，什麼都沒有，很多聲音在外面離得很遠……。」

我好奇：「還注意到……？」

她：「有一株綠色的藤蔓，從窗外攀進來，掛上一絲陽光，一點點溫度、一點點亮光。」

我知道跟媽媽和外婆住在一起，她已經盡很大的力氣撐住日常生活的作息，沒有被多問一句、多收下一個建議的空間。灰色的空氣和死寂凝固的氛圍是她面對家人和同事的保護色，要身邊的人收到「不要靠近，不要給我多餘的關心，我不想被打擾」。

我順著她的注意力，也被「一株藤蔓」吸引了，輕聲支持著：「你正注意著藤蔓，以及掛在那的一點光……。」

她：「嗯，有一點溫暖，這樣就夠了，……。」

原本看著她沉落在椅子裡，什麼也說不上來，不知道該給予什麼樣的支持而有些不安，現在，我也在一株綠意和一縷天光裡同感放鬆。

這份「溫暖」是內在的力量，原來就有，但是她未必覺察，在畫面中與她相遇。

她安靜了許久，我問：「現在如何呢？那個房間……」

她：「這房間就是這樣，不好不壞。」

說著，眼淚滑下來，身體曲在椅子裡，將抱枕擁入懷中，那個淚水不急不徐，身體像是被沙發擁抱著，她也抱著一部分的自己。

那房間，是她內在的狀態，說「就是這樣，不好不壞」時，是看見了，原汁原味接受這樣的自己。

象徵，帶來新的視角，讓我們對經驗有不同的發現

雖然嘗試做出比喻時，搜尋的是腦袋裡記得的過程、心裡面浮現的感受，但是象徵孵出來之後，往往會帶出本來沒有覺察的部分，甚至更深刻的體悟。

有一回跟一個夥伴討論合作事項時，他提到正在因應工作上的大任務，以及這段時間的煎熬，知道他學習過如何陪伴自己，因此我提議在旁邊支持他，他可以靜下來看看心裡面是如何感受這個任務的。

他說：「一團緊張的情緒在那兒，同時有點興奮、有期待、有恐懼，也有個困惑，不知道該怎麼做，……被燃燒、胃緊緊的。」

然後他問自己：

「現在的狀態像什麼呢？」

尋找比喻的意圖觸動想像力的開關。

他搜尋到一個圖像彷彿可以形容：「一隻烤雞被棍子架著，不斷的轉動面向，金黃色的烤雞很香。」這個烤雞的小動畫，跟他目前的狀態連接起來，他感受自己的確在煎熬中被火燒著，也逃不掉。的確知道會有美味產出，還發現：美味的前提是要不停地翻轉。

突然他說：

「對。就是我必須確保自己不停地翻面，也就是每個面向該做的事情都要做到，其實不用太用力思考還要怎樣做到更好，就是以現在的情況，每個步驟是否都有輪番注意、輪番做到，結果應該差不到哪裡去。」

「但我一定會很難受。因為就在火上燒嘛！情況就是這樣，我也不用妄想要怎麼讓自己輕鬆，只要告訴自己：這個過程會結束的。」

就像上面這個例子，象徵具有將各個面向的觀點、感受、需求，融合起來的特性，超越本來認知到的層面，它像一場白日夢、也彷彿一首詩，傳遞出弦外之音。

當你有某種感覺縈繞在心頭上，不妨沉入其中，一邊感受，一邊啟動想像力，問自己：「在這件事情裡面的感受，可以有怎樣的比喻？」

可以特別注意有東西但是說不清楚、不知道怎麼說的部分，因為那可能潛藏重要感受，說不出來，但是嘗試去說的時候，感受正搜尋一個比喻來破繭而出，它會調動大腦不同部分一起工作。這時，重要的是持續跟內在狀態保持接觸，包括體驗情緒、身體上的輕重、膨脹或收縮……。

這時，覺察系統是全面啟動的，同時回顧歷程，同時從胸口體會情緒，還有不同的畫面圖像，交織類比，自我觀察的意識像是正揉搓烘烤一個材料都加入的麵糰，在注意力友善的溫度下，麵團開始進行融合發酵，直到新的滋味出爐。

象徵剛出爐，新鮮、熱騰騰，這時內在運轉的歷程還沒結束，不要錯過品嘗的時機。

你可以做的是：

覺察，跟著象徵而來的感受和身體裡發生了什麼？

前面把自己應對母親的狀態比喻成不倒翁的大孩子，接著去觀察這個不倒翁，他說那樣的自己「只接收、不反擊」，然後把手放到胸口，揉著那裡剛冒出來擠壓在一起的感覺，伴隨用力吐氣。他意識到自己一直在做維持平衡的努力。

我問：「努力的不倒翁需要什麼呢？」

他想到：「不倒翁的底盤需要穩穩的。」

他看著底盤穩穩的不倒翁，意識到這正是他緊緊抓住某些關係的原因……。

隨著他感受不倒翁，他繼續推進內在旅程。

那個被工作任務燒烤的夥伴，他跟象徵互動，也帶來新的體悟。

看到了烤雞，他噗哧一聲笑出來，是「好吧，只好認了」的鬆開。

繼續覺察身體裡頭，感到胸口緊繃、雙腳軟軟的。

他說：「還有一個發現：我是被動的，我必須等人把我取下來。我不知道這個任務的期限，似乎是我心裡很大的隱憂。」此刻，意識到被動、未知帶來的緊繃。

這時，心裡頭的畫面有些不同。

「所以在烤架上，我無法讓自己很流暢跟著轉動，可能我不太了解轉動烤架的這隻手，應該說……我不太信任整個局面。」

「掌控感的需求」浮現，他收到了。

當你把生活的情境和孵出的意象疊放在一起，來回覺察，對自己的狀態會開展不同層次的體會，需要進一步為自己思考或進行的改變，自然也會慢慢聚焦浮現。

跟隨象徵，引導身體裡的能量和張力獲得釋放的空間

有個大孩子分享，他的怨恨使整個肌肉骨骼為之疼痛。我鼓勵他邀請一個畫面比喻身體和怨恨之間的關係。

他說：「想把房子燒了，身體就是這個房子。」

我支持著：「不管畫面有多可怕，看著，近或遠都可以，看那個房子會怎麼燒，感覺看著的你想做什麼？」

他說：「我看到爸媽很不知所措，一直要滅火，拿著的桶子都超小，亂成一團，我好像更憤怒，想發火弄得再大一點。」

「即使我一直在表達，他們還是不了解我有多生氣，就是要裝沒事。」

他握緊拳頭，感到呼吸有些困難，接著想要炸掉整個鄉鎮、整個地球，我支持他繼續跟隨著畫面，……來到一覽無遺的黑暗。

他描述：「什麼都沒有，非常非常的黑，黑到把所有的東西都吞掉了。」一點寧靜的感覺從黑中透出來。他感覺到一絲寧靜，同時存在一些生氣。

他有些膽怯又好玩的提出：「還要去看那個生氣嗎？還是這樣就好？」

他選擇邀請「生氣」的象徵，畫面中他握著一把小刀，不停地戳枕頭，然後用手撕爛布套，發現腹部有一些感受湧出來，他拿超級大剪刀去剪一塊很厚的床墊。這樣剪的時候，同時從喉嚨裡發出擠壓的聲音。……然後突然覺得很好笑，呼吸平穩下來。

他說：「我不知道憤怒可以有一點好玩，希望媽媽可以看著我這麼做。希望她不要嚇到，我就可以繼續生氣……。」他長長吐了一口氣。

一個被象徵化的感受，它更自由、更奔放，並且你可以容許它，給它所需要的。形成象徵，與它為伍，沒有一定的步驟，我們可以探索可能的路徑。

我經常在課堂中以一個自己的小歷程做例子：

【敘述情境】

當時我正在決定要不要繼續接受某個訓練的最後階段，那是一個很大的承諾，要離開家，要有一筆很大的金錢和精神的投資。我很渴望，同時也很猶豫。

在一位夥伴的陪伴下，我用很慢的速度敘說遇到的情境，仔細覺察內心陸續來到的各種感覺，進行大約30分鐘一點一點跟隨內心的過程，包括描述冒出來的情緒、身體狀態，還有思緒。

【邀請象徵】

夥伴為我做了一個提示：「試著想像一下面對這件事的感覺，有任何具體的畫面可以描述嗎？」

腦海裡浮現一個畫面：「黑色長毛尾巴在甩動，是一匹黑馬，單獨在一片大草地上。」那一瞬間，我覺得好突兀，我不認為這個畫面跟這個事件的感受可能有什麼關聯，可是它跳出來，我便收下了。

我描述這個畫面，以及隨之而來升起的印象。

內心裡有點喜歡這匹馬，當時說不上來喜歡什麼，注意到牠是單獨的，沒有奔跑、沒有騎乘的人，也沒有夥伴，一片草地，草地上沒有路徑，胸口感到平安。

【品嘗象徵】

夥伴回應：「你喜歡牠，不覺得牠孤單，也不覺得牠沒有人要？」

我：「是欸，我喜歡牠，而且現在才注意到牠沒有韁繩，在沒有邊際和指引的草地上，看起來有糧食。」

當我這樣說的時候，有一個感觸浮現：我一直對宗教有好感，好幾度接近宗教團體，但參與到某一個階段，總是停住，無法往前，因為過了某個點，就會發現難以自由地體會經文和教義，於是我總是選擇淡出、轉向，帶走內心領受的部分。但這並不是排斥，我對於朋友願意跟我談他們的信仰，總是非常歡喜。

原來內心深處，對於進一步接受訓練，有相似的惶恐。那意味著要成為團體的一份子，開始給出承諾，要為這個方法和理論做分享代言。就像套上韁繩，比較安全，有夥伴。成群結隊，有可以依循的路線，但內心尚未同意……。

原來這是我猶豫的核心啊！不只是金錢跟精神，而是我要不要套上韁繩！

這體會伴隨很多感動，對自己深刻的發現帶來豁然開朗的禮物。

靠近內心，為所覺察的感受尋找象徵，會跟自己展開很有趣的互動。但是要記得，可以試著邀請，但不要要求它一定得如何，同時它沒有固定的形式。你的邀請絕對是很好的開始。練習各種與內在溝通的形式也很有幫助。最珍貴的是，勇敢地運用直覺及想像力，信任心靈渴望超越意識的框架，信任內心的認知與感受渴望更加整合。

觀照意念

紛飛的意念從哪裡來？

成長的過程，環境中的訊息充斥著認知框架，關於我應該是什麼樣的人，值得擁有什麼樣的人生，怎麼樣才算是成功，有各種設定，也有如何展開人生劇本的方程式。

這些程式逐漸座落在大腦裡，成為指揮官，在我們行動的軌道上，給出很多意見，不斷表達看法，支持相符合的、批判不同版本的模式，也隨時對偏離認同的路徑提出警告。

這個指揮官的存在，顯現為對人事物的各種態度，包括欣賞、渴望、羨慕、排拒、懷疑，帶來的情緒能量，形成行動上迴避、阻抗以及追求的動能。

可是人無法單純的被設定和格式化，生命是一段又一段個人與環境框架不斷對話、拉扯、相互調和，進而共同創造的過程。

這段交互對話和衝撞的自然過程，讓我們的內心經常處於澎湃的意念之流裡。

常見的掙扎之一是關於生涯的道路。很多生涯軌道的認同都在生命的早期裡播下種子，比如家族中長輩有相當的社會地位，在學位和公務的軌道上耕耘有成，孩子本能的渴望得到長輩的支持和欣賞，自然也把長輩們穩扎穩打的晉升腳步放在心底。於是，一旦逐漸發現自己的特質無法在原先設定的軌道上發揮，或者認知心中有不同的願望在萌芽，因而想要轉彎，例如中斷目前的工作和學習，放下既定的生活框架……。這時行動方向衝擊了一起長大的指揮官，必然會遭遇每跨出一小步，意念就如洪水般的沖刷而來。

「這樣真的好嗎？」

「你確定你會得到支持嗎？如果你不會得到支援，做什麼都不會成功的。最後你孤芳自賞，自以為是，回頭的時候什麼都沒有了。」

這些意念充滿恐懼和自我懷疑，自我懷疑以及猶豫的狀態接著帶出自責。就這樣，轉彎的恐懼以及裹足不前的生氣來來往往，不斷消耗能量。

就算誠心誠意跟著意念反覆思慮，也無法阻止它繼續發言。

指揮官：「你停下來，別人繼續往前跑，你到底能夠累積什麼呢？」

轉彎者：「也許我並不需要這些累積的東西，因為那就是我想要丟掉的。」

「而且如果我不出去，我怎麼知道我能夠獲得什麼？我真的厭倦了這樣的生活，我想要冒險，想要去試試看是否有新的機會。」

指揮官：「但如果你發現沒有找到機會，回來有什麼都沒有，該怎麼辦呢？」

轉彎者：「就算我沒有找到機會，我還是有能力重新開始。」

指揮官：「到時候你年紀更大，這兩年又花這麼多錢，存款更少，要怎麼重新開始……。」

這些爭辯一輪結束了還會再來一輪，一直持續下去。

這讓我想起大型室內游泳池，有一種設施是坐在泳永圈裡，跟著水流，在人工河道上上下下，只要不離開水道，就可以一圈又一圈的玩下去。

追著意念，也就像在這條封閉的河道中一圈又一圈繞。

許多時候人們希望好好思考，把答案想清楚，好終結意念擺盪，可是後來發現，認真回應指揮官的每一個提問，常常只能停歇一會兒，又進入下一個迴圈。無法打消的提問，往往有根深蒂固的源頭，這個來源有認同的價值以及違反此價值的恐懼，內心裡它是實實在在的一部分。

可以把這個部分想像成一個孩子或者一個老朋友。在前進的路上，不論你是否樂意，他會跟在身邊，我們要與他建立關係，引導他，得到他的合作，他的改變指日可待。

也就是說，縈繞不去的意念之流，需要認知其存在，同時了解這不是全部的自己，我們有能力像大人陪孩子玩滑水道一樣，站在岸邊看著，而不是跳下去阻止。不僅看顧著，同時也繼續接下來的行程規劃，新的行動無需等待意念停止時才開始。當我們展開新的行動，有新的經驗，往往這位指揮官老朋友會注意到，他會跟上，雖難免絮絮叨叨繼續提醒著。

在岸邊看著滑水道，也就是懷抱友善的觀察者意識，允許固有念頭的存在，但不隨波逐流，為生命中不同的可能性保留位子，這讓我們保有往前耕耘的能量。

當生命中不同的版本開啟，新的價值得到經驗的充實，固有意念會被逐漸編織整合。

在觀察者的狀態，看待意念之流會經歷：

- 聆聽意念的來處
- 踩穩於當下
- 整合，走出新的方向

聆聽意念的來處

重複的意念，往往帶有強烈的感受，拉扯著我們去做某些行動或者回避某些情境，這意味著裡面有堅固的認知框架，這個框架可能來自於家庭和文化的信念，也可能來自於內在小孩的傷口。為了免於受傷，你給了自己禁令和宣告。

循線回到那個受傷的經驗裡，你才有可能鬆動，慢慢的改變這些意念背後強固的信念和框架。

繞圈的意念，像是在大聲疾呼，常有抵抗和告誡的意圖，有恐懼、害怕和生氣的情緒在發酵，這通常與堅固的信念關聯在一起。

句型類似：「如果你……，就會……。」「如果你不……，就會……。」這經常來自家族代代相傳的認知系統，也可能來自於個人重複受傷的經驗。

如果不想在目前的局面被重複的觀點困住，就需要了解這個聲音從哪裡來，我們可以回到那裡獲得鬆綁。

曾經服務過一個小學四年級的孩子，因為身上有燙傷及被捏傷的痕跡而被通報。社工拜訪幾次後告訴我：孩子的傷口是被媽媽處罰而發生的，同時社工強調，媽媽是用心並且在乎孩子的。

我們知道不是媽媽的愛燙傷、捏傷孩子，而是愛裡面有火燒的焦慮，是什麼樣的內在聲音不斷引發焦慮的能量？聲音從哪裡來？是我們需要關注的。

媽媽很苦惱孩子經常有欺騙他的小動作。她覺得自己要求的並不多，都是生活中理所應當的事情，例如回家後衣服襪子丟洗衣藍，把東西吃完，不想吃、吃不下要提出來，不能把東西藏起來或暗自丟掉……。

可能孩子不想被處罰、不想被說服、不想解釋……，總是迴避或編造理由。媽媽不能接受孩子這些反應，更加緊迫地盯著她。

比如有一次媽媽要孩子去洗手，媽媽問「有洗手嗎？」孩子說有。媽媽問「有用香皂嗎？」她說有。可是媽媽站在浴室外面時，只聽到不到5秒沖水的聲音，認定孩子不可能有用香皂。

這件事情不大，可是因為說謊引發媽媽的怒氣，造成接下來很嚴重的衝突，媽媽甚至把弟弟便後的尿布按在個案臉上，怒吼：「我就讓你體會什麼叫做髒！」媽媽要孩子一次就受夠教訓。

事後向社工細述時，滿滿懊悔難過的情緒。

社工說：「她失控了，但我感覺她是一個照顧孩子的媽媽。」

媽媽願意跟我一起好好的看看自己。

有一回談話，我請她回想在孩子沒有據實以告的片刻裡，她心中跑過的念頭。

她長長吐口氣，雙手雙腳交叉著，視線放在前方的地板，每一句話跟下一句話之間有好些留白，像是等待下一班進站的意念列車。

「這種小事都騙我，如果你連這種小事都騙我，我覺得你整個人都壞掉了，都開始歪了。」

「覺得他好像不是我的孩子，他好陰險，打他是想要看到他很弱的一面，想要確認他還是一個孩子。」

「你怎麼可以輕易說謊，完全忽略我的感覺，根本沒有在意我跟你講過的。」

我：「如果一個人沒有說實話，你覺得他……？」

媽媽：「如果一個人說謊，他是陰險的、有惡意的，會帶來危險。」

我：「也許想像一下自己小小的，有個說謊的人大大的，安靜一下沒關係，往前想什麼時候你認識這樣的人？」

媽媽：「小的時候，我媽媽帶著我跟外婆和舅舅住在一起，我媽媽常不在家，很晚回來。她告訴我她去上班，我覺得她很辛苦，看得出來她很累。外婆和舅舅會說媽媽不負責任，不在家幫忙，我非常的憤怒，覺得他們誤會媽媽，他們不了解媽媽，媽媽也常常因為和他們吵架而哭，說舅舅是想把我們趕走。我一直活在媽媽的說法裡，因為這樣，我跟外婆的關係也不是很好，對她很沒有禮貌。後來，我知道我媽常常是跟朋友出去，她也沒有拿錢補貼外婆。到現在，她也在我跟妹妹之間做一樣的事情，扭曲事實，跟妹妹說我的不是，把自己塑造成最委屈無辜的人。

我覺得為了人們的說謊，我的精神和關係都被消磨掉了，我就很像森林裡一隻⋯⋯迷途的鹿吧，整個森林鬼影幢幢，不知道要往哪裡去。嗯⋯⋯如果一個人說謊，我不能識破這些謊言，很危險，我被利用得團團轉。」

我：「如果用你現在清晰的視線，回到過去的情境，可能會有什麼不同呢？」

她停頓了2分鐘，沒什麼把握地說：「我會告訴自己：其實他們做什麼、想什麼，我根本都不知道，站遠一點就好，不需要那麼快幫媽媽說話。我能確定的是我媽都不在，外婆覺得很辛苦，會抱怨媽媽也是正常的。」

她發現她需要明白的是：「我不知道」，而不是非要把每個人的心弄清楚。

觀照意念，站穩當下

即使有一些明白，這些來自於舊有傷口，被恐懼和憤怒創造出來的意念，仍然會在相似情境的當下奔騰不止。

這位媽媽分享有一次要帶孩子們一起去動物園，下樓到社區門口時，她看到女兒穿著布鞋，順口問了：「你有穿襪子嗎？」女兒說有，可是她沒有看到襪頭，女兒說穿的襪子比較低，然後女兒說想要回家上廁所，她讓女兒自己上去。

媽媽後來注意到襪頭露出來了，可見剛剛女兒並沒有穿襪子，藉由上廁所的名義回去補穿了。心裡頭非常惱火，因為重複熟悉的聲音又來了：

「你連這個都要騙我……，都講不聽嗎？」

她保留這些念頭和情緒在心中，沒說什麼也沒忘記，直到動物園逛了一半，停在一處涼亭吃東西休息。她把女兒叫到身邊坐下，回想當時女兒的表情像是要哭了，大概對於會發生什麼事有預期，她那一次沒有像以前一樣窮追猛問，逼得女兒承認自己說謊，然後暴跳如雷地責備她為什麼要說謊。

她告訴女兒：「你剛剛一開始沒有穿襪子，後來去上廁所的時候才補穿，對嗎？」女兒沒有說話。

她說：「我希望你知道，我期望你可以更有勇氣的跟我承認你的疏忽或者錯誤。現在你沒有找理由跟我辯駁，我就當做是你承認了，對嗎？」女兒點點頭。

第一次，她在心中念頭未止，仍有怒火和傷心時，握握女兒的手，拍拍她的肩膀，叫她去吃餅乾。

她說完之後看著我，問：「這樣是進步，對嗎？雖然我還是很擔心她壞掉了，但至少我確定自己不要走以前的路。」

我真的很為她高興，肯定她站得很穩。

「你很清楚得看到那些來自於恐懼跟過去認知的意念，直接沖刷過你，你挺住了，你在岸邊看著意念，沒有跳下去、沒有跟它作戰、沒有跟它對抗，你知道嗎？你可以做得到是因為有另一隻腳站得穩穩的，站在哪裡呢？什麼樣的觀點和想法支持你？」

她：「我希望孩子不要那麼害怕我，我也不用那麼怕她對我說謊，我們以後是可以聊天的母女。而且我知道我沒有被愚弄，畢竟我不像小時候那麼好騙。」

我：「現在，想著你的女兒，你是森林裡迷途的鹿嗎？她是那個有惡意的鬼魅幻影嗎？」

她：「哈，我覺得我比較像一隻獅子，一直在樹立權威的獅子，想讓旁邊的人知道我的威力，告誡他們永遠不許再犯。我在重新建立這座森林的規則，可是我女兒只是聽到我大吼的聲音，她就像一隻小猴子一樣躲來躲去，她很愛鑽漏洞，技巧又不高明，不管她躲在哪裡，我都看得出來，她怎麼遮、怎麼躲我都知道。我覺得很煩、會發怒，可是我……好像沒有像以前被別人騙一樣害怕，她其實也不陰險。」

整合，新的渠道

新的認知浮現，帶出不同的意念渠道，我鼓勵她再往前一些。

「你很清楚，你並沒有被愚弄，面對女兒，你是安全的。一隻威武的獅子，和在閃躲的猴子，現在獅子想怎麼做呢？」

她：「我往前走，偶爾去看猴子，看的時候眼光很犀利，我會讓猴子知道你躲在哪裡我都看得清楚，因為我這麼大，我的眼睛很銳利。其實她就算躲也沒關係，因為就在我的地盤裡面，我只要穩住整個森林的氣場就好了。」

新的領悟、舊的意念，接下來會輪番表達，甚至相互爭論，但是不要緊，觀照和穩在岸邊的能力，能夠為自己不斷帶出新的方向。

在這個小故事裡，重複的意念來自於過去受傷的事件，以及還沒有消化完的情緒。當她願意回頭看，跟現在的智慧一起商量，用不同的想法回應童年時的恐慌，就慢慢獲得站穩在意念之流中的力量，同時開展符合目前關係需要的方向，

要走過這個歷程，得知道強烈的意念需要被梳理，不用急著打壓它、處理它、證明它或安撫它。了解這些想法提醒和阻攔的好意在哪裡，收下這個好意，探索新的觀點。新的觀點和行動帶來的經驗，自然而然引導固有意念匯聚前往。

可以試著感受你的意念，而不是思考它。可能會讓我們跟著河道繞圈，看著並感受，才能讓我們了解其中的重點，能夠引導它，把它帶上岸來。

「想很多」的時候，站遠一點，無需急迫地自我說服，僅僅看著說這些話的自己，想想他在對誰說，或者誰告訴他要這麼想，感受說話的人，記得與想像力和身體同行。

第四章
《在僵局中首先對內心友好》

處在生命的困境中，先回來自己的中心站定，站穩之後，再好好接待被外面人事挑起的感受和想法，所有的衝突斷裂，都能在內在空間重新接線，邀請你跟著故事裡的人們體會走出僵局的內在歷程。

心態的磁性，覺察助人工作的過度負重

助人的路上，能量流失，難以平衡

回想剛開始做談話工作，聽到有人說：「你每天聽別人倒垃圾，怎麼受得了呢？要怎麼保護你自己？」當時心裡的OS是：「還好啊！我當然不會把他負面的想法當做自己的想法，他的感覺也不是我的感覺，我知道那是他的故事，所以不會有什麼負面的影響。」幾年之後，我卻開始發現身體和情緒上囤積的負擔。

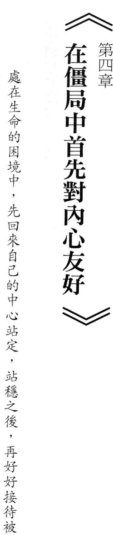

雖然工作看似只要出一張嘴，卻常常幾個談話之後就變得四肢無力、胸口悶、肩膀沉重，我逐漸難以維持提供能量和回充能量的平衡，不僅體力精神不足，還總是帶了額外的功課回家。

記得有幾次，我在自己的日常裡，感受到情緒高漲，停下來觀察自己到底對什麼點很執著，以及有哪些情緒，在過程中，我注意到一個現象，我從自己情緒脈絡中突然領悟了我的個案心裡的糾結。也就是當我回顧自己的狀態變化，思考我在意什麼的過程中，腦袋噹一聲打開了，「原來他是這樣的感受！原來關鍵在這裡。」因為我正在類似的處境當中。

怎麼會這樣呢？

我想這跟我把他人的煩惱視為自己的責任有關，事實上，這份工作的責任在於當個案有困擾時，我是否儘可能的引導他去審視自己遭遇困境的原因，支持他尋找想要做的改變，藉由困境來了解自己，找到改變的動能，才是諮商的焦點，而非替他開拓路徑，移除痛苦。事實上，想幫別人解除痛苦不僅無效，也會增加雙方的負擔。

但我不自覺落入想拉他脫離痛苦的心態中，就像看到一個人扛著重物走在路上，希望他不要這麼辛苦，自然想往前幫忙分擔他身上的重擔。起了想分擔的念頭，接著出手，於是就把我在諮商現場還沒能好好拆解、消化的、屬於對方的議題放在自己身上。與個案類似的感受、相近的觀點，像一個核心的漩渦，一旦沒有覺察，生活中跟自己交集的人事物不知不覺捲入，便產生一連串讓我感同身受的故事。

以前我為可以在生活中得到工作所需的靈光乍現感到很興奮，現在我希望那是靈感的降臨，而不是承擔和投影他人的議題於自己的生活而來。回過頭去仔細看，在我親子、兒青案子爆炸多的那幾年，我在自己和孩子的關係中發生的許多故事，有些難題從升起到化解，跟自己帶回家的劇本大綱有很大的關係。

我真的認識到自己的心態具有磁性，拉著我整個人走進別人的處境，陪著感受。即使諮商空間暫時關掉，心裡仍然保留一個地方：擱著那些進行中的故事繼續運作。

究竟我那個「想幫忙」的心態何以會走過頭，以致於不是走在個案後面給支持、給能源，而是衝上前自以為地幫忙解套、幫忙背？

覺察到某個狀態，到改變這個狀態，得從知道有個「心態」在那裡，往內去認識和理解它開始。

我試著透過象徵靠近在工作裡的這個心態。

首先，我想像自己正看著一個負重的人。

感受到那股衝動：「我想幫忙你。」

再慢慢閱讀出現的念頭：「我希望你不要辛苦，希望看到你放鬆快樂。」

我發現對於看著別人繼續辛苦，竟然有惶恐、心慌的感覺，還捕捉到有一些「罪惡感」。

這讓我很驚訝，助人對我而言，理應是快樂之本。然而在工作中，莫名的慌張和罪惡感，卻讓我下不了班，精神能量就像關不緊的水龍頭，一點一點不停滴著。我有好幾年時間，經常處在耗竭的邊緣。

覺察，不只是要帶來提醒，而是有機會和內在那個「部分」重新對話，重新合作。

知道有這個部分，該怎樣往裡面去理解它、轉化它？

關於自我探索，我有一個發現：一旦想處理某個主題，開始用力在頭腦裡面翻來覆去，往往找不到潛意識的切入口。反而，擁有想了解某個議題的念頭之後，放鬆一點，讓念頭懸在那裡，保持對自己的觀察，靜待這份感受發生，更能打開探索和成長的路徑。就像你想著一個重要的老朋友，苦無聯絡方式，但因為你念著他，只要他在人海中出現了，你就能立刻向前認出他來。

因此，保持對自己的觀察，在某個時機點，當感受和線索浮現，就順著走進內心更深層之處。

我記得有一個單獨在家的早晨，應該要感到愜意的，因為擁有安靜的空間以及可以自由運用的時間……。但很奇怪，卻有一股沮喪的感覺盤旋著，我納悶「今天的時間很寬裕，下午才開始工作，每一個來談者都是熟悉的，跟他們之間有很好的默契。而且在自己非常喜歡工作的空間裡。這不就是尋常平安的生活嗎？為什麼心裡面卻覺得沉沉的，感到無意義？」

我注意到掉落、厭倦的感受。

一種往下掉落的感覺；我花一些時間停在那感覺之中，它在我胸口下方。我做一輪身體掃描，很有儀式的邀請自己的注意力去到那股感受的旁邊。

與它待一會，內心浮現像是泥沼的圖像，渾濁的，好像哪裡都沒有可以踩著的地方，會往下陷落，速度很慢，但的確會往下掉。胸口中間有無奈的情緒。

覺得一切都蠻好的，同時又有無奈、往下掉的感覺。

「無奈，在尋常中慢慢往下掉」我輕輕重複唸著，像是用手指把一種感覺揉開來。

想到媽媽的嘆氣，小時候的場景跑進腦袋。

小時候家裡做生意，沒有客廳，休閒的生活空間很小，睡覺、吃飯、讀書，全家人的活動都在兩個相連的房間裡完成。

那時最愜意的時光，是大家一起在爸媽的床上和地板上看電視，大概8、9點鐘，吃過飯了，可能也寫完作業、洗好澡了，跟姐姐弟弟，也許還有爸爸，大家一起盯著電視，享受連續劇。

這時媽媽要做很多家事，洗碗、打掃、洗衣服⋯⋯。

她是非常非常好的照顧者，總是惦記每一個人的需要，不常叫我們做事。在她眼裡，我們上學、唸書、把自己打理好已經很忙了，她願意為我們珍惜看電視的休閒時光。

心中浮現的片段是：我們看電視，她端一盆水進來，蹲著用抹布擦地板。同時嘆口大氣，用台語說著：「日子在過，好快，也沒什麼意思。每天每天都重複這些事，擦完地板、洗澡、睡覺，一天又過了。」

我眼睛看著電視，耳朵聽到這些，心往下沉。我從不敢詢問：「媽媽到底怎麼了？」

可是我可以感覺到，她跟我們的心情不在一個頻道裡，她不快樂。

當時我就跟多數孩子一樣，總是惦記又不敢碰父母的負面情緒。

默默覺得氣氛往下沉，或者更貼切的慌張是：媽媽往下沉。

這感覺讓我想做點什麼把她扶起來。

當時還在念小學吧，我經常做的就是，在隔天自己端一盆水進來擦地板。

有一次擦完地板，媽媽把我叫到樓下去，拿出一盒小美冰淇淋，讓我坐著吃。我們什麼都沒說，可是我心裡好像知道，媽媽在讚美我，或者跟我說謝謝，我不太確定。她可能知道：我聽到她覺得很辛苦，在幫她。冰淇淋在家裡是稀有品，我一個人吃。

接觸這個畫面，淚水湧出來，也許是當年沒說出口的：「我知道你辛苦了」；「謝謝」；「你開心我就放心了」。

往下沉的泥沼，是媽媽的心情在我心中留下的氛圍。

媽媽，是我的泥土。她的情緒，就是整個家的氣氛。當她覺得沒有意義、覺得難過，我擁有的這份照顧和體貼，墊基在上面的快樂和充實，所有以為的家的基礎彷彿也都瞬間消失了。

回憶浮現，我把它寫下來，透過停停寫寫，更多靠近我的「慌張」。很驚訝的是寫到吃冰的那一段，眼淚奪眶而出，我其實不知道有好多東西在這，慢慢讀懂自己的眼淚、陪伴它，胸口暖暖的，身體的感覺接二連三。

看見「想幫忙」的態度裡，有一份孩子的心慌，想扶起媽媽，想穩住「家」的努力。陪著慌張的感受，裡頭有點害怕和愧疚，我跟它們說：「歡迎啊，害怕跟愧疚。」畫面裡我摸著小女孩的頭，告訴她：「不急著擦地板，我懂妳的心意。」

小女孩的念頭是：「怎麼辦？原來媽媽不快樂，我以為她跟我們一樣的心情。」「如果她不快樂，我可以快樂嗎？」「她快樂起來我才能快樂。」

小女孩不需要答案，不需要媽媽的保證，也不需要讚美。她需要的是有人看懂她的心慌，陪著她把真實的情緒從塵封的過去釋放出來。

「媽媽不會一直很快樂，媽媽決定自己要怎麼做、怎麼付出，她會找到自己的方式跟意義，而我擁有自己的快樂，我可以分享我的力氣，例如透過擦地板把快樂帶給媽媽，我沒辦法把媽媽變快樂。」這是那個時刻的我與小女孩之間的交流。

寫完這段話之後，我感覺胸口疏通了很多，嘴角忍不住上揚：走進內心聆聽感受，跟它互動，真實地體驗轉變，真的很有趣。

媽媽的不快樂，小女孩當時的心慌，都不一樣了，擦地板幫忙的意義也不一樣了。

內在需要被聆聽的部分，會透過負面感覺喚起注意。

原來，如果小女孩的心慌一直跟「助人」的熱忱黏在一起，只要我意識到個案的痛苦，愧疚和心慌也會同時自動累積。

那一陣子，也許囤積太多了，小女孩在那個終於有空的早晨裡，以「無力」、「往下掉」的訊號跟我打招呼。

我找到一直留在心底的慌，那是一份彷彿失去幸福後盾、根基動搖的慌張。來到吃冰淇淋的時刻，媽媽的微笑重新與小女孩心心相印。母女之間，沒有被言語表達出的體貼、溫暖蕩漾開來。

這一段向內走的路徑是：從「想幫忙」、「為他人解憂」、「為他人找解題方法」的負重感出發。循著感受的路徑，例如放不下的牽掛、愉快、無助……，保持對身體內部的覺察，看見什麼，就跟它在一起。為了加深專注力，於是慢慢寫下來，一邊寫一邊走，來到釋放的出口。

陪伴之後，這個擦地板的小孩不再像警鈴一樣釋出心慌要我往前衝，而是一份內在資源。當我為人們多做些什麼時，我微笑看著這個孩子在擦地板。內心浮現宮崎駿動畫中，許多少女很有活力地擦地板的背影，她代表關懷與分享活力的單純能量。

她成為支持的能源，使我不被恐懼吸附，快樂地分享自己。

當然，也許「助人的心念」還有需要聆聽和清理的。

爭執不休，是否願意去到跟自己斷線的地方？

情緒遇上情緒

她很苦惱，好一段時間和先生之間不是口角就是冷戰。

這次起因是因為一罐草莓牛奶。

整理發票時，發現其中一張明細，有一罐草莓牛奶，她知道先生從來不喝這種東西，那張發票的地點離先生工作的地點很遠，是需要特別前往的地方。可是她想不起來最近有什麼時機，先生需要特地前去，並且有人同行，喝草莓牛奶的人應該是個女生。

她問先生怎麼會有這張發票？先生說去跟公司合作的設計師見面。公務見面如果不是約在辦公空間，就是簡餐咖啡廳，她不明白是怎樣的情境脈絡，會走進超商由先生買單一瓶草莓牛奶？

先生感覺到自己不被信任，非常生氣。

「你問，我就告訴你，我告訴你了你又不相信，不然你是要我怎麼樣？你要自己打電話去問嗎？問人家為什麼要喝這罐草莓牛奶嗎？」

好幾天先生都刻意冷淡，她不知道怎麼樣讓兩個人重新溝通，越焦慮越想做出解釋，卻導致不停開戰。

先生再也不想多說什麼：「我們兩個人一起去做婚姻諮商也都沒有用，因為你的一個情緒一個懷疑，就把我們所有的努力都打碎了，」

她更加難受，問「現在該怎麼做？」

關係斷裂地方需要溫度和柔軟才能接起來。

但先生的挫敗和生氣還在，她的慌亂及害怕也在，彼此對峙著，情緒能量本身無法互相安頓，情緒需要先被自己覺察、接納，才能形成可以包容理解雙方的情感。情緒多、念頭紛亂的時候，溝通也充滿混亂的方向。

我鼓勵她把鏡頭跟注意力轉回到心裡面，坐下來看見「心裡的先生」。

觀照心中的劇場

「你心中的先生現在是什麼狀態呢？先回來面對你的劇場，看看內心中有哪些情緒能量？」

她：「他很憤怒、很不屑，我感覺不論說什麼他都會反駁。例如我跟他道歉，說我不應該直接懷疑，他會說那是因為我後來知道了真相，弄清楚那天的情況，所以才釋懷，願意認錯，不是真的覺得自己有錯⋯⋯。」

「他好像拿了一籃小石頭，我一說話，他就拿一顆丟我。」

我支持她多聆聽自己，首先認知到這些念頭都是內心的聲音，這些聲音裡有很多情緒在跳動，這些情緒就像溝通的燃料一般，太多了會燒壞表達的重點。

「你的心中有一個聲音在說：『我認定他覺得我不會改變，會一直懷疑。我認定他發狠要攻擊我。』這個聲音很大，覆蓋了你，於是，有沒有可能在溝通的時候，他只說了一點什麼，你背後的聲音就會自動接話？」

我們試演一下，當她跟先生表達歉意時，會發生什麼？

她的經驗是：先生沒抬眼看她，衝口而出說：「所以呢？」

她背後的聲音接著吼：「你看吧！他不會聽你解釋，只想給你難堪。」

內在接著浮現：「我覺得難道我就不能夠不安嗎？氣死我了，他為什麼都不能夠了解我的感覺？」

「我會想用力摔東西，或是說：你夠了沒。」

「他可能也覺得，『難道你可以不安，我就不能生氣嗎？』」

她抱著頭：「天啊，我們已經這樣開戰好幾輪，好難喔，怎麼辦？」

與情緒會面

如果你完全認同心中劇場的觀點，那就會跳入其中，連續輸出一系列情緒和反應。例如她認定「我先生一定不願意聽我說話，一定會攻擊我。」那她會更害怕緊張，後面跟著蓄勢待發的憤怒，「憑什麼！」

這會創造溝通中自驗預言的迴圈：認定什麼，就會創造什麼。觀點很難硬生生被改變，圍繞著觀點的情緒能量需要先鬆動，當情緒不那麼濃厚，交流的當下才有能量了解對方以及好好表達自己，改變相處的氣氛。

我邀請她覺察心中播放上面對話時，出現哪些情緒？

聽這些情緒和它所想的……

害怕：害怕我會非常的孤單，而且要一直討好他。

懊惱：最近相處得還不錯，為什麼又搞砸了？

焦慮：如果他一直賭氣，一直藉機攻擊我，我們婚姻就完了。

把情緒放入內在療癒空間

一邊聽情緒說話，一邊聆聽身體內部，感覺其中強烈糾結的部分。

她說：「是責怪自己，我的胃像是被揍了。我就是做錯了，雖說不是故意的。我常常覺得自己搞砸事情，覺得自己很笨，沒辦法讓事情更好。」

「坐在你的胃裡面，有一個『覺得自己很笨』的聲音，看著它，也許不用著急做點什麼。」

「我覺得胃很緊縮、胃很痛，我都不知道怎麼跟先生拉近關係，只會把他弄生氣，我為什麼不會巧妙的去問，要這麼直接，所以就搞砸了。」

增加「陪伴」的底氣

強烈的感受容易把我們吸進去，它的聲音不斷播送，在身心空間中越來越濃重。

命名它，跟它打招呼。

在身體中感受它，定位它。

不僅感受它，也同步與其他溫暖舒適的身體部分連線，為「支持」的力量充電。

不斷調整與「強烈感受」的距離，讓歡迎、好奇的心念圍繞著它。

我：「感受整個身體，一部分注意力放在胃部，單純的跟這裡的緊縮打個招呼，陪伴它。」

提示是為了讓觀察者意識更有力量，把接納傳送到內心需要的地方。

她在胃部注意到對自己的生氣。

我：「你聽見自己希望變得很聰明、更有智慧，很想知道如何說話。而我也看到你很直接，沒有惡意。……現在，給這些感覺一點空間，陪著『想揍自己』的動能，並體會你身體和心裡接下來的反應。」

她啜泣起來，像是有悶不住的東西湧了出來。

「其實我是很害怕。」

邀請她靠近害怕，就像蹲在害怕的旁邊，握著它的手、聽它說話。

她：「我真的很害怕他會……。我怕意料之外的事情，我有一個預設，預設事情會完全超乎想像。」

她聯想到過去的事件。

鼓勵她想到了就說出來，帶著陪伴和支持自己的心意，一邊說的時候，過去累積的情緒會得到釋放。

她：「大概幼稚園時，有一天放學，發現爸爸一個人坐在客廳，她說媽媽不會回來了。我媽突然離開家，回越南好幾年。當時我心裡覺得……怎麼會這樣？我都沒有觀察到媽媽心情不好？」

我：「停一下，聽到了小時候這個聲音『我都沒有觀察到媽媽心情不好』，也許『我希望我有發現』？」

她摸著胸口，感到胸悶。有些感受浮現出來，她的注意力來到胸口。

「我默默的一直很擔心身邊的人不快樂，不快樂就會離開。」

擔心害怕的情緒能量，跟關心的情感能量不一樣。

她：「也許對我先生，我蠻害怕他跟我在一起時不開心。所以即使我有時候很辛苦，都沒有說，因為我希望他快樂。」眼淚沿著臉頰滑落，也許是對自己「緊繃」的心疼，能給予眼淚時間，就是對情緒真誠的支持。

「害怕身邊的人不快樂」被看見了，她需要覺察自己是否可以接納這份害怕，而不否認或被它捲入。

看見與內在感受的關係

我：「觀察看看，對於自己如此害怕別人不快樂，浮現什麼樣的反應？能接受你的害怕嗎？」

她：「我很害怕我的害怕，我很討厭這個害怕，我希望我不要害怕，可是我常常都是在做了一些事情之後，才發現這個害怕又出來控制我了。我不想因為害怕而被討厭，聽起來很饒舌，可是真的是這樣。我害怕，但更怕自己窮緊張，更怕自己小心翼翼，怕那樣會惹人厭。」

「害怕」如何能不一直膨脹？

她需要與它有新的關係，也就是跟過去的自己有新的關係，如果她對「害怕的自己」開始感到平靜、友善，就不會強烈預設先生會討厭她、攻擊她，關係空間有機會從她心裡開始轉變。

我鼓勵她：「我們一起接待這個害怕，你願不願意試試看？」

「如果要跟害怕相處，我建議先找出一個沒那麼有壓力的角度，可以面對它的距離，佈置一下你心裡的空間。」

她想與「害怕的孩子」在客廳裡會面。

「我不想看著它，但我可以坐在它旁邊，在沙發上。」

我：「好啊，就在害怕的旁邊，你的身體知道哪裡會有溫度和柔軟可以帶給這個孩子。」

她：「我感覺到我的左手想伸出去，把她摟過來，我想跟她說，我沒有怪你的意思。」

這句話一說出來，就哽咽了，她終於跟幼稚園的自己說上話。

「我真的知道突然有一天放學了，沒有媽媽在是什麼樣的驚嚇，我真的知道媽媽不在了，被很多人輪流照顧，感覺自己被討厭是什麼感覺。」

「我胸口很悶……。」

我把手放在她的背上：「慢慢地呼吸，覺察胸口起伏著。你跟這個害怕的孩子都在這裡，呼吸，就在這個簡單的韻律裡面跟自己在一起，你會發現……各種感受，有些會慢慢融化，有些剛剛浮現上來……。」

「這是一個需要很慢、很細的過程，給自己空間，哭泣、感受、浮現什麼都說出來。」我鼓勵她繼續。

她：「我讓害怕的小孩靠在我的肩膀上，我跟她說一直害怕也沒有關係，我可以撐住你。如果有些人不喜歡你，我會跟他解釋，我不會跟他說你不在，我不會假裝我不害怕。」

為什麼需要從內在去看見和改變自己與痛苦情緒之間的關係？因為如果意識不想要某種情緒，就會更注意可能引發這類情緒的線索，無形中要求身邊的人不能有勾起我們情緒的表現。

如果她對先生有無形的要求「你不能讓我害怕」，於是，就算自己認為只是詢問，先生也會感覺到被壓迫。

內心氣氛不同了，外面才有新的空氣流通

她跟「害怕」之間，經過一場自我陪伴，有什麼不一樣呢？

她體會著，篤定的說：

「這是我的一部分，這是我的害怕。」

也體會自己可以對周圍的人展現：

「憑什麼我不能害怕？」

也對自己說：「儘管我害怕，我還是可以去愛，而不用覺得羞愧。」

她用一個自己看過的經驗來比喻。

「以前當代課老師的時候，曾經看過一個媽媽，很容易因為老師講了孩子在學校發生的狀況，例如跟別的孩子發生衝突，就衝來學校理論，認為自己的孩子生氣的點沒有被老師處理到，很在意老師有沒有誤解他的小孩。但我也親眼看到，當老師們把他小孩的行為狀況說得很清楚時，她當著大家的面對小孩破口大罵，甚至還出手⋯⋯。

我覺得我好像是那個媽媽，當我說『憑什麼我不能不安』的時候，我好像是替我的內在小孩出氣，我同時又生氣『為什麼我要這麼不安？難道我就不能穩定一點？有信心一點嗎？』我是在責打自己的內在小孩。

現在，沒有別人，只有我跟內心的害怕，現在才體會到什麼是陪她、理解她，之前我不想看到她。」

帶著更完整的自己，回到婚姻裡

我邀請她再一次從內心面對先生。

「再試一次，在內在空間裡，你的手正放在那個害怕的孩子的背上，然後你們一起看著你的先生，你不需要去想任何跟他解釋的語句，不需要費力讓他接受你的害怕，就在這個畫面裡呼吸著，陪伴這個畫面一會兒。」

「你最想讓你先生感覺到的是什麼？」

她：「想跟他說，我知道自己一直帶著害怕，帶著這個害怕的時候會勾起他的情緒，我們的關係……我們的相處是不簡單的。……對，我突然覺得其實我們兩個都很不簡單，我有害怕，他也容易生氣，中間這個空間很沉重，連線常會斷掉。」

她笑了，浮現最想跟先生說的是：「我們已經很厲害了。」

後來跟先生表達的時候，正如她所料，先生生氣了，責備她每次都這樣，把她的善意冷冷的放在旁邊。她感覺到自己比以前平靜，可以握住內在小孩的手，一起經歷本來就知道會發生的，她沒有把內在小孩放在前面，要先生接受，也沒有把內在小孩藏在後面，保證以後不會如此。

再看到他們的時候，兩個人聊天開玩笑，平安如常，為什麼呢？怎麼好起來的？

她也忘了氣氛好轉的細節。

我猜當她接受自己的害怕，先生不再承擔要讓她安心的壓力，當她可以陪伴自己的害怕，先生的潛意識就不會一直想戳她，要她看見自己的狀態。

也許面對衝突，我們要先打破的不是別人冷漠的態度，而是要打破自己面對內心的抗拒。

我如何越過跟自己的隔閡到達你的心

關於活著的樣子，頭腦裡面所認為和定義的，與內心的感受有時候差距很遠，頭腦認為的，常常也是別人眼光反射回來的，但是內心的體驗，才是我們身心浸泡的所在。我們堅持頭腦的認定，就會跟感受產生很大的距離，如果無法擁抱感受、進入感受，也就無法連結存在本身的安適和幸福感。

一位男士談關於他的婚姻，他認為另外一半「生病了」，明明該有的都有了，卻要用自己的情緒攪亂彼此的關係。

我：「什麼是婚姻帶給你們彼此的？」

第一次問他這個問題，他說：「婚姻帶給我的感覺是一個人生的里程碑。結婚的時候我年紀比較大了，40多歲，創業成功過也失敗過，現在有穩定的薪水、有支持家人的能力，再下來理所當然的，我可以擁有家庭、養育孩子。」

我：「你猜，對太太而言呢？」

他：「我給了她很多，她每天可以光鮮亮麗，信用卡是沒有限制的，而且我很尊重喔，不會去過問消費了什麼，我猜她很多朋友都會羨慕吧，她的家人也都覺得能夠遇到我非常的不可思議。我太太不用工作，甚至可以去繼續學習她喜歡學的各種事物……。」

我知道他說的是對的，但一定有別的層面，我再一次詢問：「想起你的婚姻，想起在婚姻中的生活，想著你的太太，你心裡浮現什麼，心中擁有的感受是什麼？」

他：「覺得不值得、喘不過氣來、被壓迫……。」

我：「你覺得太太會怎麼描述她想到你、想到這段婚姻，她心中浮現的感覺？」

他：「應該是……生氣……，覺得自己的努力沒有被看見……，沒有被理解……，好像都自己一個人吧。」

他一想到太太的狀態，腦袋裡出現一連串聲音：「可是……我真的給了很多，包括對她家人的照顧、婚前假日我會安排冒險活動，或者跟朋友一起去做志工……，婚後，除了必要的公司活動，都放棄了，只因為她認為我應該把時間留給家人，我也就這麼做了，我對她還不夠重視嗎？」

想到做了這麼多，妻子仍有不舒服、有怨言時，他開始感到憤怒，因為在他的邏輯裡面，妻子不應該有這些情緒，他所做的可以為妻子帶來幸福、被羨慕、豐盛的狀態。於是，妻子的情緒在他的概念裡沒有位子，顯得不合宜、歇斯底里，因此妻子更加孤單，自然會用力向他展現孤單和不被了解的感受，這讓他越來越困惑，越覺得這些情緒展現根本不合理。

如果他抱著頭腦的認定，不斷對妻子的感受做出反應，這個迴圈將無法突破，他需要從頭腦概念來到感受的心，才能找到連結妻子的心的路徑。

我：「你在意她的情緒，也繼續做婚姻所需要的，她對關係仍處在負面感受中。所以，你的感受是什麼，現在你心中發生了什麼？」

他：「我當然也覺得不被了解，覺得很孤單，我的付出沒有被看見。」

我：「這些感受會囤積，你知道嗎？平常你會有時間注意這些感覺，想一想發生了什麼事，或者跟別人分享這些感覺嗎？」

他：「我沒有時間，不會去想那麼多，就算有，一下就過去了，我平常非常忙碌，手機訊息如果一個晚上沒有看，大概就有上百封，而且要跟誰說呢？別人表面上一副可以聽的樣子，實際上人家都在看笑話。」

他知道內心有些累積，卻習慣離這些感覺遠遠的，即使瞄到了也會轉過頭去，選擇維持生活例行的運轉軌道，而囤積的感受不需要直接碰觸和處理。

但是親密關係裡面，彼此之間不只是室友，一起管理空間；不只是同事，一起養育小孩、處理家庭聚會。親密空間中有一個很自然的現象：我們要接待對方的內在小孩，並不是說妻子的內在小孩如果不安或恐懼，都是先生的責任，而是彼此的內在孩童確實存在，需要回應和關懷。也就是說，我們不僅要照顧自己的內在小孩，也要包容和關懷對方的內在小孩；同時我們可以表達內心深處的需要，並感覺到脆弱、受傷或幼稚的一面被自己以及另一半理解和接納。這樣，兩個人的關係才能超越同事和室友，在親密中擁有歸屬感。

一個人如果跟自己的內在失去連結，對累積的感受知道了卻遠遠旁觀或置之不理，他不可能了解如何給予對方的內在小孩溫暖，當然也不知道什麼叫做「打開心房」，讓對方走入內心。所以另外一半也許會說：「我覺得他根本不了解自己，我比他還要了解他自己，可是他不承認。」「我覺得他很逃避，可是他覺得沒有。」「我希望跟他談心，他只會跟我講例行公事，今天跟誰開會，做了哪些活動，然後又會說這些到底有什麼好講的，可是我不是要這個，他始終不懂。」

我希望眼前這位男士在討論如何應對妻子的情緒，能先跟自己連上線。我：「太太的情緒表達讓你覺得困擾，這時候你內在彷彿有一個人在跟你叫囂、哭訴，他說：他不被了解，很孤單，付出沒有被看見。……體會一下，這個人在對著你吼，他現在就在那裡，你對他做了什麼反應？接下來呢？」

我知道這個細膩的覺察，向內轉的方式對他來說很陌生，但是仍值得努力，也許他對自己的觀察可以再多一點。

他：「我覺得這些都沒有關係，我本來就是一個很願意付出的人，有沒有被了解也不重要，其實我蠻享受去付出的。兄弟姐妹有需要或者家庭旅遊，這些我幾乎都買單，因為我並沒有拮据，就算支持他們，我們小家庭的生活還是很好。我太太的家人我也很願意照顧，我朋友很多，都是平常交往累積的。我的父母身體若有不適，從來不會發生需要病床沒有病床的情形。」

他說得很快，關於委屈或孤單的感覺就算有也沒有關係，以及為何不需要介意，這個掩蓋內在委屈的聲音是他熟悉的。

但是，他和妻子之間的心結越來越嚴重，很明顯，那些認為無需介意的感受透過無意識，在關係間來回衝撞，表達自身。所以我沒有放棄讓他往內看的邀請。

我：「請讓我試著站在剛剛談到太太時來到你心裡，在生氣並感到孤單的部分，我體會一下這部分聽到你剛剛回應的感覺，你正在告訴它：不管付出有沒有被看到，都沒有關係，無需在意。」

上一刻他體會到了孤單、不值得的感受，很快的他跟自己說了一些話，偏離了這些感覺。他告訴這個生氣和孤單的部分說：「這不重要。」

他聽不懂妻子想要的是什麼，總認為：能給的都給了，為什麼不滿意？也許是因為他一直放棄回應內心的吶喊，不敢意識也不敢仔細聆聽。妻子跟他要的，他也從未給過自己。

我：「也許你也很需要被理解，你也需要感覺到不孤單，你也需要意識到你有情緒，而且你的情緒需要被安撫。」

他：「我很忙，在工作上要管理的範圍很大，好幾個區塊，超過好幾百人。你想想，要處理這麼多人，我怎麼會不會不懂人心，否則我無法運作這些人。我當然知道我太太要什麼，希望我哄她，但是我這麼做也沒用，她還是不滿意。」

除了跟自己的關係、除了親密關係，他能把所有其他人照顧得很好，然而他內在那個孤單的部分一直杵在那，等不到回應，因為他把所有的注意力都交出去了。

我：「有沒有可能太太說你不了解他的感受，是真的，因為你未曾了解自己的感受，太太覺得孤單，不被你重視，其實無關乎你有沒有做對什麼舉動，她覺得跟你之間距離好遠，我看到你跟自己內在的生氣和孤單的距離也很遠。」

有時候我們與人交往，不斷付出，是來自一種強迫性，不全然充滿喜悅和熱情，也包含被「面對自己」的害怕所驅動。當我們似乎感應到內在小孩的痛苦，只感覺彷彿有些什麼，卻無法弄清楚，剩下一股焦慮，這種焦慮就會將注意力驅離內在，再度向外付出。

可以試著想想：如果我們把慣有的行動緩下來，減少作為，內心會如何？如果頭腦裡的聲音大聲抗議，認為：「不可能！」「不應該！」「沒必要這樣。」那麼，表示我們有些失衡了，內心有一個部分讓我們必須這麼做，而那個部分很可能帶著恐懼，害怕靜下來時，無法與內在的不平靜共處，

多年前曾經參加一位國外的講師的治療課程，史蒂芬．吉利根，記得他說的一句話，我印象深刻：

「當我跟伴侶談話，我總是從先生的身上看到太太的潛意識，從太太的身上讀到先

生的潛意識。」

我相信他無意虧待妻子，甚至總是盡力付出，但是用原來的模式，他們的爭執會越演越烈，因為他用對待自己內心的方式投放在妻子身上，妻子也不斷地反映出他內在小孩的狀態。透過技巧去學習如何跟妻子溝通是不容易的，透過跟內心連結去體會什麼是親近的感覺，是相對自然的。

我繼續為他內心裡那份孤單發聲，尋找他願意往內看的意願：

我：「並不是說每個人都要經常鑽進去看內在的感受，但是你的婚姻對你提出了這樣的考題，在經歷了外在挑戰，從求學到創業，你都做得很好之後，走進婚姻裡，現在的考題就是這個：你如何體會一個人內心的感覺，讓行動可以傳遞理解的溫度。你所做的付出滿是善意，但傳遞不了親密情感的溫度，也許是因為你也很少給予自己，而你內在有一份孤單等著被關注。」

我：「你曾經體會到嗎？有看出來嗎？太太的孤單也存在你的心裡。」

對他來說，看著目標，把力氣作用在他人的期待或需要上，比較容易，換一個投注心力的迴路，往自己、往內，是陌生的方向。

在他心裡這些事明明很簡單，要轉往自己的內心反而是複雜化了：「她只要把自己過好，不要那麼多衝著我的情緒，我其實都不會跟她計較，也不會需要她安慰我的……。」

他希望妻子的情緒可以消弭，可是妻子的內心並不歸他所管，他真正擁有的是被妻子引動的內在感受。透過體會正發生在他之內的「生氣」和「孤單」，才能發展出對情緒能量的接納與理解。我們給別人的溫度，是勉強不來的，必須透過給自己愛，從內心裡面滿出來，延展出去。否則那都是硬撐的，硬撐的付出很容易有不甘心、不值得的代價。

在這個點上，要做一個選擇，對內在的呼聲和妻子渴望親近的要求，他要選「不予理會」，還是「度過隔閡」？

如果他願意收下這個考題，沒有任何人可以取代他的位子替他作答，他需要向自己的內心學習，從內在體驗取經，才能從擁抱自己的孤單，走向理解妻子的孤單。

我：「留意你的心情，也許有機會拿到理解太太心情的鑰匙。如果你願意覺察和練習去描述內心的孤單，以及對生活、對婚姻總總好的、壞的感受，即使你所做的並沒有改變，繼續送想送的禮物、做本來就在做的事，你仍然會注意到有不同的現象發生。例如太太收到禮物的時候會有不同的反饋，她會從禮物裡真的收到你想表達的情感，因為你對自己的覺察喚醒了情感能量，你的行動和禮物就會替你說話。」

如果我們害怕另一個人生氣，我們就不可能照顧他的生氣，我們所做的照顧行動，都透露出希望他不要生氣，那麼他的生氣會凝固，因為他開始感到孤單。

討好和害怕無法充實親密關係。了解和接受彼此才是情感所需。

然而我們只能「知道」他人的感覺，最多就照本宣科的表述。唯有透過靠近自己的內在經驗，才得以拓寬了解和接受的真實深度。

很有趣的是，我們所需要的，都會來到當下。在一段對應關係裡，自己很難意識到的感受，會在對方的狀態中流露出來；而對方的表達也會相對應引發自己所需意識的感受。

內在經驗的寶藏與資源，我們都有權利去探索和領取。對內心感受敞開，保持覺察，我們會慢慢整合自己，踏實照顧生命中的重要關係。

我跟他分享：

「你甚至不一定要討好她，或者得去哄她，當然可以這樣做，這都是表面的動作，最重要的是你這些動作裡面的意願。有時候兩個人很深刻的大吵一架，反而可以日漸親近，為什麼？因為在吵架的時候，不是隨便說服對方，而是把心裡面真實的感受弄清楚。掏出來，那意味著，你勇敢的靠近自己，而且沒有逃跑，佇立在彼此的面前。」

這無關乎後來婚姻的、人生的劇情會走向哪裡，而是我們沒有將這些內在經驗棄置不顧，意識到內心在說的話，我們對於如何回應自己，開始有力量、敢選擇。

堅持站在憤怒的對面，看著它也被它看著

我們家大兒子有一段時間很喜歡打手機遊戲，我當時非常介意他花太多時間打手遊，那時遇到防疫假，整天在家，手機容易取得。我們討論了一天之內可以玩的時間，因為評估自己實在沒有時間執行密集監控，後來的決定對我來說是大讓步，也就是他可以玩的時間超過我的合理範圍很多。我想情緒上，囤了一點忍耐在這。

每天晚上他會邀請表弟和爸爸一起玩，說好的時間是8:00~9:00，他們常常延玩到9:15，多次延遲，我經常需要按耐著急。那天來到9:30，我知道有一局快要結束，提醒了他們。

然後發現新的一局怎麼又開始了？心裡的聲音越來越大：「不是說好結束了嗎？而

且你們一天比一天晚，為什麼說好了結束又要開始？是在耍我嗎？」提醒的情緒也越來越高。

他起身吼：「好啊，那就不要玩了！」收起手機之後非常不悅，給我的臉色很不好看。那天晚上跟他說什麼都愛理不理的，我內心一把火不斷燃燒，除了怒轟他的各種想像之外，沒有其他。

關起房門跟自己相處，我感覺到糾結，胸口有東西在燒。當我靠近這些感受，心裡冒出來的是一串又一串，想對他說的話，都是一些想要一針見血，對他曉以大義的話，這些話的情緒是「擔心」和「憤怒」。

我聯想到許多來談話的孩子，對媽媽非常中肯而且重要的提醒，全然罔顧，為反對而反對。我知道，不管我講的話再有道理，這裡面有憤怒，就會引發他的憤怒。

我不希望我的用心和真正希望帶給他的養分，被我們兩個的憤怒一起打包丟到垃圾堆，所以我暫停所有針對這件事的溝通。

我問內心：為什麼我不希望這些東西被打包到垃圾堆？因為他是我的孩子，我喜歡跟他友好，我希望我們之間有好的互動，希望我們重新回到可以一起看劇、一起說話、說說笑笑的氣氛。同時希望我推動他的力量裡面是有溫度的。

但此刻，我只聽見內心有個部分在怒吼，說：「我做不到跟他連接！怎麼做得到？他這麼過分，他這樣以後就完蛋了，他連這麼好的爸媽都無法合作，無法自律，沒辦法接受約束，情緒管理很差，現在就跟很多老師都不和，這樣下去以後怎麼辦？」

我把自己擺在房間裡，試著消化強烈的情緒，卻不斷地被憤怒撲倒，一點也不覺得我在陪伴這個憤怒。我能做的只是把這個憤怒放在房間裡，然後聽它吼叫。

進入情緒之中，保持意識，就像坐在一個大哭大叫的孩子身邊，我確定「我的在」對它意義非凡。

我繼續打開容納情緒的空間，因為有一個小聲但清晰的認知，我想重新與孩子溝通的動能，需要一些不被憤怒填滿的內在空間，才能讓新的可能發生。

我知道不會只有憤怒和攻擊而已，而且感受也不會一直這麼糟糕。

有時候光是知道會有新的可能就足夠了，足夠鼓舞我再陪內心一哩路。在憤怒的縫隙中，帶入友善、歡迎、接納、同在的品質，即使只能帶入一點點，也能支持覺知打開更多，給予感受展現、迴旋的空間。

睡前，我把心裡憤怒的聲音告訴先生，說話的時候我已經不是在噴發憤怒了，是隔著距離表達，不是發洩。

話語不是「孩子如何如何，都不怎樣怎樣。」而是「我真的氣壞了，所以我沒辦法跟他說話。」「如果我開口我會忍不住說……，可是我不會這麼去說，但現在最想說這個又不能說，沒有話可說了，所以我不會跟他講話。」

先生：「你想跟他講的這些，是因為害怕和恐懼。」

我：「對，除了生氣，其實很害怕，我怕他現在這樣……，以後……。」

於是我感覺到這份很深的「害怕」在胸口搖動，揪緊的、心跳很清楚。帶著這個狀態進入睡夢，還睡得著是因為不激動了，覺察可以讓不同的感受相互中和。

剛開始憤怒是震耳欲聾的鼓聲，隔天一早，情緒在心上像是盛著沉重的半桶水，我注意到有一半的空間可以保留給當下，讓我如常做些家事、準備早餐，我仍然沒說什麼話。開始觀察到孩子微小的不同之處：比較早起，起床之後坐在餐桌前，而不是躺在沙發等我喊著吃早餐。早餐吃到八分停了下來，主動說要去做功課。這些小舉動，進入我的意識，擴充那一半的空間，我收到「他朝向我靠近」的訊息。

一個早上我們都沒有聲音，早餐後我有學生來家裡，接近中午時間，他走出來輕輕問：「媽媽，客人走了嗎？」

突然之間，我發現其實緊繃早就不見了，我很自然靠在沙發上，手搭在他的肩膀上，問他早上做了什麼。

我們開始說話，我的內心一長串一長串的、昨晚在我耳邊怒吼上百次的話，消失了，沒有什麼需要再說更多的。

內在痛苦糾結的時候，會強烈想往外衝，想敲別人的門，索取保證和回應。而我堅持站在痛苦的對面，看著它也被它看著。

看著它而不是阻擋它，有什麼不同？

看著它，我承受它的衝擊，胸口疼痛、呼吸困難，無助和害怕。

阻擋它，很用力忍耐和緊縮，會湧出更多憤怒，同時不斷冒出互相拔河的念頭：「這個年齡的孩子都這樣，幹嘛這麼生氣」、「剛剛如果不要那麼凶就好了」、「如果一開始不讓他碰3C就好了」。

我選擇沒有轉身背對，沒有被它拖著跑，而是站在它的對面。我感受到與憤怒的距離裡面本來暴風雨交加，憤怒很大，我的內在中心很小，慢慢地內在中心站穩，整個空間轉為陰天。清晰和同在的意願，讓憤怒被擁抱支持而逐漸轉化。

不僅聽憤怒說話，也把它說出來給先生聽，憤怒能量釋放更多。被注視的感受，存在意識中心裡，獲得內在觀察者的「陪伴」和「包容」，憤怒被意識照耀著，它周圍各種微細的感受更容易被察覺。

不同的感受浮現，為內在空間帶來柔軟和交流的氣氛，例如「害怕」告訴「生氣」：「其實孩子沒有多可惡，是我很害怕。」

我跟「害怕」坐下來之後，發現對我自己如何做母親的無能為力比對孩子的擔心更多。

無力感：「如果錯過學習的黃金時間，現在沒有學習管理自己，以後會辛苦，可是現在不斷地上演限制管教，把自己的設定放在他身上，以後也不會好……。」

我抱著無力感，像是讓「無力」坐在大腿上，聽先生說著：

「其實我國中時候，我爸媽根本管不住我，……。」結論是你的孩子已經不錯了。

這些他說過很多遍的話，卻仍帶給我很大的撫慰，因為我的注意力沒有凝固在憤怒，他說的話在輕撫「憂心」。

想暴衝的憤怒，往往讓我們找人理論，發動攻擊。如果憤怒沒有被接待，沒有機會攤開來好好表達，即使一時壓得住，也會蓄積再度攻擊的力道。

走向內心，打開療癒空間，是一個選擇。

過程中我問自己「願不願意試試看不依賴別人的回應，或者依賴『和好』來讓自己從怒氣中解脫？」確認這個意願，等於設了方位進行意識導航。於是我朝向儘可能擴充內在空間，與這份痛苦的感覺同在。當痛苦未能把我整個心靈淹沒，心靈的空間比痛苦感受更大，痛苦就可以在裡面轉動。當痛苦沒有被隔絕，而是在覺知的空間裡打開、消化，意識便能回收整合那份能量，成為下一步溝通和行動的資源。

睡前，我問內心：「有沒有可能有這個痛苦存在，而仍然有愛可以在縫隙中流動？」

我對內在的兒子以及自己說話：

想著孩子：「即使有憤怒、害怕，我內心的一個部分，接受你並愛你。」

想著自己：「我也愛這個害怕。……，也愛這個想要拉扯孩子、改變孩子的我。……也愛這個感到虛弱，很希望可以跟孩子擁抱的我。……也可以愛今晚也許不太好的睡眠……。」

慢慢地，就睡著了。

我想，這個擁抱自己內在每個部分的自我對話，在整個睡夢中發揮它的影響。隔天什麼感覺都在，什麼都有一點，唯一緩和的是著急和焦慮。

和痛苦同在的時候，有意識的回到內在空間，支持空間變大，找到與痛苦之間更友善的連結。當觀察者意識更穩固，新的感受會從內心裡釋放出來，使關係的行動有新的養分。

我經驗到，在僵局裡，往內心開拓療癒情緒的空間，支持我與孩子重新連結的養分會慢慢地滋長起來。

也想起一個學生，他提到正面對的困境：女友非常的歇斯底里，情緒反應很強烈。尤其女友生氣時，如果不按照她期待的方式提供安慰，女友的情緒會越加強烈，捶打他或傷害自己，甚至威脅要自殺。他感到強大的壓力，試著拉開聯絡間隔，減少見面，其實內心最想要的是分手，但是擔憂女友無法承受而傷害自己，所以進退為難，動輒得咎。有時他會試著按照女友喜歡的方式安慰她，但內心暗自累積生氣及不甘心，於是越來越沒有動力這麼做。

遠離女友，拒絕聯絡，不按照女友的方式回應，又感到害怕和愧疚。

我們一起畫了一張圖。他面對女朋友的時候，他們之間究竟發生了什麼？意圖是想要離開，情緒是害怕、憤怒、焦慮；在行動中出現的就是他想要後退，想轉身。這些遠離的舉動對女友來說引發了什麼呢？

我們用一套寫著各種感受的卡片當作參考，他嘗試體會女友在他退後時感受到什麼，選了「害怕、憤怒，還有焦慮」。

他：「其實她的情緒跟我的一樣。」

我：「她的意圖是什麼呢？」

他：「想要我像以前一樣對她好。」

我：「女友用什麼方式來表現她的需要？」

他：「她攻擊我，叫嚷著為什麼我要騙她？為什麼我不懂她？為什麼我明明知道她要什麼，卻故意傷害他？」

我：「接下來呢？」

他：「她這樣又讓我很害怕、憤怒和焦慮。」

我：「你的心在兩邊的害怕、憤怒和焦慮的情緒空間裡來回彈著。」

他深嘆一口氣：「怎麼辦？」

我：「如果你的內在空間只有這三種情緒，你所有的行動，不管話說得再怎麼漂亮，背後傳遞出去的能量就是這三種。而女朋友如果沒有消化你投過來的情緒，她的心就像一面鏡子，也不斷產生同樣的三種情緒回給你。」

他發現自己的心在這三種情緒裡面，整個關係就會在同樣三種情緒裡面，代表意識停在鬼打牆的封閉空間中，沒有新的活力。

必須有意識的自我觀察，在自我觀察的狀態裡有意識的帶入對自己的友善、歡迎、耐心，才能接觸這些情緒而不被淹沒，才找到聆聽情緒、了解情緒的位置。

並且在這一整段關係中，不會只有這三種情緒，在害怕裡面有它想要守護的；在生氣裡有它在抗議的；在焦慮裡有它想要成全雙方以及圓滿的。

我們需要更直接善待內心的情緒，才能傾聽它以及轉化內心的空間。

我鼓勵他：「我邀請你把注意力從該怎麼處理這個過程，該怎麼分手？該拿女朋友怎麼辦？該不該聯絡？移動到感受的層面，現在這個時刻的感受。」跟當下連線，才能找到心中最寬闊的地方，帶給情緒後盾和肩膀。無需急著往前思考，先展開對此時此刻的覺知，把注意力跟身體的連線找回來。

我們一起做完身體掃描，在呼吸的律動裡，他感覺到自己能夠不帶念頭和提問地允許感受在意識裡變化。即時說著當下注意到的：「後腦勺重重的」、「雙腳抖了一下」、「雙手沉沉的」、「頭昏昏的」、「想到昨天沒有睡好」、「心頭緊緊的」、「想到荒廢了的工作」。

跟內在身體連線之後，接著支持更多資源來到意識空間。

「很好，保持在身體裡……，讓呼吸來到脊椎，感覺到脊椎如同身體中線，讓呼吸沿著脊椎上上下下，吸氣的時候往上走……往上走一點，吐氣的時候，沿著脊椎往下走，身體也往下沉，呼吸沿著脊椎往地底中心連線……，你曾經跟大地有怎麼樣好的經驗呢？」

他想到海洋，想到沙灘，感覺到熱熱的、暖暖的。

我繼續陪伴這些資源進入他更多：「有些熱熱暖暖的感覺依稀浮現，跟著吸氣，來到身體裡，沿著脊椎，你慢慢來到上與下的中間點。」

「現在注意到左邊跟右邊，試著描述左半邊的感覺，再描述右半邊的感覺，也許眼球也跟著轉動了，很好。被你意識到的部分，它們之間會自發產生連線，他們的連接是很自然的，不需要費力，然後……慢慢的，你停在中間，左與右、上與下的中間。」

他把手放在胸口的地方，閉著眼睛。

我：「現在也去感覺身體的前面跟後面，前面也許是額頭、臉、胸口、腹部……，很好，感受後面，後腦勺、背部貼著沙發……，也去感覺前面是未來要前往的地方，後面是過去走過來的地方，把這個意念帶進來，……慢慢的你已經更加跟整體在一起，……接著再放掉這些念頭，停在中間，很好。……在那個中心，此刻你有很多的支持，天空與大地、過去與未來，左邊和右邊身體裡，左右半邊不同的力量，陽性與陰性的力量。此刻，你感覺如何？」

他：「覺得很好。」

內心有了足夠的支持，我們才準備好，聆聽關係裡的情緒。

我：「遠遠的看到你的女朋友，你不只看到她，還浮現你跟她的互動，看到女朋友發脾氣的狀態，你可以感覺心裡有一塊地方……有一個害怕或者其他的，是什麼感受來拜訪你呢？」

他：「整個來說，是很緊繃，覺得又來了，為什麼要這樣？」

我：「很好，進入體會這句話，又來了，為什麼要這樣？」

他：「我覺得很想哭，好像小孩在忍耐著不要哭的感覺。」

強烈地緊緊地抓住我們的，讓我們完全不意識到有其他可能性的情緒能量，常常是一個孩子的聲音。

這樣的情緒不會只來自眼前的關係糾結，還與過去類似的經驗重疊在一起。

我：「這個孩子發生了一些事，不論是什麼，都歡迎，在你的中心空間坐定，想起什麼，願意的話，讓它透過話語流出來。睜開眼睛、閉著眼睛都可以。」

當我們已經打開觀察者意識的空間，持續往內看，專注的跟感受同在，會因為好奇而能讓內心打開，不會被情緒淹沒。

他讓害怕說話：「我真的很怕一直挨打，真的很怕這些情緒，我經歷過爸爸在我國中的時候就是這樣發飆，我媽媽常常出去跟別人唱歌，或是喜歡跟朋友一起熱鬧，但是我爸非常不喜歡，常常覺得在家不被尊重，可能跟他是軍人有關。我會配合他，我不想要他每天都這麼不高興，所以會順著他，他想要什麼態度我就給他。但是，其實很煩，我最害怕的是要一直勉強自己去配合……。」

我：「是的，害怕勉強自己去配合……，把這份理解放在呼吸裡，把了解、接納傳遞給『害怕』……。」

沉浸一會兒，邀請「生氣」。

我：「回到你跟女朋友的畫面，感受內在的生氣……。」

他：「我生氣的是她從來都不體諒我的忍耐。如果我告訴她我在忍，她會覺得我不愛她，我在怪她，我不了解她。我爸爸也不懂，所以他後來覺得我變了，變壞了。我的忍耐也是一種付出，為什麼不會被珍惜，甚至沒有被看見。」

我：「你看見了『忍耐』，看見『忍耐』裡的愛，看見自己的付出……，也許在身體裡你可以找到抓緊的忍耐，你可以用憤怒的能量將它釋放出來。」

他雙手反握，雙腳交叉，咬著牙根，從喉嚨中把聲音擠出來。

邀請他再一次拉近畫面，還有一些情緒等待著我們。

他：「很緊張，我會想要怎麼逃，怎麼避免……其實我真的想要好聚好散，希望她不要那麼受傷，她要相信自己有力量。」

在他說這些的時候，喉嚨很緊，因為期望下面必然伴隨著「不可能」的聲音，那是焦慮的鐘擺，認知會將這兩者看作「對立」、「相反」，如果想要做選擇，不管選哪一邊，會產生對另外一個聲音的壓制，使得焦慮更沉重、難以流動。因此讓兩股能量的擺盪在身體空間中持續一會兒，讓期望和絕望在心中被平等的接受，是我們的方向。

他分享陪伴焦慮的方式：

「我用一個畫面來幫助自己，兩個不同顏色的閃燈，一邊是期望（好聚好散），一邊是絕望（女友一定不可能），輪流……。感覺不舒服，但其實蠻好玩的，壓迫感比較少。」

我看到他的身體輕輕搖晃，兩手輪流輕拍著大腿。

跟情緒靠近，沒有一定的形式，他創造自己的空間，也表示內在活力冒出來了。

我把他剛剛貼著情緒所說的話，反說給他聽。為了觸動身體內部，累積在這些情緒之中囤積的能量。

他感覺胸口非常的緊，進入到「緊」之中，他想扯開來，扯開一層一層束縛。

我注意到他內在的聲音想去到更遠的地方。

我：「心裡看著女朋友，願意的話，把心中累積的說出來。」

他：「想飆髒話，非常憤怒的跟她說，我在忍耐，你知道如果我完全不愛你，我不會忍耐，我會直接離開。如果我不替你心疼，我不會忍耐……。」

說到這裡，語塞、沉默，眼淚替他表達。

他真的是對這個女孩有善意的，他真的是知道他的離開將會對這個女孩造成多麼大的震撼。他內心裡在想的是：「我很想顧全你，同時又顧全我自己。」

好一會，他說出心頭浮現的：

「難過、悲傷。還有，……想要抱她，想要跟她一起大哭一場。」

我：「在擁抱大哭的畫面裡，內心什麼感受浮現？」

他：「很難過，很心疼，心疼自己，也心疼她。我真的懂她的辛苦和害怕。」

他心裡不只有害怕、憤怒和焦慮，還有心疼，還有愛，還有一直都在的關懷，這些感受都被碰觸、開始轉動，關係空間會更有彈性，更多可能性。

我：「你看見自己內心的狀態不一樣了，不是無奈地被風暴襲擊，被動虛弱，而是怎麼樣呢？」

他：「在暴風圈的中心有個穩定感，我還是會遭到撞擊，會晃動，心會痛，但是有一個清晰的地方在中間，還有一種支持把我們圍起來。」

我：「關於那個圍繞的支持，能不能邀請想像力描述一下那種感受？」

他：「天空和湖泊，風雨再怎樣大，樹倒了、花草亂了，天空跟湖水都在。」

他覺得天空和湖水代表的是「關懷」。

我邀請他帶著天空和湖泊的關懷空間，和過去的自己、內在的孩童會面。

他：「他是個好孩子，……重來一次我還是會這麼做。」

在內心裡面看著爸爸，他說：「我有被他嚇到，很怕他，但其實我也覺得他很可憐、很無助，我知道他真的不知道該怎麼下臺，很多時候他都被自己框住了。那時候我雖然有點累，可是我比較冷靜，也比較置身事外，我不是我爸主要攻擊的對象，所以要做那些配合的事並不難，因為可以看到他無理取鬧、無助、很小孩子氣的部分。我那時其實就有這些感受，只是當時不清楚。」

遇見「關懷」，理解自己忍耐的意義，而害怕、憤怒是會停歇的風雨，他能打開空間讓它們過去，而不是跟著風雨轉移陣地，遺忘自己的中心。

我：「關於和女朋友之間，現在會用什麼樣的觀點來支持自己？」

他：「可能會再陪她一陣子，不只是因為害怕，更多是我關心她，我會不斷讓她知道，不是愛情了，但是有『關懷』」。

陪伴自己、理解情緒的意願，會帶我們回到內在的中心點，從那裡打開容納感受的空間。接待受傷、沉重、盤旋不去的情緒這個過程，空間能夠擴展，產生新的活力、產生理解，為眼前的情況帶來新的能源。

想防堵和證明自己，越會感到事情在墜落

為什麼越想要防堵和證明自己，越感到事情在墜落？

她說：「我感覺自己很糟糕。最近負責一個企劃案，跟一個老師合作。可是跟他溝通的過程裡，一直有很不舒服的感覺，他明明是一個做教育的老師，對我的態度卻常常讓我覺得挑剔、嚴苛，我很抗拒跟他聯絡，可是這個案子已經在進行了，一定要做下

去。

我心裡面一直放著跟他溝通時候的疙瘩，那一天主管問我事情進行得怎麼樣，我跟他說我的感覺：老師的態度不太好，還有我的心裡過不去。

我跟主管之前是會閒聊的，一起抱怨，然後討論問題。可是那天他突然暴氣，他覺得那都是我自己的問題，我太玻璃心了，為什麼要在這種小地方繞來繞去的，我應該要看這個老師很有能力的地方，然後增加自己做事情的效率，不知道誒，他講的也許沒有錯，可是我心裡很憤怒、很難過。

難道我的意見就不重要嗎？我們是合作的對等關係，我又不是那個老師的祕書，憑什麼都要聽他的，都要服務他？可是我的主管不想理解，他從那天之後對我的態度就很不好。以前我們早上見面會打招呼，有時候還會分享零食，可是這幾天他都沒有怎麼理我，我心裡很受傷。當然我還是去做分內工作，只是我發現一直出錯，會議紀錄寄錯版本，還有那天輪到我整理茶水間，結果我沒有把廚餘的袋子弄好，裡面的湯汁流滿地，……我還忘了拿去倒，最後一個下班的同事拍照放在群組裡……，心裡真的很懊惱，覺得好像雪上加霜。突然之間我在主管的心裡就變成一個很情緒化、很不負責任，好像一團糟的人……。」

我們難免會這樣：

當事情進行得不順利、不如預期，而有困惑和失望。表達了困惑和失望，卻碰壁得不到支持，憤怒浮現。憤怒沒有出口，心不在焉，搞砸事情，驚嚇懊惱。懊惱中認為自己很糟，想躲開所有人，負責的任務更無法推進。此時心被困擾的感覺充滿，這份感受又創造同一頻道的聲音。

她心裡不斷播送的聲音是：

「你們怎麼可以這樣，根本沒有尊重我……。」

「我闖禍了，現在更沒有人了解我跟支持我，我是一個人。」

這些聲音如果沒有被內在觀察者看著，而是不斷地吸入身心能量，就會壯大進而製造更多無助、孤單的感覺，更沒有信心，更害怕交流。於是這些合作的事情就不可能往好的方向走。

當我們的心不斷充滿孤單、害怕的情緒，外在的事情當然不會順利。事情一直出現小破口，小破口又引發情緒大爆炸。彷彿心跟事情一起在斜坡上往下滑，彼此拖著往下墜，這是多麼令人心驚膽跳、感到失控的過程。

要如何踩煞車？

要讓心離開這個反應的軌道，需要在這個故事的流裡把自己的心撈起來，改變重力加速度的過程。

把自己的心接回來照顧。

放下要如何應對他人、如何為自己解釋的努力，才能把能量收回來為自己所用。

即使不容易，也要知道我們有能力做出選擇：願意往裡面走，開出一方吋寧靜的空間。

只要開始往裡面看、往裡面聆聽，友善的接納一個一個冒出來的狀態，就能把自己的情緒接進意識空間裡，讓挫敗進來，把自己受傷的部分捧起來，在那個觀照的空間裡面與它們同在。

打開並修復受傷的感受，才有機會離開情緒能量與外在事件不斷互相捲動的負面軌道。

記得：情緒再巨大，現在所認知的都不代表全部的事實，也不是永恆的現象。

這個認知對於處在痛苦當中的人來說，很難體會。

台劇「火神的眼淚」中的志遠，認為自己沒有盡最大的努力去救下想跳樓的女孩，那個事件勾起他失去哥哥的創傷，他開始無法入睡，手會顫抖，有明顯的焦慮現象，害怕跟那位女孩相關的所有線索，包括附近的道路、相似花色的衣服等，這是急性壓力的狀態，也是創傷後心理的反應。很多人都發現他不對勁，媽媽關心他，學長靠近關懷、好夥伴表達希望他有困難要說出來、心儀的女孩幫他尋求資源，他全都拒絕。

他不想讓別人插手，斷定「事情就是這樣了，這些痛苦就在這裡，不可能改變，誰都沒有辦法」。這時候他被那個大聲的情緒，巨大的痛苦給完全蠱惑了，以為註定要住在裡面。

當他終於走進診間，醫生問他「你有什麼感覺？」他強顏一笑：「還能有什麼感覺？」他認定「不就是這樣嗎？」「還需要問嗎？」「這些你用膝蓋想不都知道了嗎？」因為心被框住了。

要把自己的心從事件的反應流中撈起來，需要先知道：其實每一個感受都在變化中，所有的狀態都是暫時的狀態，而且就連自己都不全明白。我們此刻體驗到的感覺並不是對事情全部的覺知，所聽見的聲音也不是全部的可能，試著讓自己跟巨大的情緒之間拉開距離，允許「我不太知道」、「我不全然確定」、「我好奇……」的意念注入其間。

一個幼小的孩子聽到一個聲音，他會停下來問「這是什麼？好奇怪？」想再聽一次，想多知道一點、想多試試、多體會一點。我們應該向這個孩子學習，對內心的聲音表達好奇、願意多碰觸，這是打開心使它轉動的關鍵。

鼓勵你的意識對內在的痛苦、巨大的情緒反應發出這個訊息：「我知道這兒有一個痛苦，或者焦慮，它真的在，但也許我現在體會得有限，也許不止這樣，也許還有些別的……。」

痛苦無法被刪除，它能自己轉化，只要不被壓制、埋藏，而是在友善的意識空間中，它的轉化歷程便獲得能源。

我們想像：一個孩子在學校裡跟同學衝突了。老師到現場的時候，看到這個孩子惡狠狠地握著拳頭，不聽制止，還準備拿東西砸另外一個孩子，他被老師叫過去，老師問他：「怎麼了？」

你覺得孩子會怎麼樣？孩子通常會咬牙切齒，不說任何話或繼續咒罵，延續剛剛的憤怒。

老師如果說：「你打人了，為什麼要打人？為什麼我喊你了，你還要做出這麼危險的動作？」他會怎麼樣？他也許不繼續罵了，但可能緊閉嘴巴不說什麼。他不是故意不說，只是一整團情緒在原地凝固了，因為老師只看到他打人，只看到他惡狠狠，而他一直感覺到自己非常的憤怒，同學非常可惡，他們都不認為這裡面還有其他的空間。

這時候如果有另外一個老師，他沒有看到當時發生的事，他只是聽到了發生一些事，他要來關心這個孩子，孩子覺得這個老師什麼都沒有看到，什麼都不會認定。而這個老師只說出他觀察到的：「你流很多汗，想喝水嗎？臉髒了，洗把臉好嗎？」帶著他坐下來，然後問發生了什麼事。孩子很可能會開始說話，他表達得不會只是原來的憤怒，可能還有挫折、難過，各種感覺都會冒出來一些，也許還有委屈。

內在感受跟這個孩子一樣，有往外表達的渴望，當它能處在「尚未認定」的、支持的、包容的氛圍中，流動和更新會隨之發生。

幫助內在空間的不同層面交流、重聚，帶來轉變。

覺知內在，可以注意幾個不同層面：身體的、意念的、感受的、想像力的。同時意識到這些層面，它們能一起運作，有各自的訊息交織共鳴。

我從與自己內心一同運轉的經驗，體會到的重要觀念之一：不論是內在關係，或者外在關係，沒有一個感受獨立存在而不受其他部分所牽動。在實際現象中，很容易看到一個改變的心念影響一條關係線，而一條關係線牽引另外一條線，慢慢形成不同的局面。

比如上面那個打架的小孩，他的憤怒是在服務著他的委屈，而他的委屈裡有一種被關注的渴望，那個被關注的渴望，也許望著父親或母親，在他成長的經驗中，他不相信受委屈的時候會有人替他挺身而出，他祕密地渴望著。

因此，不是只看著一個感受，而是覺察這個感受的旁邊、附近或裡面更多的聲音，不是要費力剷除改變一個部分，而是邀請與它相關的不同層面一起進到意識的空間裡，心裡頭的不同部分，都能夠被覺察和接受，內在的這個小系統就會動起來。

讓內在空間打開的意願是：跟它同在，歡迎的、聆聽的。這份意願會串連身體、意念、想像力與感受等各個層面。

回到一開頭的小故事。當這位工作不順遂的女孩願意走入自己的內在空間。

先聽到意念說：「你們都不了解我，你們都不尊重我的想法。」

在身體裡面，感覺到：胸口非常悶，有憤怒的情緒。

當她對這些感受表達歡迎，跟感受同在，感受越來越多，慢慢地，憤怒的輪廓模糊了些，難過和孤單跳出來。

陪著她走到這裡，我詢問她發現了什麼，她想到：自己一直被「不夠好」的感受籠罩，想證明自己，可是又很膽怯，所以好不容易表達意見時，一被合作的老師反駁，就浮現被輕視的感受。

就「被輕視」的感受來說，當然是真實的。而那個老師是否打心底看不起她，對於要改變她的心境和外在循環來說，並不重要。

更重要的是，她體認到自己內心有什麼東西是本來隱藏著，而現在浮現的，她覺察到「想證明自己」、「想展現」的部分，雖然微弱但是清楚地跳出來。

然後她觀察到「想展現自己」的部分在畫面中，像一株努力撐直的小樹苗，害怕被傷害。

這時想像力已經加入……，但在時間和精神許可的狀態下，她當然可以繼續讓內在空間更拓展。只是如果停下來，珍惜經歷的變化和新的覺察，也是這一回合陪伴自己的好句點。

回到生活裡，可能還有些擔心，以及對老闆和老師的疙瘩，但是原先一觸即發的懊惱、憤怒和害怕，已經不一樣了。往後，那個「想展現自己」的聲音，也會得到關照。

上面的歷程要分享的是：有聆聽內在、與它同在的意願，不論從陪伴哪一個感受開始，都是讓心轉動很好的起點。

重要的是把聆聽的氛圍帶入內在空間，不要讓自己的心在發生的故事裡被沖走。

解開沉重，讓心用各種方式說話

內心需要表達，就算不透過嘴巴，心也會找方式說話。

如果整個人悶悶的、堵堵的，明明有東西，卻說不上來，這表示心裡面不是單一某種情緒或特定想法，而是包含許多感受、許多層面，它們糾結成一塊。糾結在一起的感受能量，可以比喻成一大團混合紮實的黏土，會把內在空間塞滿，讓身心提不起勁。

想想你會怎麼處理一團沉重，沒有力氣的感覺？許多人會尋求刺激，尋找過去曾經享受的事物，也有些人願意允許自己沉在那裡，休眠一陣子。

如果把這一團沉重想像成一個坐在地上的人，要他去做一些快樂的事，他如果不是接受邀請站起來，以及在要站起來的時候被撐住、被支持，而是被硬拉著起身，這樣心裡頭不會湧出活力，反而徒增拉扯和勉強，這就是為什麼有些人狀態不好，去到熱鬧的場合會感到更寂寞。另外，休眠不動並不等於休息，沉重的狀態通常讓行動癱瘓，思緒和情緒卻更為活躍，除非有意識地觀照自己及釋放能量，才能進入安靜及充能的過程。

要解開沉重的感覺，沒辦法靠外力，也不能沒有作為，我們需要有意識地靠近它、揉揉它，直到它鬆一點，再支持它做點什麼。

一個高中的大女孩，住在機構裡。好幾天都不說話，社工和老師光是推她洗澡、完成例行工作，都花很大的功夫。

我們見面時，她淡淡的說：「不想說話，最近都沒力，覺得自己被關起來。」她動彈不得，攤在椅子上，語言對她來說太費力，她只用眼睛逛逛四周。她不想說，是因為不願意想，已經被太多人問「怎麼了」，於是每次一「想」，就覺得又要跟誰交代。

所以，我沒有給她問句，只是觀察她在看什麼，琢磨什麼方式對她而言最沒壓力，但這只有她自己才知道。

沉默一會兒。

她：「我上次都沒有玩玩具。」

我：「那麼我們就從玩玩具開始吧！」

「要擺什麼東西在裡面都可以。」我指著裝沙的大木箱。

我們已經認識很長一段時間，相處起來頗為自在，她知道就算什麼都不說，或把我弄糊塗也沒有關係，因此，反而願意動動看。她隨意摸摸小東西，挑出來放成一堆，然後開始擺在沙子上，特別喜歡把小公仔的腳鑽進沙子裡的聲音。

只要她願意做點什麼，那團莫名的沉重就有機會被搖晃、開始呼吸、解開。

我從旁邊看著、等著。等到孩子說「好了」，我才湊過去，哇！整個畫面好多東西，她不解釋的話，我猜不到它們彼此有什麼關連。

有一隻鯨魚擱淺了，鯨魚旁邊淺灘上放著一根湯匙，她說湯匙代表「日常生活」，像是吃飯、洗碗、整理自己的東西、洗澡等小事，應該是很輕鬆的事情。

「可是鯨魚連這點小事都做不到，也不想做。」口氣裡面有挫折，以及拿自己沒辦法的無奈。

旁邊一隻狐狸是機構裡的老師。

「老師看我癱在那裡，會問我怎麼了，可能也想幫我，但就算他們想幫也幫不上忙，我也不清楚他們想不想幫我，他們有時冷冷的。」「希望得到老師關懷」的心情淡淡的飄出來。

還有一群小羊圍繞在一起，和背對小羊的貓咪，代表同學們和她的互動。

「我一個人背對大家，不想理他們，最近有空的時候都躲到圖書館，不想看到別人。其實如果有人主動來找我講話，或是跟我一起看書，我覺得會比較好，但是我又冷冷的，人家也不敢靠過來。」有一點渴望、有一點寂寞、還有一點拿自己沒辦法的無奈。

這些都是她生活中一片一片的感受，累積在一起，悶住整顆心，讓情感再也無法跳動。她摸東西、放東西、介紹這些公仔的過程，就在輕輕碰、慢慢掀，讓心裡面互相矛盾的感受甦醒過來。

某些需要因為方向不一，互相牽制，她覺得站哪一邊都不對，例如，跟大家在一起說話做事很有壓力，想要逃避，又很想有陪伴和支持，想跟人互動。同時被兩種不同需要拉扯，於是摀住耳朵，不知道怎麼理會自己。

當感受一個一個冒出來，一時之間會感覺混亂，沒有因應的信心，因此想逃、想封住這些聲音。其實，只要往下聆聽，看起來很不一樣的需要總可以找到交會的出口。在那之前，需要耐心和支持，去了解自己為什麼不敢繼續聆聽感受。

我：「你不太想理人，可以理解，我也常常這樣。我也體會過，單獨久了會想找人說說話，換換氣氛，這也很自然，可是，你想跟人互動的時候卻拉住自己，沒去聊天或加入同學，有些顧慮是嗎？發生了什麼事？」

她用畫面繼續說話：

有一隻大大的羊，耳朵掛一個紅色的水壺。旁邊有一隻蛇，像繩子一樣的捆住羊，她指著山羊說：「我剛進到機構的時候是這個樣子，想幫大家倒茶、倒水什麼的，可是有些人會給我臉色看，會兇我。」「蛇」譬喻機構老師們的提醒，請她管好自己的事就好，注意界限，不要管別人的事，以免製造紛爭。

又放一隻巨龍站在畫面的中間，是機構。

看起來很兇惡，可是臉並不朝向鯨魚和山羊。

她：「這是我對機構的感覺，它很嚴格，大家都不太敢逾越界限。可是它並不是想要傷害我們，也不會逼迫我們，只是守在那裡，不讓我們出去，或做違規的事情，怕我們被外面的人欺負。」

我摸摸這隻羊的頭，把耳朵上的茶壺放在手上，輕輕握著，跟她說：「哎呀，這隻山羊很熱情，想跟同學互相幫忙，想讓感情好一點，可是剛開始不熟悉這裡的規矩，一直被提醒，就好像自己真的做了什麼錯事，大家都說你管好自己就好了，他們都不認得這個茶壺裡面的情感，還好你記得，還好你跟我說，這茶壺裡的感情和心意，很珍貴。」

為了不讓人不舒服，不踩機構界線，不讓自己再受傷，她封閉了自己的感情和需要。情感流不出去，變成了心酸，裏面的挫敗和傷心，從來沒有被好好了解。

我們終於靠近很受傷的部分，我邀請她留在那裡，給它多一點陪伴，所謂陪伴，就是把情感帶到內心塵封已久的地方。

她用一個怵目驚心的畫面比喻。

黑白無常以及耶穌在十字架上。她指著耶穌說：「這是我，我不覺得自己有錯，至少不是錯得很離譜，可是大家會覺得我有罪，心就像在十字架上、一直被綁著，黑白無常很恐怖，他們的眼神、對我說的話，像一點一點在判我死刑，叫我最好什麼都不要說、不要做。」

原來，剛進到機構裡面害怕落單、尋求歸屬的需要，讓這個孩子手足無措，過度用力，那些提醒和指教，又從來沒有被她靜下心來慢慢消化，於是「熱情有罪」、「我的存在是錯誤的」成為她的情感和活力的封條。

畫面不只這樣。

遠方有一棵愛心大樹，代表對媽媽的想念，想念以前一起生活的溫馨片段，還有未來重聚的願景。

還記得她一開始說的嗎？「最近都沒力。」

原來在這句話裡面有這麼多聲音、這麼多感受在運轉。

回顧這個過程，每個擺放的物件都是一部分的她。

鯨魚「沒有動力」

貓咪「背對大家，渴望被找到」

大羊「想服務別人，想被需要」

十字架「害怕又忍耐的自己」

每個部分都有滿滿情緒的能量：無力、生氣、挫折、恐懼、失落……。我知道這些情緒需要說話，它們無需一直待在十字架上。

為了把聲音從情緒裡翻出來，我揪她一起排一幕劇，讓每個物件都有台詞。與其說要讓情緒說話，更重要的是，讓每個部分的她都被自己好好聽見。

鯨魚：「我沒力氣了，誰來救我？」

貓咪：「我不想理你們了，你們都不來理我！」

山羊：「我想要對你們好，你們卻不珍惜，那我到底該怎麼做？」

在十字架上的人：「現在很害怕，動彈不得，我被判罪了。」「我想念媽媽。」

這些聲音其實一直在她腦袋裡重播，我希望她能夠更仔細的去體會這些聲音，這種聽跟驚鴻一瞥地抓取腦袋裡閃過的念頭不一樣，是在這些聲音的面前誠誠懇懇坐下來，歡迎這些感受重新回到身體裡。

因此，我扮演每一個剛剛提到的部分，對她說話。

當我揣摩這些聲音時，注意到她的表情不同了，情緒浮現出來，我希望這些情緒得到更多支持，繼續釋放，別再吞回去了。

我特別專心守在此時浮現的情緒旁邊，跟她一起呼吸，提醒她可以慢一點，仔細地認出哪些情緒現在被我們看見，把它當作好朋友一般的打招呼，用上山羊的熱情。也鼓勵她告訴我在身體層面感覺如何。

專心的注意、單純的描述，就是在創造一個為自己療癒的空間，這個空間有自然的轉化力量。

她陸續說：沉重、悶、煩死了、不舒服。

身體和表情扭來扭去，很好的是這些不再糊成一團、僵住不動。

告一段落後，她站起來晃晃，一邊玩著，突然想邀請機構的老師進來，想說說她剛剛佈置的畫面，以及它們的含義。

老師微笑著聽她說，只是聽，然後退出去。

老師出去之後，女孩動起來，調整了擺設。她的動作和話語變得更豐富，也許是多了一個人支持她去聆聽內心的聲音，使她不再膽怯。當一個人體會到自己內在真實的狀態，就同時跟自己的活力再度接上線，新的感受、新的想法、新的動機會跟著產生。

新的畫面誕生了，這代表她不再被情緒全然籠罩，內在有新的活力冒出來。

「這些想幫我的人，媽媽、社工、老師都站在一起，在鯨魚的旁邊，熱情的山羊也跟鯨魚在一起。」

山羊的周圍放了很多不同的動物跟不同的食物。

「你注意到心裡面發生什麼呢？」

她指著「背對大家，渴望被注意、被需要」的部分：

「我常常覺得自己跟別人不一樣，要花很多很多力氣，才能夠打進人家的圈子，他們好像都是一樣的，很容易聚在一起，但其實裡面的每個人就像不同的動物，大家都不太一樣，有的人相似性比較高，所以……不是只有我特別，還有其他人也都屬於不同種類的。」

「鯨魚沒什麼力氣，但是牠知道有人在牠旁邊；貓咪也不想要一直背對大家；羊咩咩還是想要對別人好，讓別人知道牠是個好人，……我看先付出一點點就好。」

任何困境都沒有單一的答案，我們能夠走的下一步，要奠基在內心所需要和接受的。她願意往內看，才有機會發現心會找自己的路徑。

我很欣賞她最後的畫面所展現的不同觀點，這是她帶給自己的心得。我稍稍整理一下，鼓勵她將這些心得再消化一次。

我故意放慢語速，氣拉很長：「老師、媽媽、社工，不論他們一時情緒如何，或近或遠，都幫著你。……總覺得自己很不同，其實沒有人是相同的。……想付出就去做，做少一點……慢一點。」

她聽完，又起身做了最後一個畫面：大山羊，頭上有一個金黃塑膠髮箍，代表小皇冠，耳朵掛著茶壺。

「山羊的皇冠在跟我說很多人對我有期待，也願意幫我，代表我有價值。山羊站著隨時可以走動，去人家那裡看看有沒有要幫忙的。」

太好了！我心裡連連驚呼，但我沒有說，她並不需要我的肯定，她需要的是再把自己冒出來的東西好好收回來。

我：「我要把你剛剛說的話，再說給你聽，請你閉上眼睛，用心去看山羊帶著皇冠和掛著茶壺的畫面，覺察身體……，當作放鬆的休息，就可以了。」

有時候放下語言的結論，可以支持畫面和體驗繼續沉澱發酵。

她坐進沙發裡，眼睛閉上，心裡放著山羊的畫面，安靜下來。

她睜開眼睛之前，我在畫面中放上一棵樹和一片草地，就在山羊的旁邊，象徵食物的滋養和支持，那是我的祝福。

年輕的孩子，常說沒有感覺，其實是太多感覺，不知道從哪裡說起，他們躲自己的心，躲得遠遠的，別人也不得其門而入。

他們需要自己作主，邀他們陪伴自己的時候，我儘可能不給教導，只是看他們走向哪裡，趕緊跟上。這個女孩打開整團感覺的路徑是從擺放畫面開始。她原先不知道「沒力氣」裡面潛藏很多力量，互相角力。她一直在對抗著機構裡的人、一直對抗自己的情感，動力得從淤積的地方釋放出來。首先是把內心打開，讓囤放的感受開始呼吸。

卡住、沒力氣想、沒力氣說的時候，可以試著邀請自己進入無厘頭的圖像、動作或聲音，只要有意願，任何方式都能將注意力導入內心，讓活力從相癒的空間甦醒。沒有一顆心應該被永遠禁錮，被觸碰的感受，自然能與其他的經驗互相融合、調音，關鍵是展開跟自己互動的過程。

釋放心甘情願裡的情緒包袱

注意到正面的意義中有背道而馳的情緒

日常的交流充滿各種情感相互往返，很自然引發各種情緒。某些情緒很容易被注意到，尤其對於別人不滿或對自己不滿的部分，例如生氣、緊張、受傷、難過或害怕。但有時候，情緒會閃過注意力的覺察，留在心裡頭發酵。我們就會負擔這些情緒的分量而不自覺，這種情形特別容易發生在對自己來說很有意義的歷程，可能是自己選擇的、願意的、甚至是具有熱忱的。也就是越在認知層面不糾結、沒有抱怨的任務，累積的情緒可能越不容易被好好看見。

發生的情緒感受會留存在身體的細胞裡，是這幾年身體取向心理學很重要的共識。甘蒂絲．柏特（CandicePert）帶來了一系列重要貢獻的研究，「情緒分子的奇幻世界」一書談到：情緒並不只有在腦部而已，情緒的分子其實散佈在全身的細胞裡，影響我們的身體系統。

被覺察的感受獲得釋放。

感受被覺察時，如果我們的注意力還跟情境相連，認知系統比較容易找出脈絡，知道這個情緒是怎麼回事，於是能夠理解這個情緒以及消化它。當注意力跟情境切開了，或者當發生的情緒跟自我認知不一致，往往不容易被認出來。例如：媽媽有可能可以覺察對孩子不耐煩、生氣、疲憊，但不易覺察對孩子感到噁心、嫌惡……。

沒有覺察的情緒能量，默默地迴旋在身心系統裡。

他說自己最近經歷了一次情緒的崩潰，也許跟工作有關。

談到這份工作，他在一個有前景的公司。以年輕的資歷可以進到這間公司，他相當珍惜。這裡的任務很具挑戰性，可以學到很多專業知識，如果能夠擁有這些資歷，將對他下一個階段的生涯大大加分。所以即使因為不熟練而常受到責難。他還是對自己說「我願意，而且值得」。

進到這個忙碌的團隊中，提問和求救經常得不到回應。在不清楚的狀況裡，又必須獨當一面處理交辦事情，壓力相當大。既使如此，他仍肯定滿滿的收穫，繼續為自己加油。

直到他沮喪地坐在我面前，說：「我被嚇到了，那天情緒突然就掉下懸崖，內心浮現好可怕的畫面：站在陽臺欄杆上往下跳、把自己吊起來、衝出去……撞車。我感覺一切都很糟糕，想讓一切崩壞，胸口快要炸開。」

我：「在那個早上以前，你注意到自己有哪些狀態？」

他：「上班當然很累，但是大家都一樣，沒什麼好說的。任務困難，因為我是新手，也確實剛開始起步，這很正常。我也跟自己講，真的學到許多東西，這樣就夠了。可是這兩個月以來，早上起床，就算睡眠時間已經很長，全身還是沒有力氣。即使起床很早，也都躺在沙發上發呆，時間快來不及了才衝出門。我沒有特別在緊張什麼或怨恨什麼，就是發呆，腦袋空空的。那是不是一個警訊？我不太對勁，但我想那只是累而已，應該大家都會累吧！」

他一直嘗試對自己的內心說：「大家都會累，大家都一樣。主管很忙、很急，講話刻薄一點，這也很正常，大家都一樣。」這些觀點沒有問題，拉住自己不要鑽牛角尖，減少反彈的態度，希望自己可以堅持下去。

就他的狀況來說，努力確認信念，穩住自己的時候，情緒層面收到了什麼？聽聽看：「你不要抱怨；你不要覺得太累；你不要覺得受傷。只要繼續這樣，其他感覺都不重要。」

其實我們想要堅持下來的態度，不是帶來崩潰的主因，崩潰是因為有一股壓制的力量圍繞著情緒能量，就像堵住出水孔，裡面的水量還是不斷增加，水衝破防線時一定有巨大的衝擊。

對他來說：圍繞著情緒的是「恐懼」。「恐懼」在說：「如果覺察了負面的感覺，會不會就不想堅持了？」所以他下意識的刷淡其實已經在那裡的感受，讓注意力略過它們。於是這些未語言化的體感情緒能量，沒來得及上升到大腦皮質就被處理。它們一點一點聚集：一點累、一點疲憊、一點生氣、一點懊惱、甚至一點懷疑。累積起來就像一團餡料一樣，分不清楚裡面有什麼成分，只感覺到逐漸有種沉重，逐漸變成早上起床的肌肉酸痛無力。

如果他持續無法接受這些現象，惶恐、挫折便隨之而來「我怎麼可以沒有動力？」「應該不會呀，我還蠻有熱情的！」負面感受越龐大，他越想打壓，內在也累積更多反撲的動能，成為把他擊落谷底的崩潰感。

使命感的旗幟下，要保有接待負面感受的空間

在符合信念跟意義價值感的情境中，尤其是我們同意投入的行動裡，內心認同和喜

歡的部分容易壓抑在經驗中感到不舒服的另一些感覺，因為負面的部分會帶來心中的衝突感，負面情緒的隱身是一種保護。

然而，久而久之，留下來的感覺便成為一股無形的慢性壓力，可能是一團的疲憊，一種麻木感，或者疼痛。

所以，越是想要堅持下來，心甘情願去經歷的過程，越要仔細的覺察自己。不要靠著壓抑心裡面的脆弱，來成全這個想要投入的部分，其實當它們都可以被注意到、都被聽見的時候，他們比較能夠和平共處，相互對話，攜手共進。

有一次帶領法院的療癒工作坊，主責的保護官令我印象深刻。

他就像場中的觀世音菩薩，在座的所有個案及家屬都因他的召喚而來。也因為信任他，願意在團體裡處理自己的傷痛。我們在團體裡談家庭關係，會邀請夥伴扮演主角的家庭成員，模擬關係樣貌，好突顯其中的相處經驗。我看到好多成員都邀請保護官來演出他們的父母或者照顧者，可以想見他平常的付出，以及大家對他何等信賴。

工作坊結束，一行工作人員一起用餐，聊聊白天團體所發生的，也聊聊自己的狀況。有夥伴對保護官說他看起來很累，保護官嘆口氣說，很珍惜自己在做的事情，能夠接觸這些傷痛的家庭，有機會貢獻力量算是得償所願。也說辦理這樣的活動感到特別有意義，只是自己的身體會傳遞出其實很累、很沉重的訊息。

我們靜靜聽，大家在一種溫柔的、沉沉的氣氛中。

他：「早上，一位法院孩子的媽媽下課來找我，跟我說她非常的相信我，這一路上她遇到了很多人，但是都沒有辦法對他們敞開心房，唯獨信任我，可以對我說出一切，說完緊緊抱住我。她的擁抱讓我很感動，但是那之後，我的肩膀好沉重，一直到現在，整個沉重都還在肩膀上。」

身體收到同步發生的情緒，除了感動跟溫暖，還有很多：心疼、緊張、承擔的感受。

保護官：「我心疼她，這一路跌跌撞撞，要找到相信的人很不容易。……我擔心自己哪裡做不好，也擔心當自己退休了以後，她要怎麼辦？……，我內在有一個部分，對於別人把我看得很重要，感到想後退，我不希望自己太重要。……，浮現一個圖像，就是她的擁抱，彷彿她把一包東西掛在我的脖子上，好像託付了什麼，我沒有辦法拒絕，因為我了解她，知道她的故事，我也真心希望她幸福。」

他手上拿著叉子，停在盤子裡，凝視著盤中的蘿蔔和綠葉菜，我想像他正看著自己的擔心和疲憊，不只是看著所有他服務的案家。

關於這些我們所認同，以及選擇去行動的事情，我們是否允許內在有抗議的聲音？

它有時候主張退出、有時候覺得不值得。我們給這個部分一個怎麼樣的空間？

當它出現的時候，不用防堵它，秉持熱忱的同時，也要練習把怨懟擁入懷中。

就像大地上的陽光和風雨，有時候這些疲憊、想退後的感受，是在為執行使命的空間進行一場清理。

他覺得過去自己不太敢聽內在厭煩、想逃的聲音：

「如果我感到『厭煩』，那我就是不尊重案家，不理解他們的受苦，我怎麼配得到他們的信任。」

當我們不敢直面心中某些感覺，就會被不允許這些感受出現的「威脅」、「可怕」等第二層感受擄獲，原先的感受不僅不會消失，還會和警覺它出現的第二層情緒結合，變得混濁、沉重，疊加的感受帶來的作用力當然更大。

他心中的沉重轉移到身體上，腫痛的肩膀和提不起來的雙臂，讓他不斷浮現對退休的規劃和想像。

其實他心中「對自己的心疼」、「對案家的憂心」，是「熱忱」身邊需要常常被陪伴安頓的部分。

同一個飯桌上，主任分享他用零極限陪伴自己。早上上班之前清理自己、清理辦公桌，也經常跟他接觸到的個案和家庭們分享這個方法。主任的臉上總是保持笑容，非常淡定而且正向。淡定跟正向的後盾是可以接待所有好與不好的空間，主任說：「有清理的工具，不管心裡發生什麼都是對的，我都可以面對。」他充分允許、信任自己有接待各種感受的力量。

感受像鐘擺一樣，如果你很快樂，就會經歷快樂慢慢消退的過程；擁有非常有成就感的時候，就會有感到失落的時候；有互相依靠的踏實感，就會經歷隨著情境改變而來的牽掛與空虛。我們的意志不用著急隨著感受做決定，不用害怕感受會帶來永久的作用力。擺盪過後，初衷還會在，耕耘長成的果實也在。

如果我們沒有觀照這些浮現的感受，給它從發生到結束的空間，我們的無意識其實有許多自動化反應會啟動，例如壓制、拉扯和扭曲，慢慢地，懷抱使命感的內在空間，便堆放累積成一團一團的包袱。

因此我們需要向內看，對內在發出歡迎的訊號。一個可以容納各種情緒的空間，讓這些情緒被陪伴和釋放，志業才能被我們由衷的擁抱。

事實上，我們給予內心各種情緒多大的空間，影響了我們在這件有意義的事情上的續航力。因此，當你找到一個很好的目標，你一定要找到一個陪伴內在的方式。

第五章

《六個步伐，轉化感受》

聆聽自己不需要固定的套路，跟感受對話是我們的本能。我所整理的六個步伐僅是喚起注意力的哨音，讓你不要忘記留在身體裡，給出一份細膩有品質的關注，同時在關注中發揮創造力，導引自己重新聚焦。

六個步伐，聆聽內心

關於相處，有些人很容易跟別人開展話題，可以跟好朋友聊、也可以跟陌生人聊，但是一旦和自己相處、和內在的感受以及思緒作伴，卻感到陌生甚至混亂。和自己相處，陪自己說說話，我們的意識裡有在聽的一方和在說的一方，會有幾種情況：

- 一大群聲音亂聊，像是舉辦抱怨大會或爭論大會，念頭很多、話很多，越講越亂，彼此駁斥，聽的部分越來越煩躁，一陣子後，混亂的情緒爆發，只好打斷，草草收場。
- 注意力圍繞著某件事、某個人、某個情境，不斷聽著從那裡冒出來的念頭，重播的思緒引發無奈，感覺無從著力，或者想盡快解決這些煩擾，而變得焦慮。
- 心裡有東西，身體也有感，頭腦卻空空的，不知道要往哪裡走，不知道要怎麼跟自己打開話題，這時好想轉移注意力，例如找人打屁、喝酒、打電動⋯⋯。這麼做，有時可以蓋過去，暫時忽略那些發不出來的聲音，有時卻因為梗在哪裡，受到一點刺激，無預警地把煩躁發洩在其他人身上。

現在，我看見有許多人願意努力，願意多了解自己，因為他們知道困擾的感受跟過往的經驗有關。當過去的感覺被誘發，會跟現在遭遇的狀況混在一起，造成心裡過度反應或行動上的混亂。因此，他們願意靠近自己，陪自己化解心結，讓自己的能量能夠更在當下，更有活力的往前走。

但是給自己一份有品質的陪伴，需要練習。人們往往打開記憶之後會停格，不知道怎麼走進去，也不太敢走進去。

例如：只能知道我的情緒跟我的爸爸有關，跟他小時候對我的嚴格有關，但不知道可以跟累積在心裡的糾結面對面談一談。或者，回想起過去經驗時，情緒開始奔騰，根本沒辦法消化，沒辦法把自己帶回來，而再也不敢拜訪內在小孩。

陪伴自己，是聆聽心裡面、身體裡頭各種訊息的過程，這份聆聽帶有支持、安頓、理解自己的品質。

首先需要的是意願，你知道往內發現和探索具有正面的影響力，你願意花時間和精神在自己身上，這就是意願。

其次需要的是專注，為自己找到空間很重要，讓那段自我陪伴的有限時間裡，沒有事情能闖進來把你帶走。

再者，態度很重要，你需要成為友善、好奇和歡迎的自我觀察意識，用觀照的力量讓凝固之處開始移動；紛飛的心緒開始沉澱；混沌的部分逐漸明晰。

另外，請好玩地嘗試與內心不同的聲音交流：經由不同層面，包括念頭、身體、想像力以及情緒，去接收身心發出的訊號。交流的歷程，也是擁抱自己的歷程。

想好好的陪自己，不需要給自己很大的壓力，好像一定得處理某個議題。有空的時候坐下來，單純去注意此時此刻探出頭來跟你揮手的感受，那就是現在需要被關懷的。

我接下來所分享的覺察方式，是引導內心各種感受相互共鳴協調的六個步伐。看起來好像有一個順序，但並不是「如果不按照順序就會……。」它只是一個可以支持注意力往下運轉的路徑，值得參考地方是這幾個步伐將走入內在的態度，以及內在空間的不同層面包含了進來。

陪伴自己絕對有無限多條路徑，我分享的六個步伐的程序，有一點像是風景區入口處都會有的簡易圖示。比如它告訴你，如果向東走會先經過一個湖泊，再看到一個吊橋，然後來到一個涼亭，接著你遇到一片樹林，會回到這個步道的入口。事實上它整體是一個圓圈，你從哪一條線出發，哪一個方向都可以，重點是這些點都逛到了，會擁有這個園區的整片風景。

內在歡迎你的創意，有時候它自己會引導你的注意力。我會重申這個部分，是因為我希望不要把這個分享變成一個枷鎖。

曾經有一個來談者跟我說：他買了一個線上課程，想要知道如何掌握自己的情緒，聽完之後卻感到又生氣又挫敗。我很高興他為自己這麼做，試著請他回想還記得什麼，他想了好一會，搖搖頭說：內容都忘記了，只記得生氣跟挫敗。

他會買課程，是因為想要跟情緒好好相處；會生氣跟挫敗，是因為覺得這些步驟他做不到也做不好。

這個路徑的步伐分享只是帶出參考方向，就像要走步道之前有個地圖會比較安心，但只要你往內走，總不會有錯，走到哪裡都可以坐下來休息，享受眼前的風景。

這六個過程，支持注意力透過對外界的反應來閱讀自己的心，讓內在不同層面相聚交流，轉動並沉澱。

準備：

調整出合適的時間／空間／注意力品質

- 時間：接下來有一些時間可以去拜訪內在這主題，就像要去拜訪一個朋友。
- 空間：選擇一個可以在這段時間裡保持單獨的地點，最好方便書寫。
- 身體掃描：先為自己進行身體掃描，有助於把注意力收回到內在空間。

釐清想陪伴的部分

有時候想消化的心結很多，要面對的關係和故事很長，但是一次面對一個點，做一條連線，越是聚焦，越能跟這個點建立好的連線。

有時候生活上需要做的決定催促我們探索自己，請記得要真正認識內在的感受，得先把「要選哪一個」的聲音放在旁邊。畢竟難以決定是因為掙扎，有不同的感覺相互競爭，仔細與每一個部分達成和諧，我們會聚集更多活力來做選擇。

可以問自己：關於這個主題

「我最困擾的是什麼？」

「我好奇的是什麼？」

「我情緒上過不去的是什麼？」

記得我們要陪伴面對的是自己內心的一部分。

例如：「我最困擾的是我女友經常很冷漠」，那麼要陪伴面對的是「當女友冷漠時，我的慌張感受」。

一次面對一個小焦點，讓它獲得最完整的關注，就像每個小孩都想要跟所愛的爸爸或媽媽有精心時刻。

以下搭配一個例子，關於選擇要陪伴的焦點。

昨天小美的同事開會時對她說了一句：「這件事，你沒跟客戶澄清嗎？」她縈繞心頭，雖然知道時間已經很晚，還是打了一個電話給客戶做解釋和詢問。客戶感到很突然，接下來雙方的對話不太順利。她很懊惱，掛掉電話時，內心有很多感受和聲音「我幹嘛那麼急？」「完了，搞砸了！」「我幹嘛那麼在意同事的質疑……。」「很煩躁。」

有這麼多感受，小美當下選擇她最好奇的：「同事一提問，我怎麼就那麼著急？」

第一個步伐：邀請

「此刻，你想陪伴/探索/面對的是什麼主題？先命名它，然後跟它打招呼，讓它知道你準備好跟它在一起。」

命名

為了提醒自己正跟哪一個部分約會，最好不要停在問句，因為問號會使大腦搜尋系統啟動，給它一個稱呼，會幫助我們對焦。

「著急」，「同事問我時，我七上八下，想趕快去問清楚的著急」。

設定時間

問自己有多少時間，5分鐘、10分鐘都可以，講好時間對我來說很有幫助。雖然也許有不得已得提早結束的時候，或是需要延長，都可以彈性調整，但不要忽略一開始還是跟自己約個時間。很忙時我會定10分鐘，如果可以，20分鐘會非常足夠。

跟內心說：「我們有10分鐘的時間會面」，時間一約好，專注的空間就打開了。

安心默契

就像拜訪一個老朋友，沒有要達成什麼合約或解開什麼誤會。

跟內心說：「不論什麼體會來到，我信任這個過程。沒有一定要達成的，即使有痛苦和不舒服，也沒關係，我會去到安全之地（參考本章最後一篇）」。

第二個步伐：打開感受

「帶你自己回到發生這個（剛剛的命名）的情境裡，注意浮現的情緒，也注意身體的感覺。」

處在身體裡

呼喚這個部分，同時感覺身體內部，注意力在哪能量就在哪裡，情緒要疏通，必須通過身體讓它流動。

說出來，寫出來

大腦中有一支隨時點開各種應用程式的手指頭，注意力不知不覺就會跑遠，我們可以練習為自己內在發生做「實況報導」，可以讓意識主螢幕維持在感受上，注意力在，才能推進感受的打開和轉化。

停頓

在覺察到說出或寫出一個感受後，停一下，靜觀身體的變化，因為你的表達會讓內心打開更多，這個階段經常是你感覺到一種情緒之後，下一個情緒能量才會顯露出來被你注意到。

她一邊敘述一邊回想昨天開會的情景，專心感受同事問「你沒跟客戶澄清嗎？」心中的「著急」。

慢慢把浮現的說出來：「被抓住」、「害怕」、「懊惱」、「慌」、「覺得胃很緊想掙脫」。

第三個步伐：聆聽

「每個感受都有想表達的，分別讓它們說話，你可以用第一人稱，讓你的情緒對你說話。」

情緒形成，它的下一步是表達，這是轉變的過程。人們常常停在這裡，知道自己不好受，知道自己不好受是關於什麼事件，關於別人的哪些對待，這時候你沒發現，你其實跟某一個情緒融在一起。例如你被生氣籠罩，開始抱怨，而抱怨了，你會放鬆，但是如果可以把「生氣」很正式的當作好友一樣，聽它，了解它，它所得到的新的能量跟抱怨得到的很不一樣。聽情緒，要融入它，跟著直覺把浮現的意念表達出來。有時候像拉繩子，剛開始一絲絲，後來一整串，然後不用拉，話語從裡面湧出來。

她一一傾聽，說出來或寫下來，尤其自己陪伴自己時，最好能夠書寫。

「被抓到的感覺」說：「你看你被他抓到了，你已經被他貼了一個標籤，以後，你沒有好日子過，就連開玩笑的時候他都會諷刺你。」

「害怕」說：「你趕快去補救，也許還來得及，千萬不要讓他知道你沒有做到。」

「慌」說：「我不知道該怎麼辦。」

「懊惱」說：「你幹嘛那麼在乎他？自己亂了方寸，你為什麼不比他更謹慎小心。」

用第一人稱用他的位子說話，你更靠近這個情緒，這時仍注意著身體裡面的能量變化，也許就是一個部位的沉重轉移到另一個地方。沉重變成緊縮或者脹，不是靠著身體反應去檢核什麼，而是不要錯過這個機會，讓情緒能量可以通過。所以，說完之後不著急，慢慢的呼吸，停一個呼吸的時間，在前往下一個感受，你會感覺到身體會隨著句子而微微變化。

第四個步伐：回應

「從情緒的話語裡要練習去認出它來自什麼樣的觀點，那是以往的經驗所留下看待事情的方式，你懷著理解和接納收下，現在可以重新思考，整理現在的態度和看法回應它。」

那些感受通常有時候是埋藏的警鈴大作，正提出警告，它的參考根據是以前發生過的經驗，因果聯繫不一定切合當下，按照它說的去反映，也許內在其他部分會抗議，你現在的自我認知和期望也會抗議。所以你需要停下來與它對話，把它當做貴賓，但不是討好的對象。

我們接納感受能量，給予空間流動，理解它的反應，然而，記得整體的你，比每一個單獨的感受更大。它們給你一些想法，同時你也打開更多可能，歡迎加入新的想法。

有時候可能會想起過去的相關經驗，知道這些聲音從哪裡來，那太好了，你可以把它記錄下來。如果這個經驗裡有你還無法釋懷的感受，就作為下一輪陪伴探索的主題，作為下一輪邀請的焦點。當然，不知道也沒有關係，這些經驗濃縮成你正面對的感受，你接受了、聆聽了，過去的經驗留下來的也會在某種程度消化一些。用一個你比每個情緒都大的、穩重的成人的樣子，去整理你的想法，聽見現在你是怎麼想的？

「被抓到的感覺」說：「你看你被他抓到了，你已經被他貼了一個標籤，以後，你沒有好日子過，就連開玩笑的時候他都會諷刺你。」

她回應：「我不希望我敬佩的這個同事覺得我不好，我希望他對我的感覺很好，但是不可能，因為我們是不同的人，「被抓到」似乎太嚴重了，他不是一直要抓人家錯誤的人。應該說在他的標準裡，原來我應該多做一點，但是他沒有講在前面，我想我可以問他：『你期望了解什麼？』我考慮後，也可能會告訴他本來我的工作程序是什麼，跟他不太一樣，如果他的提醒是對的，我會跟他說，我會找時間去做。」

「害怕」說：「你趕快去補救，也許還來得及，千萬不要讓他知道你沒有做到。」

她回應：「真的可以快速補起來嗎？或許裡面有一些是需要從長計議的，不需要為了怕被發現而草率了事，這樣會很難收拾。我想有些部分我可以先做好，如果他們檢討我做得不好，我會說我當時有注意到，所以我還補了一些東西，但還有一些我需要繼續進行。我們都沒有辦法天衣無縫或讓別人滿意，但努力應該是可以被肯定的。」一前一步像很靠近地把自己融入感受中，這一步把自己帶回整個大局裡面，把思考加入，主持大局。

一定要注意，回應不是衝著某個部分，反駁或說服它。

我心裡有一個圖像，一個大人不急不徐地說話，腿上坐著兩個小朋友，兩個小朋友發表高論，大人聆聽他們，也分享自己，最後彼此都覺得愉快，小孩有時還需要撒嬌，有時說完就蹦跳離開了。

有許多人可以對自己說顧全大局的道理，但如果沒有從「準備」走到「傾聽」，情況容易是內在小孩捂著耳朵不想聽，同時他們大吼大叫，誰也說不清楚，誰也不理解對方。

第五個步伐：加入想像力

「在回應中，你發現現在對你來說重要的是什麼？希望自己不要忽略的是什麼？」或者「現在邀請你用一點想像力，看到自己和那些感受，以及和這些感受相關的主題，可能是你的同事或是工作任務。現在你跟他們之間的關係，試著用想像力將它卡通化、視覺化，在你心裡，他們之間的關係是怎麼樣的呢？也許你可以慢慢說，說著說著圖像就跑出來了。」

這是一個歸納跟整合的階段，我們未必要用言語來做整理。記得我們不是要論斷什麼或者找答案，我們走這趟旅程陪伴內在的目標，是發展一個空間，讓每個部分都不被壓抑，都能夠被看見。相信這些部分彼此交會後，內心越來越輕盈，沒有堆積太多強烈感受，越來越有新的靈感。擁有思考和做決定的自由。

用圖像來表達整體，是左腦跟右腦合作的過程，沒有對錯，沒有要遵循的原則，給自己一個邀請，不管冒出來的圖像是什麼，都收下它。它就像心靈給出的小插圖。

她說：「我覺得要提醒自己目標是……，目標是工作，而不是同事怎麼看我。」

圖像是：「內心浮現我們家的小狗，一隻手牽一隻，兩隻想往不同的方向跑，我會被拖一下，但是我穩住，他們就跟著我的方向。我在看著的是工作，我的工作就是一個很簡單的路牌。同事卻比較像路上的另外一個會引發小狗反應的東西，讓小狗很有反應，也會讓我晃動。但其實我真的在看的是工作，想如何到達那裡。」

圖像浮現之後，很重要的是沉入身體，在身體裡面去看它、感受它，慢慢的，身體跟它共鳴，這時候你已經放掉所有的思緒，剛剛到底跟哪些感受對話已經不重要了，這個圖像已經很簡單的包容了所有重要的。象徵化的過程，會讓內在凝聚起來。

你可以很清楚的感覺，從開始到現在有很不一樣的身體及情緒感受，好像從一個著急到很多感受在裡面打開，很多條路徑在此刻回到一個點，已經不是原來的點了。

第六個步伐：帶回當下

「這個圖像下面如果可以寫一句話，兩個字、三個字，你會想到什麼？就彷彿那是一張明信片一樣。」

「把字詞放在胸口呼吸一會，然後跟你的內心說『感謝它的到來，感謝這個過程中所體會的。』如果你願意，讓內心知道你將會再次回來陪伴它。」

這時，我們再從右腦走回左腦，再把圖像文字化，領悟或者感觸會生出來。有的時候它的樣子比較像是祝福，或者是給自己的期許。但也有時候它就是空白和結束。

問句也可以是這樣的：「有沒有簡單的語詞可以描述這個畫面？或者看著這個畫面，你想跟自己說的一句話是什麼？」

她第一個浮現的念頭是「保持平衡」，這個畫面如果放在我心裡，我出來的字會跟她不一樣。所以會出來什麼樣的語詞是沒有框架的。

她說：「我想對我來說，穩住很重要，不被左邊的寵物或右邊的寵物拉著跑，這讓我記得自己正在往哪裡走、想要往哪裡去，最後我們其實都會很好。」

這時候所有的畫面對話剛剛經歷過的東西全部都不見了，只剩下「平衡」這兩個字，然後文字也融化在胸口，只有呼吸，就像七彩融為一白。整個人只感覺到此刻的身體，不用回頭去細數歷程。

內心道謝道別

每一次走入內心，都有好好的開始跟結束，會增加與自己連結深談的安全感。

扎根

把專注力帶回眼前的環境，感受身體跟所在的空間接觸的質地，可能手心微微冒汗，雙腳踩著地板的感覺，張開眼睛後，停兩三個呼吸，再回到生活的思緒和日常行動裡。

扎根步調就像離開電影院，緩緩從自己的內在空間回到人聲嘈雜、要隨時警覺的生活現場。

容許「難搞」的自己，作它的靠山

有人明明很孤單，卻又不要別人靠近。

有個朋友談到他跟另一個朋友的對話。有些遺憾的說：「我們上次聊得很好，他講到最近狀況的時候，講著講著竟然就哭了，我很驚訝他願意講這麼深，我也很盡力在陪他，沒想到後來他封鎖我，從我們幾個朋友的小圈子裡消失，他明明就不好受，為什麼要搞失蹤？」

我們在諮商工作中也會遇到類似的情形，有一個心理師跟我討論一個初次晤談的狀況，非常出乎他的意料，一個來談者在晤談中很願意訴說自己的煩惱，他也很盡力地同理對方的感覺，來談者讓最負面的情緒都暴露出來，憤怒、悲傷、泣不成聲。彼此在諮商室裡約定下次再見，繼續處理那些故事裡的重重心結。可是來談者離開之後，行政進來了，問他：「剛剛發生了什麼事呢？為什麼他一出去就說：雖然在裡面有跟心理師約，可是想先取消或換心理師。」

為什麼一個人打開自己之後，想要極速後退？

一個人能夠靜下來整理自己，才能把自己說清楚，如果從未經過跟自己的對話，卻在面對他人時，想到什麼說什麼。那個暴露出來的情緒，可能還沒有準備好被看見，他自己甚至也從未看見這個部分，當還無法被自己接受的部分突然跑出來，展露在他人面前，會是很驚嚇的經驗。許多人聚會之後有可能感覺負擔更加沉重，其中一個狀態是擔心自己過度表達了某些東西，不確定表達的是否貼近自己的心意，會不會被誤解，因而感到慌張，想要逃跑。

或是，當一個人塞得太滿，內心所囤積的從未獲得整理，他會感到自己一觸即發，自然害怕任何靠近。這是一種保護機制。

有時候無法打開自己，是因為任何碰觸都會疼痛。

當一個人傷得太重，像是突然之間受到打擊：失戀了、失落了……。心有一個破洞，他不知道這個痛的邊界在哪裡，完全在痛苦裡面，以致於沒有辦法活在當下，有一個部分的自己好像掉出了生活世界，連此刻的呼吸都感覺不到，這時候思緒在另外一個時空，身心像是無法連在一起，任何別人的探詢，對他來說，都很困難給出一個可以讓對方理解的答案。

當你開始對於需不需要人陪感到很矛盾，例如你不想被打擾，可是卻也因為朋友沒有找你而失落，所以當朋友問候你，你又只想句點對方。這時，你內在有一個部分它正發出呼喊，它需要你停下來陪陪自己了。

內在有一個很亂的地方，它最需要的是透過聆聽和陪伴獲得整理，而它最想要的伴侶就是你。

她說：「我現在覺得『愛』好沉重，也覺得自己很難搞，別人對我明明就是好意的，我卻怎樣都覺得不舒服！」

「什麼時候，你感覺到愛的重量？」我問

她最近真的不大好，一個人悶著哭、不想多說話、把自己的大腿和手臂抓破皮，媽媽想關心，不得其門而入，於是吼到：「我們都那麼愛你，你為什麼不能愛你自己？」

對她而言，這句話無疑有愛，但是很沉重。

「痛苦的時候，我知道媽媽看到會難過心疼，會想要為我做點什麼，我不希望她來碰我的痛苦，因為我都還不知道需要什麼，所以拒絕她，她很受傷，她受傷了之後，我更感覺自己很不應該。」

她內在有一個部分，感到痛苦，在呼喊，需要被理解，卻不希望被家人碰觸。

她要讓那個部分在意識裡面呈現出來，用尊重它的方式靠近它。

要找到這個「難搞」的感受，讓它來到現場，我們要循著引發它的線索。

她回想：「當我媽問：你怎麼了？你為什麼要這樣？我心裡那個部分就會爆炸，甚至一想壓抑，都會感到顫抖。」

找到感受的線索之後，感受就能夠被我們邀請到現場來，一旦接觸這份感受，就放掉那個線索，

也就是「媽媽為什麼這樣說？我該怎麼回應媽媽？」不是現在要思考的事情。

於是不需要這時候追問自己：「為什麼媽媽明明是關心，我卻這樣對他？我看他們難過，我是不是應該要快樂一點？我是不是應該要跟他聊一聊？可是要我假裝開心給她看我又不甘心……。」

這會引發無限自責和憤怒，也許如何跟媽媽聊天、如何讓媽媽知道自己的狀態也是重要的主題，但是現在我們的目標是接待這個「難搞」的部分。

「不允許別人碰」的部分，代表內在安全感的需求，如果你沒辦法回應這個安全感的需要，便無法越過它去探索更深的痛處，它需要被回應、獲得尊重，確保可以按照自己的步調被理解。

首先，可以用想像力將那個部分形象化，讓我們更能夠認識它。

「你會怎麼描述內在的這個部分呢？」

「好像一個在哭的小孩，他只是聲嘶力竭的哭，可是任何人想要去摸他都會讓他更憤怒，大聲哭用力哭就是他唯一的目的，他不需要別人干擾他，他不需要知道他應該要怎麼哭。」

她停頓一下繼續說，彷彿她正看著這個孩子。

「他很敏感別人靠近之後會告訴他：你應該要怎麼做；或者規勸他。他處於一種我現在就只能這樣的狀態。」

你小時候有這樣聲嘶力竭哭過嗎？你還記得後來怎麼了，一個孩子會哭到聲嘶力竭，然後不哭了。接著自己愉快起來，就好了嗎？不是的，他需要在哭累的時候可以投入一個懷抱，他才能確定世界還在，並且他沒有搞砸任何事。

如果哭累了，看到旁邊沒有人，他會感到孤單，覺得自己被討厭，甚至覺得自己跟別人徹底不一樣了，逐漸形成對外界的害怕，以及與人互相隔閡的感受。久而久之，這種感受將結成硬塊，一個傷口持續附加傷口，擋在你跟別人之間。

因此我們要尊重這個孩子需要的距離，但不要背對他，用一種最溫和的方式，待在這個孩子旁邊，讓他感受到支持。

陪伴內在「不想被碰觸」的部分，我們需要留意：

將更多注意力的放在身體裡。

給自己更充分的靜默體會時間。

允許感受以不同的形式、非語言的形式展現。

第一個步伐：邀請

她找到邀請這份感受的線索，試著說出：「我很亂，需要發洩出來，可是我很不想要被他人過問，我不想要……。」

隨著「我不想要……」，他注意到一種混亂的感覺爬上胸口。

第二個步伐：打開感受

透過線索句子，身體裡面的能量開始流動。每個人差異很大，有可能是輕微顫抖、胸悶、四肢僵硬、想要抱住胸口等等。

接著問自己：「有哪些感受交雜在一起？」要注意，分辨不出來也沒有關係，注意力定位在正有感的身體部位，知道一團感受在那裡就可以了。

在這個步驟最需要的是多停留一會，我會這樣做引導：「一邊感覺到自己的呼吸，一邊注意這一團感受，維持現在身體的姿勢，你正在告訴這個感受：我在這裡，我正體會著你，我們不著急，就算我們不清楚為什麼會這樣，也沒有關係，只是跟它在一起。」

第三個步伐：聆聽

試試看，覺得那一團身體的感受想說什麼？

這時候有可能沒有特定的念頭和想法，可是那個身體的感覺，裡面有悶或緊或顫抖……，把它們描述出來或是畫出來，在說或塗鴉的過程裡，我們的注意力正跟這團感受進行交流。

一般來說，一個身體裡的動能有方向性，它可能朝向更緊或是朝向張開，你可以帶著一份意圖，告訴身體：「做任何你想做的，我會保護你的安全，做任何你你需要的，我會跟著你。」

這個女孩她把整個身體蜷曲起來，用力的抓住雙臂，頭埋在肚子與雙腿之間，彷彿想要叫出來，又把聲音壓住。那也沒有關係，這團感受本身就充滿了同時存在的各種張力，讓它發生，陪自己經驗。當她帶著覺察這樣做的時候，便把一份接納往內帶，無論用什麼樣的形式，這團感受都被聆聽了。

我會引導年紀比較小的孩子一起丟娃娃，或者用蠟筆大力的塗鴉，伴隨著有意識地大叫，或者大笑都好，就是讓身體的能量展現出來，讓內在的這個部分體會到被聆聽、被接受。

第四個步伐：回應

一個比較激烈的能量過去、緩下來之後，通常會有新的狀態浮現，我們要試著留意，不要錯過。有時候我們缺乏等待，忽略這個新的發生，會習慣性在腦袋裡把過去的想法和故事抓回來，又開始囤積舊的感受。

新的狀態像個小苗一樣，需要注意力的灌溉，那是可以調和內在不安的資源。問問自己：想對內心說什麼？想對那團感受說什麼？

這個女孩說：「前幾天跟朋友通電話，我講了很多自己的矛盾，最後他只有淡淡的說：就算不好也沒有關係。對我來講，那句『沒有關係』讓我瞬間掉眼淚，瞬間就鬆開了，原來我好需要這個。在我不知道該往哪個方向的時候，是要封閉？還是要開放？是要振作？還是要好好的沉溺於悲傷？我在自己的世界裡無厘頭的衝撞，我需要告訴自己：就算這樣混亂，弄不出頭緒，也沒關係。

她這麼說的時候，深深地吐氣，支持這個句子，與新的狀態有更多共鳴。

第五個步伐：加入想像力

把語言的討論轉換成抽象的表達形式，有助於大腦更聚焦細緻地回收剛剛的一小步。

如果把這個女孩所敘述的看成兩個部分，一個是她所謂混亂矛盾的部分，另外一個部分說著：沒有關係，這樣也是可以的。

可以問：「這兩個部分在你心裡，是什麼圖像？用什麼顏色或什麼質地適合描述？」

一般人會停頓，下意識地搖頭表示不曉得，這個過程很好，裡面正在工作，多等待一下，想像和直覺的運作會啟動得更多。

她說：「混亂的那個，很像一顆亂彈的皮球，別人越想要穩住它，它彈得越高，也可能會被打到，可是它就是一直彈、也會痛，它希望有人可以找到它，不要怕它。」

她說的時候，也彷彿在心裡看著這個皮球，眼神有一點溫柔，也有一點感傷，這樣觀看眼神裡，皮球目前是安然的。

她繼續描繪：「而那個聲音很像一顆樹，很中性，硬硬的直立在那裡，皮球彈到它，它也不會離開，也不會倒下，因為它是一棵樹。」

請她看著這個圖像：皮球彈著，發出聲音「砰！砰！砰！」一跳躍著，沒有固定的方向，有時候越來越弱、有時候又跳得很高，樹在那裡，好好的。

這時候同時感受身體是很重要的，這兩個部分、這兩股能量都在身體的空間裡，當注意力放進去了，會把更多放鬆帶進來，讓身體容納地更好，包容這兩個部分的自己。

第六個步伐：帶回當下

這個女孩說她還是不知道該拿自己怎麼辦，不知道自己什麼時候會好一點，好相處一點、或者好受一點。

我微笑的看著她，我知道她不需要答案，她需要聽到：什麼都不知道也沒有關係。擁有這個陪伴自己的經驗，要把這份陪伴帶回來就不會太難，當她跟心裡的皮球熟悉、更親近，能接受它，當別人任意靠近的時候，她就能從容地替皮球表態。

如果你感覺內在在哭喊，可是誰碰你，你都像被電到，想倒退一格，你所需要的不是急著弄清楚應該逃跑，還是躲避或者反擊。那個在哭喊的部分，需要你的目光，請用最大最寬鬆的擁抱來對待自己。

進入心願，調節互相違和的心念

許多時候，我們正追求的心願裡，夾雜太多拉扯的力道，每一分力道都是心念，我們得好好的跟自己談一談，才能弄清楚願望可以被各個心念接受的樣子，心願才能沉澱為行動的種子。

遇到瓶頸時，我們會編織新的憧憬，可是卻不一定給自己足夠時間靜下來體會：關於這個憧憬，內心有哪些反應？這些反應也許是相互爭吵的聲音。傾聽它，才能陪自己慢慢準備和調整方向。改變的歷程一定有美好，也有代價，把「願望」莽撞地放進內心，會形成停滯，甚至變成關係中不能碰觸的敏感點，其中原因在於，我們並未先跟自己講和過。

他的困擾是妻子常提到要讓生活好一點，爸爸希望他有企圖心，他也期許自己升官、加薪，但是工作發展一直沒有好的機會，於是感到力不從心，提不起勁，越來越不快樂。

他：「我太太去朋友家參觀新居，回來之後，我們大吵一架，聽她講那些就很煩，說什麼有房子可以裝潢真好，什麼時候才可以搬出去，有自己的房子可以弄。她覺得我在工作上沒有企圖心沒有目標，我也很想要升遷很想要加薪啊，誰不想？這又不是我能決定的。」

他：「我該怎麼辦？」

我：「這是先關於你想要什麼？接下來才是如何與太太溝通。所以你必須先清楚自己，如果你知道自己想要什麼，正在努力的是什麼，以及不想改變的部分，才有辦法好好地跟太太談，她才會明白哪些是她的期待，不能放在你的身上，而哪個部分是你們共同的方向。在有共識的方向上，也許你已經在路上了，需要她的支持，而不是質疑。當然，最需要的是你對自己的支持。

所以首先什麼是你想要的呢？關於你提到太太說的別人的房子，以及企圖心和收入。」

他從要應對妻子，又不知道從何找解方的焦慮中出來，終於好好地問：對自己而言，重要的是什麼。

他：「房子我還好，雖然我也有夢想，但其實我們家空間很大，交通便利，也沒有跟老人家住，只是裝潢的部分要聽我爸爸的。我爸很省，非常不願意讓我們裝潢，現在房子還是他的，所以……，但是會有那麼一天我們可以作主，所以我其實不介意繼續住在這裡。」

我：「工作呢？你的心意是什麼？」

他：「工作的話，我爸也這樣說，覺得我給自己的壓力很少，已經四十幾歲了，再不升遷，以後就沒有機會了，這是有道理的。我就是一個小的主管，薪水平平，往上升，當然發展性跟保障會比較好。」

太太對房子的嚮往，爸爸對他生涯發展的期許，在他心中集合成「升遷」的憧憬。要進一步看看內心如何感受「升遷」的狀態。

我：「那我們認真地來想，如果你升職，是什麼樣的情形呢？也許很具體的想像你會在公司裡什麼樣的辦公室，有一個怎樣的辦公桌，桌上堆放的文件，誰歸你管，然後你要跟誰報告……？」

要描述這些，他立刻卡關，因為他以前從來都沒有想過。在被提問推動之下，他試著拿公司裡面的主管作為升遷後的藍本，想像自己就在他的辦公室裡。本來他使用的句子是：「他在另一個辦公室，裡面也是好幾個人，只是位子比較鬆……。」我鼓勵他用

「我」來取代。

他試著再描述一遍，越來越不自在，突然說：「其實我觀察他也沒有很快樂耶！每天都要面對老闆開會，我們上面更大的主管不好相處，不像我在外面，可以跟年輕人一起開玩笑、一起訂外賣，大家感情很好。」

哈哈，抓到了，雖然他覺得應該要有企圖心，應該要往上爬，可是心裡有些部分不樂意，相反地，很享受現在的同事關係以及辦公室的氣氛。

所以關於「想要什麼」，他的內心有兩個部分：一個是被父親和太太認同，一個是擁有平和的、開心的上班空間。

這兩個部分如果沒辦法並存，並且達到調和，如果他打從心底認為它們相互衝突，那麼兩個心念就會衝突下去，輪番出現，輪番打壓對方。譬如說，當他看到上面的主管背負壓力、被同事講閒話，甚至被老闆責備。他心裡傾向平和的部分會說：「還好，留在現在的位子很好，珍惜擁有的就好。」一旦妻子提到所想要的生活，父親唸他怎麼那麼沒有企圖心，那個渴望被認同的部分會變得很劇烈，馬上否定自己想維持現狀的想法。

衝突的內心容易慌亂，根本無法對家人的質疑做回應。對方如果持續挑戰，他很可能瞬間暴怒，讓關係斷線。

因此，他需要好好的陪伴這兩個部分，好讓這兩個心念獲得交流的空間，被自己真正聆聽，在意識層面前往平衡調和的方向。

他讓注意力首先來到「想要平和工作空間」這個願望的旁邊。

第一個心願：想要平和工作空間

第一個步伐：邀請

我：「關於很平和的工作氣氛，你可以描述一個情境，一個辦公室的互動，或者一個畫面嗎？」

他：「我坐在辦公桌，每天早上列出大概要完成的事情，然後收一下信，確認有哪些比較急的事，把它列出來，然後……聽到附近的同事一邊看螢幕、吃早餐、一邊聊昨天晚上的一些話題，或是最近的大新聞，就這樣。」

我把這個情境，用我的聲音播放給他聽，讓他專心在心中的場景，注意力和感官都投入在情景中。

第二個步伐：打開感受

他描述心中的感受：「很平安，他們聊天的聲音讓我覺得愉快，喜歡大家閒聊的感覺。」

他需要更慢一點，讓自己多體驗一會，做了一個深呼吸，繼續描述浮現的感受。

他：「平衡的，嗯……怎麼會有這個詞呢？不知道，就是我沒有太重要，但是也很重要。我們幾個人的工作流程、默契都建立得很好，其實我很怕這個組織會改變……。」

「喔，原來還有一點害怕。」

第三個步伐：聆聽

他把心頭上的這些感覺，一個一個再拿回來，咀嚼看看，這每一種感受跟哪些念頭想法連在一起。

「平安愉快」：「這比較像是我享受的一種氣氛，浸泡在溫水裡，水溫剛剛好，高度剛剛好。」

「平衡」：「我想到公園中的那個老人的運動器材，雙腳站在可以搖動的踏板上，前後搖，節奏感可以調。嗯，韻律感很重要，不但穩定又有用到一點力氣，不是停擺的，也不是危險和競爭。」

「害怕」：「只要聽到辦公室有人要走或者組織可能有一點變動，我就會心慌一陣子，其實很想要守住這些狀態，心裡隱約也知道不可能一直這樣，就算我不動，別人也會動。」

第四個步伐：回應

他喜歡喝茶，曾經分享跟老朋友喝茶，手握著溫熱的茶杯，看著冒出來的煙，也不急著要聊什麼討論什麼，想到什麼說什麼，那種感覺蠻好的。所以我用了這個意象。

我：「彷彿你跟每一種感受都坐下來喝杯茶，跟那個聲音討論一下，想到什麼說什麼，沒有要前往哪一個結論，或做出什麼決定。」

「平安」、「愉快」、「平衡」他視為一組，想跟這部分的自己說：「蠻好的，我不會想跟別人爭，大家都有自己在做的事情、在享受的事情，這是我最開心的。其實我爸爸媽媽也很喜歡我這種個性，每次出去聚餐都要找我，因為有我在，其他人比較吵不起來，他們都不知道他們在享受我這種特質，反而要求我改變。」

「害怕」：「確實合作關係中確定的韻律，都是經過一些摩擦才會達到，可能我現在工作的狀態維持了很久，我已經沒有信心可以像當初一樣，慢慢地磨到這個狀態，因為忘了那個過程。可是一旦害怕改變，就會對一些變動很敏感很有情緒，我想要提醒自己。如果有改變，去找到跟著一起改的節奏感，應該還是可以回復平衡。」

第五個步伐：加入想像力

我提示他：「透過對自己的回應，你發現現在對你來說重要的是什麼？你希望自己不要忽略的是什麼？」

他認為很重要的是「他喜歡大家都平安」，以及雖然他不主動改變，可是可以有「面對改變的信心」。

邀請他：「將這兩個部分加起來，用你的想像力摸索看看，有沒有什麼畫面或者圖像或者一首歌，可以約略的表達它們加起來的狀態。」

他說自己沒有什麼想像力，硬要形容的話，就像一個人在旋轉，維持一定節奏的旋轉。從遠處來看也許就像一個固定的點，其實一直在動，有固定的韻律，讓任何事物靠近他的時候，也會尊重他的節奏，互相卡一下，但是繼續轉，就會找到雙方新的的速度。

第六個步伐：帶回當下

「如果在這個畫面下面寫一句話，你會想到什麼呢？」

他很快地冒出來：「自帶氣場」

「我看起來好像沒什麼個性，其實也有自己在堅持的，只是在別人的眼中不成一種樣子，或是一種強烈的風格。」

我描述那個畫面以及他最後帶回到當下的文字，他給自己一些時間，讓身體的細胞也跟這個畫面和文字產生共鳴。

又找了一個機會，我們繼續陪伴第二個心願。

第二個心願：想被家人認同

第一個步伐：邀請

有時候我們可能無法清楚認出心裡真正需要陪伴的部分。一開始，他說：「我內心渴望父親和太太的認同，我不想接收到他們對我失望的感覺。」

我：「什麼時候，想被他們認同的感覺會冒出來？回想一個情境。」

他想到的是他們表達對現在的生活失望時，還有他們說：「你為什麼不能……。」

我們一步一步推進。

我：「再聽一次，當太太跟你說：你為什麼不能……，當爸爸跟你說：你為什麼不去……，現在心裡注意到什麼？」

他：「很複雜，第一個感覺是：我不忍心他們失望，希望我可以振作起來，把他們拉起來。」

後來他更清晰的知道，當妻子和父親表達期待的時候，他內心有一份對他們「失望」的心疼。

第二個步伐：打開感受

我：「再一次想到他們對你說：你為什麼不能……。心裡浮現那些情緒呢？」

他：「生氣，一股氣在胸口裡面，覺得好煩，每次都會牽拖到這個。」

「無奈。」他雙手反向握住身體用力的拱起來，雙腳也交叉，在無奈地裡面有很多釋放不出來的力量。

「難過，我知道他們不是故意的，他們也很無能為力。」

他一邊說，情緒出現，身體也有一些狀態，這是好的，這時候他正透過身體，跟自己平常得趕快跳過去或不小心壓抑的情緒在一起。需要保持呼吸，好讓胸口打開包容感受的空間，讓情緒慢慢地流動，對這個好好先生來說，是很不習慣的，同時也是很珍貴的。

第三個步伐：聆聽

每一個情緒仔細進去聽，可以聽到裡面的一些想法、念頭，也許會帶出其他更細微的感受。

關於「生氣、煩躁」，他心裡的想法是：「我沒有覺得日子不好，是你們覺得日子不好，為什麼要來要求我。」

「無奈」：「其實太太的辛苦我看在眼裡，她是一個很認真的人，帶小孩也很認真、很賣力，她那麼認真，就會有希望，想要有所回報。老實說，我平常對孩子的照顧的確不多，因為孩子也不願意找我。我也覺得她有期待是當然的，她的個性就是比較積極，可是她自己也沒有那麼多體力和精神可以額外再賺什麼錢，所以與其說她在氣我，可能是在氣為什麼突破不了現在的生活。我不知道怎麼符合她的標準，……反正我不怪她，只是很無奈。」

「難過」：「我爸爸也是蠻辛苦的，他中年後過得有一點失志，為了創一點事業，所以提早退休，跟朋友一起做。後來沒成功，賠掉了一些退休金，這是他心裡的遺憾。他有點想說是因為太晚起步，跌倒了沒有本錢再站起來……，所以他一直希望我要提早衝刺，我很知道他的辛苦、他的好意，也不會反駁他。可是，他只認為我沒出息，有在聽做不到，也不知道該怎麼跟他說。」

心念像流水一樣，能夠瀉出來是很好的，流出來的念頭又會帶著另一層感覺，這些感覺又彼此相通……，好好讓自己說下去，內在的空間才能獲得一些清理。

第四個步伐：回應

我：「現在請你想像在一個客廳裡，每一個感覺和聲音都已經坐下來，你慢慢看著他們，把這些聲音拿來體會一番之後再想想，也許現在心裡已經有些不同的想法，我們再往前走一段路。」

回應「生氣」：為什麼又來要求我？

他：「這是他們情緒反應的習慣，他們依賴我，習慣發洩在我身上，心裡面也不是真的威脅我，可能是沒有思考過。我倒是希望他們停下來想一想，到底期待什麼，嗯，我想到我可以不攻擊的反彈……。」

回應「無奈」：

當他試著站在「無奈」對面時，他發現生氣和無奈都與妻子有關，他一直希望妻子能夠明白：如果一直不接受現況，給自己和別人壓力，並沒有幫助，反而把彼此的關係和氣氛破壞了。接著，他又發現自己也過度用力了，過度希望太太明白和放下期待。

於是他想對自己說：「生活裡有很多小的幸福的機會，是可以去把握的，我卻一直用無奈的感覺去說服太太放棄期待。」

關於「難過」，他覺察到曾經也期望自己可以安慰爸爸，用自己的表現讓爸爸覺得有成就感，因此當爸爸表達失望的時候，他的確很難過，同時替爸爸感到人生似乎很難盼望什麼。

他回應自己的「難過」：「人可以有的期許無限多，雖然我沒有出人頭地、光鮮亮麗，但是我很顧家、留在他的身邊陪伴他，想想以後我的兒子如果能夠這樣對待我，我會很高興，所以，我也接受自己，用我的方式做一個不算壞的小孩。」

我們常常因著別人的情緒表達，而想要認真的安慰對方以及說服對方，反而使自己掉入無奈和憤怒的循環之中，因為我們太用力想安慰對方的感受，這份用力變成較量和爭論，讓彼此的情緒和氣氛越來越沉重。他意識到自己經常掉入對父親和妻子的情緒漩渦之中，當情緒一出來，彼此彈開之後，就無法再多說什麼，越來越遠。

他理解了自己，也透過自己的感覺多體會到妻子和父親，他們彼此的初衷如此不同。

這些準備很重要，讓他有能力更沉穩地表達自己，以及表達對他們的關懷。

第五個步伐：加入想像力

我：「回顧剛剛說的，對現在的你而言，什麼是重要的？」

他：「我覺得蠻重要的是，我想讓太太知道她的認真我很欣賞，我沒有否定她的願望，我希望用現有的條件一起改善環境，接受目前能做的。

我爸爸很多時候都用指責別人在表現自己的見解，我想要主動讓他知道，有些他希望我學到的，我其實已經用在生活中，也有在思考，我沒有否定他人生經驗的價值。」

妻子的期望、爸爸的人生分享、自己想要跟妻子分享的觀點，還有給爸爸的回饋，這些他表達的部分在我心中慢慢攪拌，我好像已經可以品嚐到敦厚的滋味。

我：「能夠用一個圖像表達嗎？」

他：「那個圖像喔……我太太指著天上的星星說那個好美，我們都沒有，我撿起旁邊一個小玻璃球，把玩一下，找到可以讓光線折射的角度，反射出一道光線跟她說，我們現在摘不到星星，但還是可以做點什麼，可以的。」

另一個圖像是：

「我爸爸以前給過我一個手錶，我很不喜歡戴，因為皮膚過敏，手腕會癢，覺得不方便，他很在意，想要給我時間的觀念，而且那個錶上面又可以計時，是很酷的，他覺得很多男生會喜歡，為什麼我就不喜歡不想戴。後來我媽把那個錶帶縫在我書包上，我想我那個書包上的錶就是這個象徵，我想告訴我爸爸，其實他給我的東西，我沒有漏掉，我只是需要用我自己的方式戴在身上。」

第六個步伐：帶回當下

當我們的心跟頭腦能慢慢的經歷這些溝通，不僅跟自己的感受對話，還跟自己心中的他人對話，這些相互違和的部分便逐漸互相親近整合。

最後要把歷程的收穫再濃縮一下，一方面在心裡面留下一個簡單的標記，有機會可以咀嚼；一方面我們需要完整的把注意力帶回來眼前。

我請他閉上眼睛，將他自己剛剛說的畫面再回味一遍。

第一幕：太太指著天上的星星，而他拿起地上的玻璃球，太太一臉疑惑，他用自己的方式折射出一道光線，不論太太是否滿意，但是他感覺到自己樂在其中。他覺得很好玩、身體很放鬆，也可以連結回在辦公室裡那種沒有目標地和同事說說話，找到合拍笑點的情況。

第二幕：手腕上的手錶拿下來了，變成了書包上一個很時髦的小物，也跟爸爸分享坐在附近同學們都會看著他書包上的時間。他感覺自己真的想做的是一個不讓爸爸傷心，但又不太聽話的小孩。

品嚐這些畫面，他說：「很放鬆」，畫面包含他所在意的價值，以及標註他喜歡的品質「放鬆」。

讓我們經常需要考慮和糾結的自我期待，也許不用那麼快跳到「我該不該這麼做？」而是把心撥開來，看看這份期待裡面有哪些互相衝突的成分，每個部分都有它的感受和故事，當他們能夠彼此調和，我們才能帶著完整的自己，朝向真正能被內心所接受的願望。

陪伴菸燙的傷，她遇見了媽媽

這個女孩在媽媽過世之後跟舅舅家一起生活，同時打工幫自己賺零用錢。她和班上同學比較疏離，喜歡透過網路交朋友，發生過幾次和網友的糾紛，老師知道她很寂寞卻不敢真正與人親近，一直長期給予陪伴。

我們每兩週的會面，不知不覺也將近一年。那一次，正在諮商室等她，輔導老師轉身進來焦急又擔心的提醒我，她注意到孩子手上有一個新的傷口。

「她說是在餐廳打工時不小心燙到的，但是那個傷口很小很深，像是被菸燙的，我們擔心她傷害自己。」

這個大孩子，不管看到誰總是先堆滿笑容，這是她很討人喜歡的地方。她說先讓自己笑出來，就算是在緊張膠著的情境下，也能夠爭取到一點點喘息的空隙。也許，不會讓自己看起來需要安慰，也不至於惹惱別人，對於可能發火的大人，也有降溫的功能。

我們的談話不管碰觸什麼主題，她都有意無意地帶著笑，我知道她的笑容經常是一道簾幕，讓真實的痛苦與脆弱不那麼容易被看出來。

媽媽自殺之後，她待過安置機構，經過社工的溝通，輾轉才到舅舅家。很早就有要依靠自己的獨立意識，凡事報喜不報憂。因為明白舅媽的照顧絕不是理所當然，因此被關心和提醒時，總感覺自己給別人帶來麻煩。既不想造成別人的負擔，也不願意被干涉。她從不相信把自己表達出來，可以轉圜什麼。

關於青春期的那些小冒險，想去夜遊、交男友、嘗試打扮……能夠瞞住的、包起來的，她找空隙找角落讓自己去做，拒絕被關懷和干涉。

所以，要跟她談傷口並不容易。

我們得讓內心感到安全，感到獲得足夠的支持。

我記得第一次結緣，正因為她跟網友見面，在密閉空間裡遭到襲擊。後來，她總喜歡讓門窗半開著，因此我想諮商室對她的內心來說，未必是最溫暖、自在的地方。

我問她：「今天一起散步好嗎？你要畢業了，我們去逛逛，讓我知道校園中哪裡有你的回憶。」

一邊走，一邊聽她說：「這是圖書館，上一次段考之前有交換學生喔，我有認領到一個同學，要特別照顧他，還蠻好玩的，雖然我英文很破，但是那個人也願意學中文，我們很破爛的溝通，反正最後就用手語，直接拉她去做去看。」

「這個水池，很好笑……，上次有同學生日，老師竟然答應我們設計一個遊戲，利用上課的時候，假借課程的名義，我們班在這裡幫他唱生日快樂，最後變成把人扔進水池。」

調整出好的時間／空間／注意力品質

說著走了一圈，選一棵樹葉低垂枝幹堅實的老樹，坐下來喝口水，看著陽光灑在前方地上，我感受到風，感受到放鬆。

我跟她說：「這個風，還有你的小故事，讓我覺得很溫暖，輕飄飄。很多事情在當下可能有些緊張，有很多不舒適的感覺，但是回過頭去，慢慢咀嚼，會有不同於當時的滋味。」

坐在樹下，談到未來的打算，她正在餐廳打工，因為服務態度好，願意做事，老闆曾經邀請她留下來做正職，舅舅舅媽則是鼓勵她可以運用自己目前存下來的錢，再加上舅舅的補貼去打工換宿或是做交換學生。她說不敢想這個主意，因為害怕去到陌生的地方，沒有熟悉的人。

我還記得她曾經提過好幾次，雖然舅舅舅媽對她很好，但畢竟那是他們的家，還是覺得自己打擾了別人。我以為她會希望可以離開，早點擁有自己的空間。

沒有歸屬感又害怕遠離，這是許多人心中經常會有的矛盾，許多感情疏離的家庭，孩子們到了三十幾歲仍然留在家裡，一面抱怨家中不夠溫暖，卻同時寸步不離，不敢展翅飛翔。因為他們很害怕離開僅有的基地，就算覺得不周全、不滿意，但卻是僅有的，再也不想失去更多。

「獨立」對他們而言，像重回過去無依無靠、充滿惶恐的日子。當孩子站在前往下一個階段的關口，往往需要先消化來自過去的恐懼。

第一個步伐：邀請

她一邊撥弄被風攪動的髮絲，一邊停停說說未來的擔心，向著陽光的眼睛彎彎的，臉頰上的笑容卻難得休息了。

我盯著她手上的傷口，輕握著她的手臂，問：「這手怎麼了？」

她：「燙傷了，還好啦！已經不痛了。」

還不確定這個傷口是否準備好打開。

我：「這個傷口，痛之外也許還有別的感受……。」我輕拍著她的手，她木木的看著傷口。

我：「它看起來是燙傷，但可能不只是，有些心情住在裡面，它也很難得可以在這裡遇見我們，我們看看它，聽它說說話，離下課還有超過25分鐘的時間。好不好，跟它小聊一下？」**（設定時間）**

我：「它願意讓你感受到多少，你願意跟我說多少，都可以，好嗎？」**（安心默契）**

第二個步伐：打開感受

我：「現在呀，我們、還有風、陽光，都在一起，就讓傷口帶著你，不論浮現什麼……。」

她：「這種疤痕，媽媽手上很多。」

我：「想到媽媽了，想到什麼……，慢慢來……。」

我鼓勵她不用擔心我是否聽懂，腦中心中出來什麼就說什麼，慢一點，這樣就不會錯過一邊訴說的時候帶出來的感覺，我們會接住它，陪伴它。

她：「我媽媽很少開心的跟我說話，我常常聽到她打電話給阿姨，邊哭邊說，有時候她也覺得別人不喜歡聽她講這些，就躲起來喝酒，喝了酒就傷害自己，我常常看到她這樣（手指著傷口）。」

我：「你心裡的媽媽，看著生活中痛苦的地方，你也看著媽媽的痛苦。」

她拿了一片樹葉蓋在傷口上。

「我覺得我媽媽在麻痺自己，她不會刻意在我面前做這些事，可是我看過，後來她躲到房間去的時候我就知道她在傷害自己，我很注意她身上有沒有新的傷口。」

過去，在遠處看著媽媽的小女孩願意讓我們看到她了。

那個小女孩在當時，將媽媽的痛苦、媽媽面對痛苦的方式都看在眼裡，那個充滿媽媽哭聲的客廳，以及關上門的房裡頭媽媽的動靜，都重疊在她手上的傷。

當然還有很多自己的寂寞、害怕和困惑。

她吐了好大一口氣，流著眼淚默默捏碎枯葉。

我沒說什麼，只把掌心放在她的手臂上輕輕揉著，讓她一部分注意力留在這，跟我的聲音跟這棵大樹在一起。我需要跟觀照內心的較大意識連結，好讓內在的小女孩知道我們正穩穩的守著她、歡迎她。

我：「有個小女孩一直在那個客廳裡，她看哪裡呢？她感覺到什麼你知道嗎？」

她：「她看著媽媽……你為什麼要這樣？為什麼要做這些事情？讓自己更痛苦？明明知道，沒有人會同情你，大家反而會罵你。可是你。都不會想要照顧自己。」

我：「是的。為什麼要這樣？明明知道，大家反而會罵你。體會一下，這個小女孩的心情是什麼？這些都在妳的胸口中。」

這是一直迴盪在小女孩內心的吶喊。她現在意識到，願意說出來，不急著甩掉或用笑容打包，也就跟這些濃重感受靠近了。

第三個步伐：聽感受說話

我：「如果這個小女孩打電話給你，就像你媽媽打電話給阿姨一樣，你接到小女孩的電話了，你猜她會怎麼告訴你她的感受？」

她：「蠻生氣的。很氣很氣媽媽，也很氣她身邊那些男人。」

「還有很著急，看到媽媽在做不會讓自己更開心或快樂的事，……可是我不能阻止她。」

我：「生氣和著急啊，這個小女孩，如果她不攔著自己，她的生氣和著急會做些什麼？」

一個孩子的感受通常不是用說的，而是用他們的肢體、聲音或動作更直接地呈現出來。

她：「大叫、大哭吧，我當時不敢……。」

我請她去感覺這些情緒正如何帶動身體肌肉，用現在能用的方式，讓它展現更多。

她用力折斷樹枝，用石頭小動作地用力敲打樹幹。

我一邊跟這個小女說：「我知道你的生氣。」

她：「小女孩蹲下來，覺得很難過。其實有時候別人看到媽媽的傷口，會講很難聽的話，我媽媽都沒有反駁，我也講過很難聽的話……自己說的話不會忘記。」

她不斷地流淚，正在跟那深深的心疼與自責在一起。

我：「邀請一個圖像，讓我知道對你而言，那難過像什麼？」

她形容那就像一個尖銳的東西，她握住了，想把它扎盡心口裡。

我：「你知道嗎？你正在做很不容易的事情，願意支持心中的小女孩，讓她相信你，讓她相信你願意聽、可以了解，也能夠穩住，所以小女孩的感覺才會一點一點來到我們面前。」

我：「這些感覺湧出來，你會在身體裡感覺到，我們可能搞不清楚這麼多感覺究竟是怎麼一回事，要怎麼處理？但是沒有關係，只要慢慢地呼吸，不排斥這些，我們的身體和心靈會好好的繼續消化。」我試著支持她的注意力處在身體裡。

她肩膀往下沉，抱住胸口很輕很輕的呼吸，似乎有點害怕去碰撞到裡面的某個沉重的東西。

我：「注意到你胸口的中間。許多情緒在那，可以讓我知道，這個空間如何呢？像是什麼樣的氛圍？」

她習慣了我常常邀請她關心自己的感受、身體的狀態，我們做過很多這樣的練習，她知道該怎麼樣關注身體的表達。

她一邊扭著手、晃動肩膀，一邊說著感覺很緊，好像有東西要往外擴張的感覺。

我：「陪伴一下這個感覺，跟它一起呼吸，像好朋友一般坐在它旁邊。你的呼吸就像放在好朋友肩膀上的手。你越不著急，這些感受越自由，像雲會隨著風改變形狀，感受也會隨著你的呼吸不斷變化，你只要慢慢觀察這個過程。」

過了一會，她站起來拉拉四肢、伸伸背部。

第四個步伐：回應

情緒清掉一些，情感才有出來的空間。

她；「其實我覺得媽媽是很厲害的人，都開發財車去批水果，天還沒亮就開始載貨，後來不知道為什麼把車賣了，去檳榔攤工作。」

她把頭埋到膝蓋裡。

我：「不管什麼感覺出來，都不用攔著，我們一起聽它想說的。」

她：「我很不喜歡她這樣，為什麼要穿這樣？我不喜歡，不像她，我不喜歡別人看她的眼神。」

我：「那時你多大？看到媽媽在檳榔攤的時候⋯⋯。」

她：「小三吧。」

我：「當時她是你唯一的依靠，是你仰望的媽媽。現在你重新看做為你媽媽的這個人，這個女人⋯⋯也許會有不同的想法。」（邀請比小女孩更大的她說話）

她點點頭，看雙腳撥動地上的石頭。

在一個孩子的眼中，總是渴望照顧他的人是某種固定的樣子，就像我的小孩也不習慣我沒綁頭髮或穿公主洋裝。然而，對父母的批評，通常讓孩子自己也很難受。在這個點上，她意識到內心的糾結，便不需要再跟自己過不去，因為小女孩長大了，也打工了，了解工作上的甘苦，她能用一個成人的觀點，來看另一個在掙扎中求生存的人，拓展的觀點可以容納和消化一直被壓抑的困惑和抱怨。

我碰著她手上的傷，邀請她：「這個傷口跟媽媽手上的一樣，也許你一直在惦記她，聽聽看你的心是如何惦記她的？」

她：「我很想念媽媽，真的很想，有時候她是太痛苦了，不知道怎麼說，才會傷害自己。……我終於知道那是什麼感覺。」

我：「沒有經歷過的人，很難理解……。」

她：「這是自己燙的，那一陣子想到我媽，她身上有很多這種傷口，我就很想試試看。一直想，打工時，廚房有空檔，就想做，想了好幾次，……我燙的時候還咬住自己，一直到菸熄掉，……不像我同學燙一下就丟開了。」

我：「你想體驗她的感受，想透過自己的經驗去知道關在房間的媽媽經歷了什麼？」

她點點頭。

我：「別人不了解媽媽的生活，他們對她有各種想法，而你要擁有自己的看法，用你的方式去想念她、去愛她，讓她知道你記得她。如果是我的話，我會很高興我的孩子記得我，甚至想了解我，只是……，很希望我的孩子不要這麼痛。」

她笑了：「上禮拜，我阿姨有注意到，她一看到就拉住我，跟我說以後不要這樣，她說：你媽媽這樣，她也很後悔。我很感動。」

第五個步伐：象徵化

我們再度一起看著這個傷口。

我：「現在，你看它，它像什麼？」

她：「它很倔，拗在那裡，它說反正你們不懂，也不需要跟你們說。」

我：「Hi，倔小孩！」我對它揮手，像逗一個孩子。

她：「它有點生氣，說干你屁事。」

我：「再多說一點。」

她：「我心裡有一個部分，不是很乖，是很邪惡、很怪，別人看不到，衝動做了些事人家才知道。」

我：「你很清楚那是你的的一部分，你會慢慢認識它的，它也會長大，找到方式表達自己。」

她：「現在它像我的朋友，抱著胸，很屁地看我。」

我：「歡迎啊！好朋友！」

我試著支持她將經歷的心情象徵化，可以讓感受、想念和想法，聚集起來。隨手拿了樹葉、石頭、還有她手上的水瓶……。分別代表她心中的小女孩、倔朋友、媽媽、還有別人的眼光。我引導她一一跟每個部分用她想要的方式打個招呼。她輕摸小女孩的頭、跟倔朋友揮手，想拍拍媽媽。

她告訴「別人的眼光」：「謝謝你們擔心，我懂自己就好了。」

接著我請她看著心中的媽媽：「如果媽媽接受我們的邀請，在這二十幾分鐘裡陪著我們，知道你所感覺的，聽到你所說的，她的表情會如何？」

她：「媽媽沒說什麼，我覺得她會很驚訝，她從來沒有看過，人可以這樣跟自己說話。」

這是承認傷痛、尊重感受、放下定見，在心裡與自己和媽媽達到和平的儀式。

第六個步伐：回到當下

我：「以後看到香菸，看到這個傷口，覺得你會想起什麼呢？」

她：「會想起媽媽，想起我愛她，雖然還恨一些事，但是……我想要她覺得我……還不錯。」

我在空氣裡比劃一個框：「這裡有一張照片，有你的手跟媽媽的手，你們經歷過的傷口，當然可以加上你喜歡的美肌和特效，還可以畫點小插圖，然後照片的下面，或者旁邊……有一行字，你覺得……？」

她：「媽媽，你好嗎？我還不錯。」

快下課了，有些外堂課提早結束的班級路過，周圍聲音多了起來。

我：「我們一起用力吐個氣吧！用力跳一跳。」

我們拍拍身體，搥搥樹幹，喝個水，一起走回教室。

這個菸燙的傷口是她童年心痛的印記，濃縮著她對媽媽愛、困惑、生氣，想理解的情感，我支持她所觸及的只是其中需要被傾聽和轉化的一部分，當然還有很多其他的面向期待被她碰觸和整合。但走出這一步，已經很不容易，她需要把這份跟自己合作的經驗放進心裡，這會為療癒之路帶來信心和養分。

練習把自己帶回家

把「媽媽」存放在一個地方：過渡性客體

兒童精神分析師溫尼考特（Winnicott）提出「過渡性客體」的概念，說的是孩子會找到一樣東西或一個儀式來存放心中的媽媽：他研究孩子發展獨立的歷程中，會透過象徵的方式建立「取得安全感」的來源，逐步適應與父母分離的過程。

嬰兒在母親的子宮裡，得到無條件地保護與養分供給，他們帶著與母親交融的感覺出生，跟母親彷彿是一體的。在與母親逐漸分開，發現與母親是不同個體的過程裡，會承受痛苦及不安，他們需要憶起與母親相連的感覺來得到與世界互動的安全感。

過程中，孩子發展對某些物件的依賴，彷彿這些物件可以取代父母的陪伴，常見的是小被子、絨毛娃娃、奶嘴。這些物件在孩子心中形成空間，涵容他們與照顧者分離的焦慮。

我領教過幼兒和過渡性客體連結的威力。老大小時候隨身跟著他的是一條小方巾和一台湯馬士火車，不管去哪裡，我們都得帶著這兩樣東西。如果他要的時候找不著，他整個人會陷入恐慌，歇斯底里地大爆發。

有一年除夕，我們開車南下，路上有些塞，還得趕祭祖的時間，車子都已經上高速公路了，卻發現忘了帶他的小方巾和小火車，我跟先生對望一眼，毫無猶豫，在下一個交流道就折返回家拿東西。因為我們完全知道如果沒有這兩樣東西，接下來的所有行程都是硬仗。

當孩子哭泣，緊緊握著心愛的方巾和火車，我們留在他心底的親密感會被喚醒，使他的痛苦得到安慰。當他足夠多地體驗到藉由小方巾和小火車可以擁有與父母連結的感受，這使他發展更多獨立行動的安全感，例如願意嘗試跨一步去到更遠的地方，接受家中不同長輩的照顧，再跨一步，跟其他大人出去玩……。

你觀察過嗎？第一次去到公園遊樂區的幼兒，他們可能眼睛發亮、感到興奮，但卻裹足不前，得拉著照顧他們的大人一起行動。即使一陣子之後，他們可以自己上溜滑梯、搖搖馬，依然總是叫：「媽媽，你看我！」，一再回頭確定媽媽有沒有在旁邊，看不到媽媽就大喊，直到媽媽來到身邊，才又立刻衝往遊樂器材。他們並非要一直黏著媽媽，只是要確定回頭的時候，可以找到安全的基地。逐漸地，他不再需要頻頻回首，因為當他奔跑、冒險以及嘗試的時候，心靈已然有穩定的背景，有溫暖的底色，即使照顧者不在現場，即使他沒有回頭也不會害怕丟失。此時，他跟他的生命，跟他的存在之間建立了信任。

孩子成長的歷程，不只是分離和獨立，還包括建立心靈的歸處，這有賴於內在的想像力、賦予意義的過程，以及連結的自主感。

以前他們的哭聲不會自己停下來，要依賴照顧者靠近他、抱起他，他們的安全感和安慰受控於照顧者的行動。後來他們珍愛的這些小物件是自己可以拿在手上，可以帶著走的。這時候他們獲得了喚醒親密的掌控感。

我們雖然多半都帶著某個安全的基地長大，但越走越遠以後，卻不再意識到它，即便脆弱的時候，也無法憶起心靈有尋找安全基地的能力。

相反地，我們常常記得大大小小的挫敗和教訓，獨獨遺落那份尋找連結的創造力和堅持，讓心靈在無力不安的時候沒有回去的地方。

我將內在小孩想連結的地方（原初的子宮、母親）稱為「安全之地」。

如果我們遺落通往安全之地的道路，也會失去往前走的勇氣，有一個能夠回去的依靠，才能鼓勵自己走得更遠。

這是創傷治療工作很重要的環節之一：重建一個人連結心靈資源的能力。在你要深入某個創傷畫面，尤其要去面對不堪承受的事情之前，你需要先知道自己進得去，也出得來，不僅能把自己帶出來，還要像照顧上場比賽的選手一樣，幫自己準備毛巾、水以及加油打氣的雙手。這份給予心靈的安全後盾，才能推進療癒的深度。

並且，那勇於深入挫折經驗的自己，當然值得一個好好梳洗休息的空間。

想像一個旅人在暴風雨的街頭，風強雨驟，他無力地感到身陷此處動彈不得，此時他需要的不是如何快速前行的方式，而是一個安頓的地方，得到庇護和補給的空間。

如果此時有間便利商店，讓他得以在窗邊坐下，雖仍聽到狂風暴雨，餘悸猶存，但有這個機會知道自己安在，沒有更加受凍。風雨過後，他會更有勇氣往前走，因為他開始信任能在需要的時候尋得休憩。

走入內心，陪伴自己的脆弱，有時就如同遭暴風雨般力不從心，每一個療癒者都應該先幫心靈找到安全之地，而創造通往安全之地的橋樑是我們本來的天賦。

孩子用可親的物件、生活經驗、感官、想像力，為小熊、小方巾和小車車賦予獨特意義，使它們成為魔法般的存在，成為安全之地的入口。

長大後的自己，也許需要不同的媒介。

安心之地，有幾個特色：

- 是身體性的，會引發身體的感受經驗。
- 是非常獨特的，屬於你的，同一個圖像同一首歌，能帶給你的引領和啟發不同於另外一個人。
- 是你全然可以主宰的，可以建構它、改變它。就像孩子會撫摸他的小熊，有時候也會丟擲破壞他的小熊，但不論如何，他跟他的小熊都在一起，他一直知道小熊是他的。

創造安全之地的方式，除了可以透過網路書籍找到冥想引導，我也很推薦從自己過去的經驗和生活資源搜尋，心靈會讓我們知道他想去哪裡。

「現在，先單純的感受呼吸，讓頭腦空空的。如果可以去到一個地方休息，希望這地方散發怎樣的氣氛呢？如果有人、動物、大自然景物、布置……，跟你在一起，你會想到什麼？」

內心浮現的形容詞多半是：「安靜、舒服、愜意、溫暖、清涼、包容、愉快、廣闊……」

試著讓這些形容詞成為關鍵字，搜尋記憶系統，過去的經驗裡一定有很多曾帶來溫暖安定的元素，它們也許如同背景般存在過，只是被煩惱隱蔽了，召喚它，讓它浮現。

有人想到：

「一隻一直在我床邊的熊。」

「棉被，不管我感覺多糟，只要捲入我的棉被，就覺得可以深呼吸，回到誰都不會來打擾的地方。」

「我想到我阿嬤。」

「草地。」

「貓咪。」

我呢？疲憊的時候，最想去水裡，溪水、海水、溫泉……，水的畫面經常在夢裡出現。

現在我更有意識地在白天跟水連接，主動感受被悠遊、清涼、愉快所擁抱。水的意象本身沒有神奇的魔力，它帶來的滋養是透過我主動與它連接、與它交流而滋長出來的。就像不是小方巾安慰了小男孩，而是小男孩握住小方巾的時候，心回到媽媽的擁抱裡，他知道自己有媽媽，媽媽會在身後看顧他，那些被照顧包容的感受濃縮在這條方巾的觸感上。

所以，很鼓勵你找回與安心之地的連結。

接下來分享，我藉由大海的意象，給自己10分鐘的時間，讓心靈走過六個步伐回到安全之地。

第一個步伐：邀請

想起去過的海灘，看著海浪湧來浪花閃耀，停在那個畫面和聲音裡呼吸。

第二個步伐：打開感受

天空被夕陽染成橘色，海水夾帶沙子把腳踝淹沒，滿耳是浪花拍打的聲音。

問自己：「此刻有哪些感受呢？」

此刻情緒有：「開心、渺小、好玩、釋放。」

第三個步伐：聆聽

看著「開心」：開心是一個踏著浪往前跳的小孩，他在預估下一次的浪會有多高，想跳過它，往前跳，然後被海狼帶回來。

「釋放」：在這裡什麼感覺都是可以的，表現什麼都不誇張。很大的聲音、很大的浪花直接衝過來，我可以直直衝進水裡，浪花瞬間像是破掉了，但它不會被破壞，也不會傷害到我。（你看，這些直覺和聯想如此獨特，換作另外一個人描述在海邊的感覺，一定不一樣。）

「渺小」：耳朵裡面都是海浪的聲音，身上沾著沙、濕濕黏黏的，目標只剩下等下一波浪，其他關於自己是誰，都不重要。

第四個步伐：回應

回應「開心」：其實我的確希望自己不要畫地自限，跟來的事情互動，就像玩跳過海浪的遊戲，很多時候衝撞也沒關係。我往前衝，又被帶回來，可以找到好玩的韻律。

回應「釋放」：我知道你累壞了，有很多情緒能量需要爆發，你想任性一下，想要大笑跟尖叫，……原來內心有發瘋的渴望。

回應「渺小」：來海邊弄髒自己，感覺自己就是海，海就是我。這是彼此相容的感覺。

第五個步伐：加入想像力

再回頭看看回應，我注意到什麼？看到內在一個部分衝向海，去跟它玩耍，去感受跟它互動的節奏，享受被水浸泡沖刷。

再把它濃縮成一個圖像：我只看到一個孩子的身影在奔跑、尖叫，不斷地被海浪帶回來。

第六個步伐：回到當下

把這個孩子的背影與海連結的畫面放在胸口，慢慢呼吸，什麼樣的文字可以寫在下面呢？

把提問放進心裡的瞬間，浮現「生命力」。

用躺著的姿勢，讓「生命力」跟海浪的畫面放在胸口到腹部，在這樣的感受裡沈浸一會。

以「海」作為安心之地，不同的人想著海，都不會有一樣的感受和畫面，我的是「生命力」，另一個朋友是百川匯流的意象，給與他「包容」的滋養。而我的安心之地入口不只「海」，還有「樹」……。

邀請內在小孩與你一起建立安心之地，作為回到生命滋養的入口。讓自己可以充能，有更多信心去冒險，因為當內心經歷不安和晃動時，你的心知道它有一個懷抱可以回去。

第六章 《梳理內在關係，與自己和好》

外在的關係故事與內在空間相互鏡映，艱難的關係，往往是因為我們停留在彼此推測、掌控或抗衡的動力上。想梳理與人事物的連線，得把心擴大，體認每一個「他」都是我內在的一部分……。每一次我專注處在療癒空間裡，進入不同的位子並開放地體會，這些紛擾折衝的能量便逐漸在內心走出新的調和及洞見。我相信我們不一定要喜歡一個人，才能跟他有舒適的關係空間，本章與你分享內在和外在各部分平安共處的可能。

從內在整理關係空間

讓人想要解開或逃開的外在關係，是因為每一條關係線已經囤放了好些痛苦的感覺，這個外在的現象提醒我們，心裡面的關係空間需要整理。

面對一個主題，內在的關係空間有每個人的位置，有每個立場的位子，如果能帶著觀察者意識進入到不同位置，去覺察裡頭的聲音，友善的接納儲存的情緒，理解不同位置的態度，親身經驗和釋放能量，就是對內心關係空間的清理。這能讓我們頭腦放掉不斷重複疊加的思慮，讓情緒因為觀照而放鬆，也能為身心騰出空間，讓新的意志以及調和後的情感流入。

外面有跟我們不同需求、不同堅持的人，而內心裡也有錯綜方向的意願，這不是偶然，這是生命的常態，我們面臨的考驗，不是如何區分優劣，打敗對方，而是容納和理解的能力。

再理所當然的情感，都有自然而然的內在衝撞。

有許多從事助人工作的夥伴，曾跟我分享他們的痛苦：「我學習了很多助人的方法，觀摩很多助人的工作，深受感動，可是當我進入協助人的過程，卻動彈不得，不敢往前走，因為我不知道為什麼在某些狀況中，我會對接受服務的人感到厭惡，有時一點都不想要幫他們，我怎麼能夠如此？這些矛盾的感覺讓我認為自己很虛假的，會不會不適合這份工作？很耗能。」

我在早療中心，跟父母工作，見過許多父母為孩子尋求資源、為孩子放棄工作、改變工作，只為了帶孩子參加各種早期療育的活動，這樣的爸媽付出很多，無疑帶著愛。但我經常與他們見面的原因，是因為社工發現這些孩子們與爸媽之間衝突激烈，互動經常在暴力發生的邊緣。一位媽媽不斷詢問：「有沒有出養的機制？我把小孩生壞掉了，我對他一點希望感都沒有，我好像只在做我能做的事，心裡卻感覺不到對他的耐心跟熱情，我覺得自己沒辦法當媽媽了。」

生命中多數的片刻都是滋味紛陳，從最小處來說，你可能跟朋友很興奮的安排約會，卻在見面的時候感覺到意興闌珊，又在想推辭卻免為其難接受的狀態中，拾獲樂趣。然而儘管有許多美好值得珍藏，卻仍打消下次再約的念頭……。

生活中，千層滋味才是實相，啃食我們活力的並不是這些互相矛盾、似乎與初心違和的狀態，而是我們要求純粹，我們不允許這個真實的複雜存在，忍不住思考該跟哪一個聲音站在一起，想要解決不一致的部分，總是讓他們相互征戰分個高低。這種因應內在分歧的態度，投放到外面，就會造成與他人之間互相說服、比較、拉攏的動力。

我們時常忘記其實可以去聆聽和陪伴每個部分，而無需被他們的分歧瓜分力量。

畢竟，與事物之間、與人之間熟成的情感，不會是一鏡到底的熱情或美好，而是矛盾中互相調音的結果，我們在生命體驗中最深刻的收穫，必須來自於承受內在的複雜、走在與之共存的道路，接待繽紛多向度的自己。

我們能為自己做的，不是清理出單一的意願，而是透過覺察和聽見心裡相互交鋒的各部分，拓展容納各種經驗的內在空間。

越覺察會越清楚，越去看就越豐富，這個在「覺察」在「看」的我，自然越來越大，會逐步地為自己帶來信心。

把不同的立場、不同的情感比喻為水流，意識便如同一艘船，本來只能在湖面航行才能平衡，逐漸可以移動到河道、急流，然後可以在海上經波濤推拉而不翻覆，甚至跟海濤共處。我們迎來的不是越來越單一的感受，而是開闊的內在視野：「我可以如此矛盾又何妨，每一面都無需對意識躲藏。」各部分生命力會在這個過程前往匯聚，分別綻放，像一朵花各個方向層次的花瓣，而中心點是「內心的觀照者」。

我們內在的不同態度，會被發生的事件和共事相處的人勾出來，因此，如果有一個議題、一個情況縈繞心中，不妨主動設置心裡面不同人、不同面向的自己，設置他們之間的關係圖像。透過給它們位子，走入每一個位子去經驗和表達裡頭的感受，體會的本身會帶來了解和釋放，使各個部分互相流動。

被覺察的每一個部分，在意識空間裡展開交流，只要耐著性子，不急著想要歸納結論，各部分的合作與調音就在發生中。

許多故事不斷重演，反應內心一直存在相同的動能。靜下來，體會心中擁有位子的每個人，陪自己踏實地走穩內在從掙扎到整合的過程。

梳理關係空間

覺察、容納、回到中心、祝福

1. 觀想相互之間關係的畫面。
2. 體會自己在關係中的感受和情緒。
3. 進入心中對方的位子，書寫或表達在他們個別位置上的情緒和念頭，每一個表達的同時，注意身體裡面能量的變化，在呼吸中安靜的陪伴這個變化。
4. 再一次聆聽內在不同的部分，注意內心感受和想法的變化，在呼吸中安靜的陪伴這個變化。
5. 寫下來或表達出想對自己說的話，可能是對現況的體認，可能是自己最優先的需求，也可能是某個心得……。
6. 表達對彼此的祝福。

這裡面很重要的原則是

- 移動到不同的位置：沒有恐懼和期待的去體會不同位置的感覺，這會為內心的關係空間帶來接納和理解的氛圍。
- 跟隨此時此刻：書寫和表達的部分，依循當下浮現的、直覺的，只需要去清理現在意識得到的，不需要去挖掘和推論。因為這不是為了要發現對方的感覺想法是什麼，而是覺察：「原來有這些情緒和思緒在這個位置上；原來我與對方共振的是這些部分。」
- 慢慢地：我們平常想著誰的時候，也常常會想到對方在感覺什麼、在意什麼，可是我們的速度往往很快，對方的感覺和想法一出來，就會啟動自己這一頭的立場跟他對話，例如：「他有不舒服，難道我就不能不高興……。」「我可以理解他，可是我也沒辦法……。」要有體會的品質，而非爭論或同情，就需要慢和停留，也需要保持一點空白在對方的位子裡。
- 回到關注自己：清理內心的目標不是為了拿對方怎麼辦，而是為了觀照心中分裂的部分，所以走過一圈之後，回來看著要繼續面對這份關係裡的「我」，這時候內心所冒出來想對自己說的、想記住的，往往是走過一圈體會之後的靈感，很值得停留一下，看看浮現什麼。即使沒有具體的想法也無妨，只是看著自己，都會帶進更穩重厚實的情感能量。

- 有限與經常：「心中的對方」有時候不只一個人或一個部分，可能有兩個或三個以上，我的經驗是一次整理如果超過三個，專注力會不夠，耐心也有限，所以可以分成好幾次。而且就算是跟一個人的特定關係，也可以整理好幾次，因為生活故事不斷變化，經常清理，才能讓意識不被習慣性的情緒反應佔據，而能恢復清明的空間。
- 信任創意：這個架構只是參考，是我在工作上以及個人整理上的心得分享，我和王郁婷心理師所製作的「內在關係整合卡」就是這個整理程序的工具。擁有架構會幫助我專心，支持我走過體驗並回到當下，不會半途而廢，不會隨意批判或棄置翻開來的感覺。如果你願意運用這個方式，記得它絕對可以被改變，信任自己的直覺和創意，才能和內心真正連線。

表現焦慮——梳理心中此起彼落的眼光

明天會怎麼樣？我的準備足夠嗎？要如何讓計畫可以成行，如何避免最害怕發生的事情？

對於要發生的事情，需要心理準備，但不論如何準備，都仍有未知、仍有焦慮的波濤。

我們希望終止焦慮，但越是努力越被焦慮挫敗。

這些想消滅疑慮又被新冒出來的疑慮追著跑的過程佔據大腦，讓心神提前跑向明天，我們可能會跟自己說：不要想這麼多，做現在能做的，不要害怕明天會怎麼樣，過好今天就可以了。

可是很不容易、很困難。

與其說那是明天要發生的事，不如說這些事情已經在當下的心中發生了，在頭腦的一個空間裡，已經啟動了。不是我們該如何把自己的注意力從明天帶回來，而是該如何接待這個片刻裡腦中發生的一幕幕。

接待在心中已經發生的情況，能讓反覆的情緒能量從不斷地回放，轉往清晰和沉澱的方向。如果想要消除某個情況某個情緒，反而會抓著它不放，使內在掙扎越來越複雜、沉重。

例如：明天你將在會議中提出寫好的企劃，讓你焦慮的是，你預期某個人批判的眼光，這個人的質疑總是會帶風向，讓大家去挑剔企劃裡枝微末節的地方，使你本來要呈現的亮點模糊了。

可是，這個企劃很有創意，發想的過程連你自己都驚呼，你相信如果好好的呈現，長官和同事一定會欣賞這個點子。

這時，內在有一個「批判者」以及有一個「想好好表達的自己」，在下面簡稱「表達者」。

「批判者」和「表達者」互相追逐。一想著要如何表達，批判的聲音就出來警告；「批判者」提出報告裡的各種漏洞讓大腦疲於奔命之後，「表達者」帶著憤怒反撲，他們的論戰無限延伸，根本失焦。

心中的兩個人來回反覆繞轉，進入迴圈。

你沒辦法要任何一個部分閉嘴，而是要讓注意力進入可以友善聆聽兩邊的空間，放掉與任何一個聲音拉扯和掙扎的力氣，你聆聽了，它就不需要越來越大聲；你對它友善，像是在身體裡用呼吸調和它，它就不需要奮戰。

想像你在客廳裡，兩個孩子鬥嘴、互相打鬧。

一個場境是：你要他們安靜，但他們覺得自己還沒贏，不想被壓制，於是你拉住其中一個，另一個就乘空隙跳起來，輪番打壓的結果，變成三個人的追逐。這會引發更多煩躁和憤怒的情緒，於是很可能還沒開始執行任務報告企劃，內在已經負荷過度導致崩潰。

因為被壓制的感受會增加表達自身的衝動，如果你的意識選擇壓制和追逐這兩個聲音，「批判者」帶出的焦慮以及「表達者」帶出的著急和生氣都將不斷提高，這些情緒如果充滿發表報告時的內在空間，那麼，剩下來可以觀察現場、回應聽眾的能量就非常稀少了。

另一個場境是：你坐在沙發上，看著他們繞著奔跑，你維持一份注意力在胸口上，有意識維持穩定的圓心，不被他們的聲音和動盪捲進去，也許有很多情緒起伏，相當不舒服，但不會加入糾纏。這是從內心開出空間，讓發生的情緒和念頭，在觀照、聆聽、好奇的氛圍裡，它們演出自己，直到自然消停。

我們都很期待計畫中的行動能夠契合初衷，同時有機會走出實現自我的局面。裡頭既會充滿不自信的聲音，不斷發出恐嚇和懷疑，也會環繞鼓舞的聲音，很清楚地在說：終於準備到了這一天，可以創造看看，可以被看見，可以有貢獻。覺察、好奇、聆聽，讓盤旋的內在聲音進入意識空間，彼此交流相融，才能保有能量支持靈感和創意的發生。

在行動之前照顧內在關係，用一個例子分享我們可以體驗的過程。

1. 觀想情境中關係的畫面。

你將面對什麼呢？在心中展開預演的一幕，有哪些角色？有自己，還有哪些在意的人？每個人都有他的聲音和狀態，讓自己進入觀照，一一覺知，列出來。

「明天我要去參加歌唱比賽，好緊張，台下會有我的學生、同事、老師、家人，我一想到就害怕，也一直鼓勵自己要堅定、單純的把聲音唱出來。」

她想著比賽現場，在紙上列下這些部分：

在台上的我、競爭對手、學生、家人。

2. 體會自己在關係網絡中此刻的感受。

「我感受到的是自己躲來躲去的，就很像四面八方都有手要摸我或抓住我，我就雙手抱著胸口，左閃右閃，不跟他們正面對抗，可是就很忙碌的在閃躲，很想找到一個地方可以很自在、很放鬆的，但其實沒有這個地方。」

覺察到這裡，深呼吸，那種警覺、慌張的感受需要在身體裡擁有一個空間。

3. 進入心中對方的位子，覺察儲存於此的情緒和念頭。

到每個位子，覺察並表達在那裡的情緒和聲音，說出來或寫下來。每表達一個部分，沉入身體裡，讓它流動，接受它在那裡。

她進入所列出來準備好體會的每一個位置，感受並一一聆聽。

家人：「很愉快很開心，不管你表現的怎麼樣，我們是抱著來玩、來慶祝的心情。看完你的表演，一起吃飯，這是團聚的日子。」

競爭對手：「有點期待、興奮，想要看你表現得怎麼樣，想要從你這邊學到東西、吸取經驗，也希望你不要表現那麼好，讓我不用那麼緊張。」

學生：「期待、好奇老師平常教我們的技巧，在老師身上不知道會怎麼發揮。」

4. 再一次同時聆聽內在不同的部分，注意內心感受和想法的變化，在呼吸中陪伴這個變化。

她想像內心這些人坐成一整排，想像自己深深的一鞠躬之後，有一個白色的微微透光的簾幕垂降下來，在她與所有其他人之間。

她想的是：「我需要你們都在，我也承認你們都在，你們的聲音成為一片嗡嗡聲，我只聽得清楚自己的聲音。」

5. 再次面對「台上的我」，表達此刻想說的、體認的。

她：「我想我最需要的是，站在那個台上，知道自己可以開口，可以從開始到結束，然後從容地走下台。……我跟自己說：不論怎樣都接受我自己。也沒有什麼是自然跟本來的，因為緊張害怕也是我的一部分，我接受自己可以調適到哪就是哪，最後表現就是當下該有的表現。」

6. 表達對彼此的祝福。

她：「我祝福來看我比賽的所有人，可以從中有所收穫，不管是正面的收穫，還是覺得我表現得不好而有警惕，至少都是我的貢獻。

我祝福我自己，只要有完成上台、表演、下台，都算是往前跨一步了，收穫並不是決定在上台的那幾分鐘的好壞。」

現在，她再一次進入關係的畫面，有上台的自己、家人、競爭對手和學生。觀察身體的感覺和內心的感受。

經歷到這裡，可以向內心張開更大的擁抱。

她對自己說：「我明白會有這些感受在我心裡轉來轉去，我也了解這會不斷地變化，我可以去面對未知，並為這個清理和成長的機會致上敬意。」

最後，讓情緒與身體連動的反應在靜默中有消化的時間。去面對和接待內在劇場，並非為了要讓感受的心理過程畫上句點。因為，期待、焦慮和壓力是行動的能量源泉，可以被調節，不能被消除。

因此，不用以「無念」和「自在」為目標，而是讓注意力友善好奇地陪伴到場的焦慮和壓力。支持意識空間如同沙發區，接待這些在心中的人以及他們的聲音。你會經驗到無需打敗什麼，感受會自然地變化，下一刻永遠是未知的，明天充滿可能性。

你真心接納當下的自己，才同時向未知的可能致上敬意。

我的情緒不是我的──梳理親近關係的情緒傳遞

情緒能量的傳遞不可見，但如果有人問：我們有沒有可能被他人影響？有沒有可能他人的情緒變成我們心裡面需要消化的東西？

我會很篤定的說「是的！」

早些年諮商工作後，在身體上和情緒層面累積的沉重，我都歸因於自己內在起的反應，例如當別人對我抱怨，訴說他的痛苦，如果我感到難受，那是來自我內心對他的抱怨和痛苦升起了反應，也許我覺得心疼或擔憂。

其實，我累積的情緒能量不止與自己的反應有關，也與人與人交流的時候自然發生的情緒交換現象有關。

相處時，我們彷彿共用一個情緒的池子，各自放能量進去，共同沐浴在其中。其中有自己內在升起的反應，也包括對方所攜帶的部分。

這些來自他人的情緒能量，不僅透過話語和行動流瀉出來，同時也從他整個人的氛圍持續散發。

在一般日常的交流中，情緒或輕或重，各種質地參雜，我們不一定可以明顯感覺到，即使未加以注意，也會慢慢地被消化。

但特別在某些關係和連結裡，他人的情緒容易大量進入我們，疊加在我們的身心系統裡。

帶領助人者或者照顧者訓練的工作坊，往往除了陪伴技巧的分享及示範，會讓學員兩兩一組，進入個別練習。課程結束之後，經常收到一些類似的體驗分享：「當我專心敞開的陪伴另外一個人，身體裡有時候會出現一些反應，心裡也有一些情緒，這些反應居然跟我陪伴的人很相似，這是一種連動嗎？」

這是經常發生的同步現象，尤其我們在心理上或行動上專注照顧一個人的時候，這種連動不僅讓我們感覺到彼此同行，可以互相理解、共同分擔，也讓我們有機會跟著所照顧的人一同學習。

如果沒有好好靜下來覺察無意中分擔的情緒能量，這些情緒會在我們的生活中蔓延，直到我們注意到它。

什麼時候我們與他人之間的情緒傳遞會帶來負擔？

第一種情況：當把腳踩進別人的鞋子裡，與他感同身受卻忽略回到自身時。

這經常發生在助人工作中，也必須發生，這就是助人工作最深的禮物以及最大的代價。

有一個老師跟我分享他的故事。

她照顧一個青少年。

這個孩子生理性別是女生，心理的認同是男生。在老師面前總是沉默，儘管生活中滿滿的痛苦，卻一個字都不說。媽媽是孩子的情緒垃圾桶。

避著孩子，媽媽求助老師，向老師傾倒孩子在學校爆炸的情況，包括他不願意走進女生廁所，要繞到很遠很遠的地方才能夠使用男廁，偶爾被別人撞見，卻無法為自己解釋。他不願意穿女生的制服，碰到大型慶典必須穿制服，就會傷害自己……等等。

老師想靠近他，孩子面對關心，只是側身低頭不語。

老師：「我開始想像如果我是他，會有怎樣的心情？……媽媽描述孩子受苦的畫面反覆在我腦袋裡播放，我帶著孩子的心理狀態去經歷他生活中的情境，慢慢地，我越來越容易在每一次跟他們見面時，媽媽一講遇到的困難，我立刻知道孩子的情緒，我自然的說說自己的感覺，這個沉默的孩子就算不說話也會開始流眼淚，他的眼神不再這麼絕望，會看向我，表情至少不再說：『講這些有什麼用，你們懂嗎？』有一次我們三個都哭了，孩子竟然開始自己接話了。」

我非常讚嘆這位老師的努力，但也知道她會面臨所有助人者都會經歷的挑戰：進入他人，拋下自己，同時要在別人的故事和自己的生活裡轉換，這不是容易的事情。

她經歷到：

「我開始發現在生活中出現很多絕望和格格不入的情緒，腦袋常閃過有關這個孩子的事，甚至有時候跟朋友愉快地吃東西聊天或打扮自己的時候會冒出罪惡感，想像如果孩子看到我這麼快樂以及公主型的打扮，他會怎麼想？會不會不開心？他可能會覺得憑什麼我這樣享受生活，卻說了解他的孤單痛苦。」

有幾次同儕相聚無意的話題，流露對於性別的刻板印象，讓她無法同意，她說出意見，不覺得自己在爭辯，可是在現場的我們都可以感覺到她激動的情緒，大家都沉默了。我了解她有一部分的情緒來自於那個孩子的無力，她彷彿覺得如果那個孩子在現場會有多傷心，她站出來為他奮力抵抗，是要讓那個孩子知道他不孤單，這意味著那個孩子的需要似乎隨時都在她身邊。

這種情緒的承接來自於我們敞開心想要接納和體會另外一個人的情境。只是我們是否可以自由的讓腳踩進去，再順利地回到自己的生活？

第二種情況：感到對另一個人的道路有責任，從未卸下時。

如果親近的人無法獨立面對身處的環境，做為他的保護者，會同感他無力脆弱的部分。當他受欺負或被不公平對待，保護者也會感覺到被壓迫，同時體會到他的無能為力。而且實際上，保護者感覺到的可能比他所感覺到的還要更大，大上很多倍。

在我的工作經驗中，常常看到這種現象發生主要照顧者身上，從他們把絕大部分心力放在家人身上，以這個家人為主，為他而活、以他為中心時，這個情緒傳輸就開始。

於是，當事人一旦遭遇困境，所感到的無助，也會成為照顧者盡力幫助卻很難到位的無奈，以及不論如何做都照顧不周的無能為力。尤其當事人受到攻擊和挫折時，那種傷心的羞愧的感覺，對照顧者來說，就如同事情發生在自己身上一般。

一位媽媽講述陪緘默孩子經歷挫折的過程和自己的心境：

有一堂體育課，孩子和同組夥伴沒有進行老師指定的練習，僵在原地，體育老師詢問他有什麼困難，他只是站在那裡，什麼話都沒說。老師能夠用的溝通方法都用上了，甚至好言請他到旁邊去坐下來，想參加的時候再加入，孩子還是沒移動半步，杵在那裡。老師氣炸了，用力拿球丟旁邊的樹，所有的同學都停下動作來看，孩子彆扭地緊握拳頭，沉默地站在那裡。

後來導師到場，安頓孩子後，轉述情況讓媽媽知道：導師不但安撫了孩子，還跟體育老師做好溝通，請媽媽不用擔心。

媽媽了解這件事情的始末，知道孩子已經安好，她很感謝導師。

但她進入另一個情緒漩渦：

「體育老師沒有做錯什麼事，我都了解，導師也很好，都幫忙了，可是我不知道為什麼我的心很痛，晚上沒有辦法睡覺。我本來很擔心孩子會不會因為那件事，隔天不敢上學，也害怕他拒絕去上體育課，……可是你知道嗎？這些都克服了之後，我發現自己很憤怒、很揪心，心裡浮現導師描述的情況：體育課，孩子站在那裡一動也不動，體育老師不斷地用各種方法勸導他，最後發怒甚至丟球，我一想到這些，就覺得自己喘不過氣來，很想再找同學問清楚，那天孩子到底經歷了什麼？

我有把心情告訴導師，他說他會觀察孩子，也會從旁協助，你知道嗎？我也對導師很不好意思，感覺到導師沉重的壓力。我甚至可以想像那個體育老師情緒失控的感覺，因為我在家裡也會這樣。所以也很不好意思……。

這些跳來跳去，加在一起，覺得自己的腦袋轟轟作響，沒辦法好好休息，只是一件小事……，我有病嗎？」

這是一種替代性的受傷，事情不是發生在媽媽的身上，媽媽卻感到如此的害怕和難過。

做一個守護天使，這位媽媽就像張開大翅膀，把孩子以及孩子周圍的系統全部都納入擁抱，於是裡頭每一個人的狀態和感受，都同步活在媽媽的心中。

守護天使最大的挑戰，在於如何消化懷抱之中看起來互相衝擊的力道，如何用更寬廣的角度看整個事件裡不同的位置、不同的期待和相異的情緒。這個過程會讓守護天使的翅膀更柔軟、寬大，推動他站上不同的高度，重新與不同位置的人合作。

如果這位媽媽不把眼光一直放孩子的身上，能回過頭來欣賞自己日益豐滿的羽毛，看到自己的成長和學習，擁抱自己的收穫，她便能抽離感同身受的無能為力，穩在守護的位子裡，見證自己日益蛻變。

第三種情況：孩子經常會讀到並感染父母即使沒有表達的情緒，尤其是對於需要照顧父母的孩子來說。

當有父母跟我談孩子無故情緒爆發的情況時，我請他們回去仔細觀察跟記錄在爆發前除了孩子本人之外，其他家人的狀態，父母經常會發現，孩子像是有隱形的感測器一樣，接收家人潛在的情緒。

一位媽媽說：「我發現當我心裡事情多、狀況不好的時候，小孩比較容易跟我發脾氣，會為了小事情不開心，很盧，反反覆覆，搞不清楚自己要什麼。」

也有許多父母發現，儘管有很高的自制力，不會在孩子面前爭執，也不會對伴侶說出攻擊性的話，可是只要兩個人中間有一點疙瘩或摩擦，放在心上還沒有處理，孩子的情緒就變得不穩定、很黏人，似乎可以嗅到空氣裡不安的狀況。

親子之間處在一條情緒河流之中，父母親在上游，孩子在下游，作為孩子，我們有兩種選擇，推波助瀾地任情緒引發情緒，或是回到觀照自我的位子，做淨化河流的起點。

當我們跟著竄流的情緒想著是非對錯時，我們在擴大情緒流。只有覺察觀照，並了解彼此之間的情緒，才有機會逐漸消融它。

在助人者、照顧者或者親情的連結上，這些情緒的傳遞很自然，我們與其思考如何避免，不如體認到我們的身心系統本來就會朝向承擔、釋放和整合的歷程。

因此要處理的不是阻擋情緒連結，而是需要有意識的擴大覺察空間，支持情緒能量流動。

如果他人的情緒在我們的身上停滯，代表內在有東西把它留下來了，所以才「過不去」，那意味著內在並非全然敞開。

此時便有機會在他人投影過來的情緒中去看見自己的糾結，那裡面往往有期待、觀點和信念的卡關之處，這個發現是很棒的收穫。

那些在關係連結裡，被我們收進心裡的情緒。如果沒有消化，我們無意識負擔著，會變成自己的情緒，慢慢變成自己的故事。

體驗生命的道路上，無論這些感受能量來自於自己的故事還是他人的，支持內心透過覺知、體認、鬆脫、擴展而前行，就能收下越來越寬廣的自己。

梳理與他人連結的關係空間

一位女士整理和70歲媽媽的關係。

她每個禮拜只回去跟媽媽吃頓飯以及處理媽媽交代的雜事，回來之後總感覺非常沉重，她描述像是靈魂被掏空一樣，忍不住想：「真不想回去，難怪沒人願意跟她住在一起，相處起來好累！」沉重的感覺得消化好久。當然，時間到了仍會去看媽媽，但是彼此融洽相處的時間越來越短。

她整理和媽媽目前的關係空間：覺察、容納、回到中心、祝福

1. 觀想彼此關係的畫面。

「我媽媽看著遠方，雖然表面上她一直希望我回家跟她住在一起，但我覺得不是這樣，我媽一直在想念我爸、想要我哥，可是那些她都無法得到。我媽心裡一直看著他們，卻用手想抓著我，我從來不覺得自己被關心，只有被抓得很不舒服，所以我會關心她，可是要保持距離。」

2. 體會自己在關係中的感受和情緒。

她在母女之間感受到的是：「你都沒有在看我，你沒有關心我，為什麼我都一直被要求？還要接你那些失望和怨懟的情緒垃圾。」

寫下這些後，心裡面浮現了一些情緒，最重要的是能夠容許這些感覺存在，這些感覺在她之內，此刻可以流動。

3. 進入心中對方的位置，覺察儲存於此的情緒和念頭。

她：「我試著感覺媽媽看著遠方同時抓著我的姿態，我想她的獨白是：為什麼都沒有人要理我？為什麼連那麼愛我的女兒都離開我？我覺得我什麼都沒有了，……你們不能這樣對我。」

此刻，這些問號背後的感覺也沉重的、清晰的在她的內在空間中，她能做的最好的回應，是在呼吸裡面允許這些感覺存在，她不需要回答這些問句，不用當媽媽的拯救者來消除這些質問。她只需要跟這些感覺在一塊，就已經在說：「是的，媽媽，我接受這是在你的生命脈絡中會發生的感受。我尊重它們的存在。」

4. 體會媽媽內在的聲音，停留靜默，傾聽心裡面的變化。

她：「我媽媽需要的是……被照顧被疼愛，……有人以她為中心。她期待我可以滿足她，事實上我有做，但那個需要對我而言，像個黑洞一樣。」

5. 表達出想對自己說的一兩句話。

她：「面對媽媽，我很需要她看見我、尊重我、有時也以我為中心，我期待她能夠放下過去的失落跟傷痛，我期待她享受跟我相處的時光。……這是我的需要，我需要被看見被尊重，……（慢慢呼吸，讓身體與之調和）。」

即使不在媽媽面前，是在跟自己的對話空間中，也要一個字一個字好好說出來，清晰的表達具有重新回歸秩序的魔力，心中的糾結才能逐漸梳理開來。

6. 表達對彼此的祝福。

她：「親愛的媽媽，祝福你可以接受現狀，而且體驗自己，也可以照顧自己。我祝福自己可以用想要方式對你付出，並且在付出中感到自在，沒有不平衡。」

回饋：

好好梳理過後的聚會，她反觀自己：「整理之後，我感受到有一個不同：跟我媽吃飯，聽到她抱怨的那些話，以前腦袋裡會急著轉很多反駁她的話，說出來都會很後悔，不說又很壓抑。

現在我可以用比較旁觀的角度，知道她又來了，還是會煩，心裡面反駁的話卻不會這麼多，沒有那麼強烈生氣說自己不被看見，或是被比較，並不是覺得無所謂，而是……就這樣吧……。」

我也跟她分享，也許是因為內在那些不被公平對待、不被珍惜的感覺已經被自己理解和擁抱了，哪怕又因為媽媽的言語被刺激出來，也比較能在旁邊等著自己的關注，而不是非要被媽媽聽見。

她體驗了媽媽和自己的情緒，彼此的需要在內心的關係空間都有位子，意識擴大了，情感和創意也悄悄進來。

她分享：「我上次沒有回應她抱怨的，聽完直接跟她聊我想講的，我反而發現她蠻容易被我帶走，不會聚焦在自己的情緒上，……蠻有趣的，那一次離開心情不那麼沉重，算是最輕鬆的。」

親近的人互相傳遞情緒，當我們為這些情緒受苦時，容易陷入想改變對方、疏遠對方或是自我壓抑的模式中，不論哪一種模式，無法帶來更多平安的原因是，因為內在的關係空間一直存在無法相容的感受和需要。好好回到內在空間，接待不論來自你我他的感受，調和後的情感才能為所有的行動帶來新的活力。

討厭的人偏偏住在心裡──梳理被排擠的同事關係

在一個團體裡，如果你意識到有人看你不順眼，你也會開始看他不順眼。不順眼的意思是，他的某些舉動就是會勾起你的情緒，負面的情緒，讓你覺得不舒服。也許你對他這個人本來沒什麼意見，他做得好做得不好，你都不會主動評價，可是從某個起點，你注意到他了，因為注意到他對待你的方式跟對待別人不一樣。他可能會跟別人搭話、拌嘴，就是跟你不會；他會請每個人吃帶回來的名產，唯獨跳過你；當其他人都請你順手幫忙拿東西時，只有他說不用。這些差異很小，除了你之外，其他人不會發現。這雖然不會影響到你的權利和福利，可是卻讓你忍不住觀察他的舉動，注意他的言行。他對你的特別，讓你很不順心很不順眼。

本來不一定非得要被某個人喜歡，也不用被他肯定，但是不被喜歡、被排斥的感覺，讓那個人的存在變得很鮮明，你內心像裝了一個搜尋引擎一樣，隨時定位他的移動，越是沒有跟你交集，一言一行越是都在對你說話。

你越跟他帶給你的感覺過不去，就會越在意他正在做什麼，這會影響你在團體裡的行動，慢慢地你們之間特殊的氣氛越來越明顯，這個氣氛有影響力，會被注意到，也會把其他人拉進你們的劇場。

沒有明顯交鋒卻解不開的隱形互動，形成一種漩渦，很可能半徑越來越大，影響你在這個團體裡面的動線，影響你整天的感受，甚至影響你跟其他別人的關係。

這個互動：「我就是看他不順眼」、「我就是覺得他對我怪怪的」、「我看他就覺得不舒服」……。

沒有明確衝突，也沒東西可以講開的糾纏，它的起點和影響力，都從內心開始運作，也只能從內心著手，調整對某些狀態的排斥（不順眼），解開想迴避和想討好的動力，才能減緩情緒凝聚的濃度和速度，讓彼此的關係從你的內心有不同的旋轉起點。

A小姐進入目前的公司邁向第二年，她負責的行政工作很龐雜，得跟來往的廠商對口，好不容易終於熟悉各種程序，跟主管的溝通稍微上軌道，最近卻遇到新的麻煩，心裡特別挫折。

A：「我們辦公室有一個業務讓我最近工作很不舒服，雖然他本來就比較直來直往，可是感覺起來不太一樣，他對我的口氣會到不客氣，甚至有點嫌惡，我不確定他怎麼看我，也不知道怎麼跟他相處。」

她也說不上來這個業務做了什麼，既沒有對主管抱怨，也沒有在同事之間散播謠言，合作上雖然氣氛不太順，但並非故意阻攔或找麻煩。可是隨著時間，她越來越困擾，這個業務成了她辦公室人際關係的大視窗，她的行動和情緒受到的影響越來越多。

A：「辦公室裡有一個跟我還不錯的同事，人蠻好的，算是少數幾個我可以聊天的人，我也會把一些心情跟他講。可是最近我越來越常注意到只要去找那位同事之後，業務很快的就會去找那個同事講話，他不會跟我同時，通常在我後面，我不確定他們在聊什麼，但就是覺得很奇怪，他好像都一直在注意我跟誰講話。」

真正帶來影響的並不是其他人做了什麼，而是對於他們所做的，你怎麼感受？怎麼想？怎麼反應？

A：「有時候想我跟好同事講話，就觀察一下業務，趁他在講電話的時候或者在跟主管討論的時候才去跟好同事聊天。……我發現那個業務好像也會故意在我旁邊繞，不是跟我講話，而是跟別人聊得很大聲，跟對我講話的態度完全不一樣，我覺得很像在示威說：他跟別人都可以好好說話，他對我口氣不好只是我的問題而已，……還有他人緣很好，我最好不要隨便批評他……。」

A小姐的感受是自己被討厭、被盯上了。她想要迴避對方的目光以及尋求支持感。

然而底層的感受沒有改變，所以不論她為自己做什麼，還是覺得被盯著，覺得不被容許，甚至會被破壞。這樣的觀點，讓她從對方的行動萃取這個層面的訊息。這讓她更擔心，更傾向於迴避和尋求支持。

業務的行為用意究竟是不是如她所想呢？也許是，也許不是，也許有一點，但是不全然。

業務一開始可能真的不喜歡A小姐，至少不想跟她積極打好關係，後來注意到A小姐的反應，業務可能也有被排斥和被觀察的感覺，於是想積極拉近和其他同事的距離。畢竟，看到跟自己有嫌隙的人跟別人講心事，常會更加敏感。

兩個人如果合不來，可以公事公辦，只就事論事，成為彼此在團體裡的背景，是什麼讓兩個人變成彼此的焦點和壓力呢？是他們鑽進被對方行為引動的情緒反應裡。

從A小姐這一方來看，她因為「擔心被排斥」、「害怕被討厭」，開始觀察業務的舉動。連聊天都「見機行事」，這無形中是在兩個人之間綁了一條情緒傳動線，為她帶來更多緊張和彆扭。

這條線需要被觀照，如果他們沒有打開容納關係狀態的空間，拉扯會越來越緊，其他人也可能會捲入。

試想，一旦她的迴避讓其他人注意到，有人點出這個現象，詢問她怎麼了，會發生什麼？

不論她是否解釋其中的原因，只要繼續處在「擔心被排斥」的感受中，她就會害怕別人心裡的看法和推論。並且因為被某人注意到了，而開始迴避這個人的目光，慢慢地放掉更多可以獲得支持和友誼的關係。

你看待事情的焦點會引發特定的情緒，當焦點是固定的，特定的情緒逐漸群聚，也會勾動情境中他人的情緒和反應，關係的空間便有沉重的負荷。

譬如說A小姐對業務同事的迴避，使她整個人裹著一團躲藏與害怕的氛圍，其他人在這團氣氛周圍，會產生什麼樣的反應？

想幫忙的人會想了解情況，不一定直接問她，也許問有跟她接觸的人：「她怎麼了？」當他們交換意見或討論，可能又踩到A小姐的點：「被盯上。」被討論的感覺讓她覺得被針對，增加她的害怕。

那麼，被她迴避的人呢？可能會有不舒服的感覺，進而感到生氣，氣A小姐把自己當作受害者，彷彿他們是加害者，這些人心裡有了委屈不平，會開始攻擊，無論原本對A小姐的看法如何，都更加看A小姐不順眼。

再來，若是跟A小姐沒有交集的人注意到了，因為不知道發生什麼事，應該會跟A小姐保持一些距離，至少不會主動靠近，因為他們觀察到A小姐散發出不希望別人去打擾的氣息。

以上的反應，A小姐收到的都是：「我被注意到了，不知道他們怎麼想我？他們八成會對我有不好的想法。我收到的支持和可以聊天的人越來越少了。」

如果A小姐靜下心來，她可以透過這些外在現象，看到自己內心的運作模式，以及裡頭的信念種子，同時她可以發現這個模式如何不斷被她持續往外投射的感受和接收的訊息增強。

回顧脈絡，當A小姐因為工作上的需要去找業務，請她補上相關表單，而屢次感受到業務不耐煩的口氣……。這是初始情境，兩個人產生碰撞，A小姐感到委屈、受傷和懷疑（他是不是看我不爽）。接著，她去找好同事聊天解悶。看到這位業務也去找同一個人，A小姐內心的警報器響了，產生強烈的念頭：「這個業務是不是在盯著我？他會不會覺得我在講他壞話？」

這個大腦中的推論，也許是對方的意圖，也許不是，但不重要。最重要的是她正站在這個觀點裡面，思緒的軌道正在引發害怕、焦慮以及後續的反應。

表面上看起來是同事互動過程引發的疑慮。實際上，關於人際，她的內心本來就有很多傷口，一直儲存著隱隱不安的感受，一旦事情攪動了這些情緒原料，便很快建構這個「被討厭」的觀點。

就算有人安慰她：「這個業務只要多做事情就會不耐煩，不是針對你，等到工作流程磨順了，慢慢就好了。」「就算他不喜歡你又怎麼樣，你做你的工作，只要你不是針對他就好了。」儘管她會同意這些想法，也很難停下來不去偵測對方究竟是不是不喜歡她，因為她的內在關係空間充滿情緒的回音。

「你要小心，不要被盯上了。」

「如果一個人很兇，他應該是開始討厭你了。」

「如果一個人開始討厭你他會盯著你，見不得你好。」

「他盯上你之後，你會被逼到角落，失去其他的朋友，大家都會開始討厭你。」

當這些環環相扣的聲音一個接一個冒出來，她很容易順著情緒的流走入受到過去影響、早就擬好大綱的劇情，這個大綱形成她看待辦公室的鏡頭，同事的言語反應很快會對號入座。「我被盯上、被排擠」的運轉漩渦就真的成形了。

並不是說這些都是A小姐的「自以為」，A小姐的同事也可能真的不太喜歡她，只是事情發展總是不斷地變化以及被創造，A小姐以「被排擠」焦點往前走，和同事的情緒相互勾動，就會加深彼此的警覺和猜疑。

是否可能讓過往傷口裡的聲音，即使被勾起來，也不投射鏡映成為外在的故事？

A小姐明確注意到自己內心的焦點、模式以及恐懼正帶來的影響，之後她問：「我知道我正隨著某些感覺，這些感覺填充我的大腦，充斥我的目光和行動，我不知道我該怎麼做？」這個覺察表示她願意立定，轉身看向內心。她本來處在焦慮和害怕裡面看著同事和業務，現在，她站在焦慮和害怕的外面看著焦慮和害怕的自己。

不需要用強迫的力道改變看待同事的觀點，例如想著同事沒有這個意思，這個業務不是在針對我……。這些想法目前都會帶來拉扯，增加心裡糾結的能量。

累積在心中的感受先獲得聆聽陪伴，內心自然有新的空間可以容納不同的觀點。她發現：自己經常用逃離、批判、或討好的方式對待別人以及害怕「焦慮的內心」。不想處理情緒，希望其他同事能帶給她安撫。常常責備自己沒有做好不夠仔細，又告訴自己沒關係，真的不開心就換工作……。

而那些慣性產生的感受透過今天的故事再度靠近她，此刻最需要的是她先對自己展開歡迎和理解。

與內心相癒的六個步伐

準備

她回想今天辦公室的一個畫面，業務跟好同事說話，好同事的目光似乎往她的方向飄了一眼，在那之後她心跳加快，十分不安，她非常想要去找好同事聊天，也許試探，也許只是閒聊，想確認好同事跟她之間的感覺沒有改變。

她：「我忍不住一直注意他們聊天，以及注意他們的眼神還有後續對我的反應，我想陪伴的是那種想去探查的不安。」

第一個步伐：邀請

「此刻，我正覺察到在這個畫面中，有強烈的不安，是的，我暫時稱呼它為膽戰心驚。」

「我跟這個部分打招呼；嗨！膽戰心驚，我在這個畫面停一會，跟膽戰心驚在一起。」

第二個步伐：打開感受

覺察感受對許多人來說很不容易，需要練習停下來仔細翻開，也很像用手指頭把手機畫面的局部撥大一點，讓裡頭的細節映入眼簾。

她沉入細節：

「我看到他們兩個在說話，而且我剛剛就跟業務有一點小衝突，他們兩個很專心在說話，那個同事的眼神飄到我身上。」

身體：「我感覺胸口很重，心跳有點快，喉嚨的地方緊繃，整個肩胛骨都很酸。」

裡面的感受：「有緊張、生氣」

第三個步伐：聆聽

緊張在說：「業務會不會在批評我？她會不會加油添醋，把好幾天不同的事情全部都加在一起？同事會不會被他洗腦？」

生氣：「她真的很過分，都已經口氣對我很差，如果有不爽也發洩過了，她怎麼可以再繼續攻擊我！」

複訴這些句子的時候，真誠聆聽感受，覺知身體，讓感受在身體裡流動，腦袋放空，為它們開一個空間，在呼吸裡面允許這些情緒流通。

第四個步伐：回應

「我不希望跟他們相處的時候被這些感受佔據，讓以往的感覺帶領著反應，我希望有一點不同的空間，讓自己更自在一點。」

她回應緊張，跟自己說：

「她可能不喜歡我，但也許不一定會一直攻擊我，也許我的同事會聽到我被批評，但是也不見得就會被洗腦，他們就算討論我，但是永遠不會有最終的定論，因為我活生生的在這裡，不是在他們的嘴巴裡。」

回應生氣，跟自己說：

「我真的感覺生氣非常大，憑什麼她可以這樣攻擊我，又大喇喇的在背後說自己的委屈。我想跟我自己說：我當然可以生氣，不一定要喜歡她，甚至想詛咒她，想怎麼氣就怎麼氣。……可是我選擇不去講她的壞話，因為我不想要惡性循環，也不想要別人看我們的笑話。」

第五個步伐：象徵

從上面的回應中去發現對自己來說重要的是什麼？希望自己不要忽略的是什麼？

她整理：「就算有膽戰心驚，我也還有空間發揮我本來想要發揮的，譬如說跟其他同事自在的聊天，不用怕那個業務，也不用討好他。」

關於畫面：「我想到的是，業務總是沒有真的搞清楚我的意思就攻擊我，她發球，球亂飛，我不用每一球都接。嗯……，我維持在一個地方，跑過來的球我才接，她出界得太過分的、不在範圍內的球就讓它落地。

但是在範圍內我要回應的球，我可以練習接住，雖然我現在還做不到。去回拍界內的球……。」

穩穩回拍界內的球

看著界外球落地

往內看著這兩個圖像在心上，一邊觀照身體內部的感受，一邊體會新的發生。

第六個步伐：扎根回到當下

「我把這個畫面放在心裡，讓它融化在呼吸裡，就像融化在我的細胞中，我跟內心說謝謝，覺得自己站得更穩。」

清理情緒之後，接下來梳理內在3個位子的關係空間。

覺察、容納、回到中心、祝福

1. 觀想彼此關係的畫面。

她將3個小人偶放在桌子上，直覺地擺放他們的位置。她自己和業務距離很遠，都看著好同事，同事就像三角形的頂點，跟她們兩人有差不多的距離。

2. 體會自己在關係中的感受和情緒。

自己的位置：「現在比剛剛平靜多了，但是那個業務讓我刺眼，心裡面有一塊東西，想要防備她擋住她。」

3. 進入心中對方的位置，覺察儲存於此的情緒和念頭。

她從業務的角度體會：

「你走開你好煩（對著A小姐），你可以不要過來嗎！」

走入好同事的位置：

「你們兩個在幹嘛？有點有趣，也有點煩。」

每一個位置都有自己投射的感受，要讓這些感受繼續前行，需要保持流通的空間。

這個空間的發生來自於覺知了，並接納每個位置的存在，保持聆聽。

4. 再一次聆聽內在不同的聲音，注意內心感受和想法的變化，在呼吸中陪伴這個變化。

她想對業務說：「我發現我自己會去迎合或對抗你的需要，我想在你的需求跟我的反應之間劃一條明顯的線。」

想對好同事說：「你想維持中立不被打擾，這是你的需要，所以如果你沒有安慰我，甚至沒跟我站在同一邊，我也可以理解。如果我需要一些支持，還是會告訴你我的感覺。」

5. 回到自己的位置，好好的跟自己說話。

她對自己說：「我想要被保護、想要安全，因此期待自己做錯事的時候是可以被包容，也默默期待有人攻擊我的時候，另外一個人可以安慰我，甚至告訴我沒關係。面對這個需要，我可以陪自己討論：做錯事了，好好的收尾，告訴自己沒有關係，也許也多去幫助和包容別人，有更多互相支持的關係，就不會把期待放同一個人身上。」

6. 表達對彼此的祝福。

停頓了一會，她用圖像的方式，來完成祝福的表達。

送給業務的是一個舞台，祝福她展現自己。

送給好同事的是一束花，回應他的善意，以及他身上溫和的氣息。送給自己的是一把傘，承認自己需要一些遮蔽，安全的時候把傘收起來，需要的時候把傘打開來。

每個位置儲存的感受被共感與接納之後，在心中彼此連結的狀態會發生移動。當她再度往內體會三個人的關係，感受彼此的距離和角度，直覺想做調整，新的畫面中，她拉近自己和業務以及同事的距離，並轉身朝向外面，自己既不看業務，也沒看好同事，她說：「其實我們都知道彼此的舉動，一直互相影響，我要慢慢轉向去看自己的目標，不跟他們手勾手跳舞，我想考日文……。」

痛苦的情緒總是讓人想要迴避想要急著轉彎，我們想改變外在的情況，實際上是想迴避內在的痛苦，若無法正面的擁抱情緒，它便不斷地從背後撲向你，淹沒大腦，蔓延到情境中，使過去的故事往前延伸。

即使在已經有相同開頭的故事裡，都要知道我們每一天都有選擇，至少可以選擇去消化一點情緒，可以選擇意識到目前的觀點不是唯一的，停在一天與一天之間，停在一件事與一件事之間，在那之間拉出一點距離，回到內在重新面對情緒和自己的需要，開始清理這份關係。

願意為自己的下一個片刻、下一次的相遇騰出心的表達空間，就是新的開始。

跟自己打架——梳理自我厭惡

如果內心有一個討厭自己的聲音，這個聲音時時盯著你，時時看你不順眼，不論做什麼，彷彿都被它看著，被它挑出毛病，而且沒辦法摀起耳朵，那該是多麼痛苦的事情。只要你沒有跟這個聲音協調，內在空間充斥煙硝，不論多願意努力，都會很快洩氣；不論別人給你多少肯定，都很難留下成就感，因為那個聲音總會說：別傻了，他不認識真正的你，才會講這種話。或者說：你不要以為這樣就夠了，你只是運氣好才不小心做到，下一次大家就會失望了。

明明很不想聽那個聲音，偏偏又聽得很清楚；明明被它弄得很不高興，又覺得它說的有道理，這種來回衝突的過程，不斷耗掉能量，努力的時候，感到雜音很多，無法專心。休息躺床，反而更累，因為心裡停不下來，被批評和無奈的聲音輪番轟炸。

固執批評你的聲音，可能是從小到大吸收身邊重要他人的觀點，慢慢形成的。或者是過去受傷時，長出來的保護者，他希望我們更好，因此不間斷的提醒。也可能是我們內在的權威者，對我們寄予厚望，化成了不間斷督促的聲音。

不論如何，這個批評自我的聲音就是我們內心的一部分，它所指責的那個不成材的「我」，當然也是內心的一部分，這兩個部分無法彼此接納，重複著攻擊和受傷的動力。它們的和平，需要一個友善寬闊的意識空間來擁抱它們，需要我們願意把注意力放置在容納的空間裡，以接納歡迎的態度引導它們釋放，引導它們交流，我們才能不內耗的往前走。

愛自己，並不是選擇一種讓自己變得更令人喜歡的方式，而是誠實的認識自己的所有面向。向它們致意，與它們同在，信任交流會帶來變化，每個部分最終會整合在一起，能對這個整合在一起的圖像抱持希望。

眼前的女孩，用「可人兒」來形容，沒人會有意見。

與她合作的人，珍惜她的通情達禮，溫婉自律。

做媽媽的人會想：如果有像你這樣的小孩，會有多欣慰多放心。

同年齡的羨慕她有氣質又優秀，也有資源可以做想做的事……。

如果我是男生，她會是我列在名單裡的好感女孩……。

這樣的女孩卻說：

「我有一種很討厭很討厭自己的感覺，如果我是我的朋友，用朋友的眼光來看我自己，會覺得這個人令人厭惡，空有外表，裡面很亂，根本不是表現出來的那一回事，覺得自己都是裝出來的，很假……。」

她很痛苦，我為她感到揪心，但是不著急。

因為那種討厭自己的感覺，我曾經也很熟悉。

從國中開始，我們就面對升學考試和競爭壓力，就算不走升學管道的孩子，也需要在才藝方面找到自己的一席之地，由學科和各種科目的成績表現決定進入高中和大學，我們一直浸泡在和別人競爭的整套系統裡，高中之後進一步跟旗鼓相當的同儕聚在一起，繼續被篩選機制推著往前走。

上了大學，多數孩子已經內化這個模式，除了原本的學校系統，自己心裡更是建構了好幾套評比的標準：內向的人，羨慕大方直率的人；大剌剌的人，羨慕氣質沉穩的人；功課好的，羨慕才藝多的；才藝多的會說：他好像什麼都會一點，卻沒辦法專一，什麼都不精通，什麼都不會……。

面臨「我是，但是我希望我是……。」

我問這個女孩：「誰可以稍微代表一下你所希望的形象呢？」

她說：「一個同學，他很大方很熱情，在每一個場合裡表達自己都很篤定、很有把握、做事情很投入。不像我，很猶豫、格格不入……是不是不應該妄想想要變成別人的樣子？」

她抬頭看我，我不確定她希望我說「是的，你不應該」還是「不是，你當然可以」。兩個答案她都會同意，也都收不下來。她心裡一方面自我期許，一方面無力做到而感到痛苦，兩股能量不斷扭打，哪一個答案都會得罪另一邊。

我記得自己讀研究所的時候，很喜歡一位授課的老師，非常敬佩，當時他諮詢的鐘點費用對我來說，根本無法負擔，但我還是千方百計存錢去找他督導。回想那個過程，我像海綿一樣吸收他說的每個字，中間目不轉睛沒作筆記，離開他的空間之後卻幾乎可以按照順序寫下談話紀錄。因為太專注，晚上的夢境也跟這些有關。我跟老師談到我的夢境，以及對於督導又期待又挫折的心情，老師問：「你喜歡我什麼呢？」我描述了一番，大意是：他身上有我想成為的樣子。

老師說：「你能夠在我身上看到的東西，那代表你的心裡都有，你已經接觸到了，不用花二十年就能走出你嚮往的品質。」

對當時年輕生澀、舉步維艱、焦慮不安的我來說，老師的回應是紮實的擁抱。

所以我也跟這個女孩說：「你想成為的不是別人，同學是你心裡一個部分的投影，像鏡子一樣反射出你的另外一面，那是你正前往的方向。」

羨慕的情感裡面有渴望，渴望自己更優秀、更多元，這是美好的嚮往、美好的追求，可以讓我們的力量開始燃燒，我不認為這是個問題。

問題是人們往往很著急，無法等待收成的時間，於是把每一次表現自己的場合都當作考試，這也是競爭意識的殘毒，只看得到結果是否通過，考不好就自我責備。看不到自己嘗試展現時有收穫、拓展和新的發現。

一著急，就鞭策自己，鞭策自己的方式變成自我攻擊，於是人們消耗很多的能量，讓兩個自我面向互相打壓，互相討厭。

這個女孩「渴望大方篤定」的部分，把現在「退縮猶豫」的部分當作敵人，當作拖油瓶。而「退縮猶豫」的部分被逼到角落的時候，酸言酸語也很刺心：「你太虛假了，想當別人，怎麼裝都不會像的，人家一眼就看穿你……。」

這兩個自我面向都沒有問題，都值得被重視。

她真正需要消化的是焦慮、著急所引發的衝突，而真正想要的，是活得超越現在的自己，超越現在的樣子。

超越並非「我是……（篤定、大方的），我不是……（退縮、猶豫的）。」超越是整合的、包含兩面的、不僅僅在任何一端的。

想要拓展、想要不一樣，其實是美好的成長動能，它是一連串過程，每天都在變化，想支持它，得讓兩個部分都在意識裡有發聲和發揮的空間。

我與她分享：「當你面對某個情況思考一個主題，不妨分別訪問兩個部分，意思就是把兩個部分暫時區隔開來，各給它們一個位子，先好好站在一個位子，體會那個位子上特定的態度、需求以及行動的方式，融入它，聽它怎麼感受、怎麼想、期望怎麼做。不做決定，再進入到另外一個位子，聽聽另一面怎麼說怎麼看。然後把兩面都放開。中心點的你是把兩邊都聽進來而不是選邊站，所以，不要急著透過思考選擇哪一方是對的，先注意身體的感覺，兩邊能量的交流發生在身體空間中，注意到兩邊都表達過後的感覺，沉澱一下，再去整理你所思考的主題。這時候你的覺察度擴展，對自己的接受度提高，感到身心被充電，回到情況中，展現自己的可能性會越來越多。」

為了更熟悉自己，我陪伴她走進內在關係空間，體會兩個聲音蘊含的感受、期待以及相對位置，並使觀照的意識更溫暖及穩定。

覺察、容納、回到中心、祝福

1. 觀想相互之間關係的畫面。

在女孩心中，「篤定、大方」的部分，抬頭挺胸、手插著腰、面帶微笑，他看著外面，會說：「我可以」、「好有趣喔」、「我試試」。「退縮、猶豫」的部分，則走來走去、搖搖頭、雙手交握，會說：「這樣好嗎？」「我考慮一下」、「我可以嗎？」

還有一個「我」，一下子看著篤定大方；一下子看著外面；一下子看著自己，想要往哪一邊多靠近一點，馬上把自己拉回來，覺得不妥當。

2. 體會自己在關係中的感受和情緒。

鼓勵女孩站在「我」的位子裡，多體驗一下裡面的感覺，她感受到：「看著篤定大方的部分，有一點興奮，想要去做，覺得世界不可怕；看到猶豫退縮，馬上擔心了起來，有很多事情要考慮，不能再濫用資源和自己的青春。」

兩邊都很有道理，女孩在這個位置上，真的體會到「想要周全」的謹慎，也練習與「焦慮」共處。

3. 進入心中雙方的位子，一次體驗在一個位置上的情緒和念頭。

「篤定、大方」：「我感受到自己可以開心，是因為我沒有看很遠，只看到眼前這個小範圍，這個小步驟，有點像是拍照的時候淺景身效果的畫面，不考慮全局，只看自己現在能做的，專心表達現在想到的。」

「退縮、猶豫」：「我感覺到胸口很緊，像是戒慎恐懼的感覺，我一直在看自己，害怕站在前面的自己會受傷。」

在每一個位子裡順流的表達，聯想到什麼並不重要，重要的是透過意念流觸及感受，女孩停留在感受所出現的身體之處，慢慢地呼吸，告訴內在：「我正在體驗，正跟自己在一起，這樣就足夠了，不需要改正任何一個部分。」

4. 再一次看著心中這兩個部分，注意內心感受和想法的變化，在呼吸中安靜的陪伴這個變化。

女孩看著「篤定、大方」，默念在上一個步驟寫下來的文字，回應：「其實這種單純和勇敢是很可愛的，像孩子一樣。他看到溜滑梯，就想玩溜滑梯，他不會注意到溜滑梯上面有誰，會不會遇到危險。而我想要的勇敢還需要鍛鍊，我想要的是已經顧慮過，知道有風險，也知道自己可以承擔。」

看著「猶豫、退縮」，女孩想著：「這就是成長的代價，因為經歷過一些痛苦，知道期望之後是很可能失望的，有些失去無法彌補，所以才小心翼翼，這樣想，其實我可以比較欣賞這個部分。」

5. 寫下來或表達出想對自己說的話，可能是對現況的體認，可能是自己最優先的需求，也可能是某個心得……。

女孩再一次靜觀三個位子的畫面，想到：「其實我做得還不錯，即使很害怕恐懼，還是沒有忘記要給勇敢留一個位子，我本來就是一個個性比較謹慎小心的人，沒辦法假裝天真，但至少是猶豫的，不是封閉的……。」

6. 表達對彼此的祝福。

對「篤定、大方」的祝福：「保有赤子之心，有趣的都可以試試看。」

對「猶豫、退縮」的祝福：「可以考慮，而不要反覆焦慮，思考顧慮是沒有問題的。」

關於要給整體的自己怎樣的祝福，女孩為心中的畫面做了移動：「猶豫、退縮的部分站在前面，一會兒看著外面，一會兒低頭顧慮；篤定的部分往後站，可以看到猶豫部分所指的方向，一旦行動，就全心投入。」

把這個畫面歸納成一句話，她想到：「謀定而後動。」同時伴隨：「這是理想的狀況，不知道自己什麼時候可以做到，真的可以這樣嗎……。」

請她把這個畫面和四個字放在胸口裡，她注意到本來在胸口的感覺來到喉嚨、來到頭，然後消失了，感覺到心跳……，用2分鐘的時間把注意力留在內在空間，不再有想法，只剩下身體跟心連結的感覺。

內心不管有幾個「我」，打開友善接納的意識空間，彼此衝突拉扯的痛苦感受會降低，而內心各面向之間的交流，則使我們一點一點轉變成為更多面豐富的自己。

第七章
《療癒在日常》

整理自己不是什麼龐大的工程，非要專家的丈量和特殊訂製，它應該如同進食、梳洗、睡眠一般的必要和自然，需要的不過是「我願意」，以及跟內心約會的儀式感。

把整理內心納入生活安排

整理內心的空間，跟自己約好時間。

不要讓你的空間堆得太滿。

這幾年出了很多整理空間的書，尤其是把空間的整理跟整頓心靈連接在一起。整理了物理空間，心也跟著鬆了，非常有道理。雜亂的空間使人感受到束縛、壓迫、沒有容身之地的狀態。

玲媽有3個孩子。料理3個孩子的所有事情，加上自己工作，使她分身乏術。每次忙完倒在沙發上休息，總是注意到客廳一堆一堆的東西。尤其本該是風景的陽台上，一落雜物，很礙眼。她知道這些地方需要整頓，但越是亂，越讓她提不起勁，找不到下手之處。沮喪的感受最近常常冒出來，因為這些堆放的東西，讓她的夢想跟情趣，也被壓縮了。

「我們家有一張又大又漂亮的餐桌，當初是我堅持要買，因為心裡面有個畫面，要和家人坐在餐桌前吃點心、泡熱茶，一起做點手作或其他的好玩的事情……，但我們現在幾乎除了吃飯的時間，都不會用那張餐桌。」

歎了一口氣，

「因為堆滿了各種東西，我也希望過耶誕節或新年，可以在桌上換一套應景的餐具、一套杯盤，可是根本沒有那個空間。」

空間就是可能性，滿是舊物的客廳，沒有餘地容納新的浪漫和創意，心靈如果沒有空間，也無從誕生新的體悟和夢想。

記得高中的化學老師提到「宇宙的平衡朝向最大亂度」時，舉例我們的書桌和房間，自然會越來越亂，期初和換新座位時總幻想整齊應該可以保持下去，事實上不可能，做好亂到一個地步就定期整理的心理準備比較實際。

內在空間也是，感受參差不齊地置放、越來越滿，是常態，相對於避免把心弄亂了，願意好好整理比較實際。

一個朋友，我們見面說話的時間裡，一直在反覆收拾她的包包，東西倒出來在桌上排好，再一個一個放回去，放回去不久又下意識的從包包裡面撈，撈了又拿出來看一看，放回去，反覆幾次。我以為他在找什麼東西，他說「沒有，就是看看」，似乎不這樣摸就不安心。他不好意似的笑著說：「最近發現自己想檢查的東西變多了，覺得蠻困擾的，也不是每件事，就特定的事項，例如擔心包包裡面什麼東西沒帶到；神明桌的茶沒有換；瓦斯爐沒有關；冰箱沒有關緊，要檢查和重複做好幾回合。晚上也睡不好，睡到一半還會驚跳起來，再檢查一次……。」

「這樣真的太辛苦，有想要怎麼辦嗎？」我問

「我去看醫生，去精神科，本來不想去，覺得沒那麼嚴重，我先生一直講，就去了。醫生說，大概是強迫的症狀，有開藥，不過，他倒是提醒我，可能也跟心裡面堆著很多東西有關，可以去談一談。」

我聽了蠻高興的，鬆了半口氣。自己做諮商工作，碰到這類話題。提意見反而很小

心，有些朋友很敏感「我講這些事，你會不會把我當個案看？」還好有這位好醫生。她邊講邊想「以前很辛苦，你看我發生那麼多事：離婚、跟孩子分開，我都走過來了，現在外面的事比較平順安穩，自己卻開始有莫名奇妙的狀況，覺也睡不好。」

這種情況不少見，很忙的時候，身體反而健壯，忙一陣子，一鬆下來，感冒和慢性病就發作。

這些檢查的衝動以及睡眠困擾，是一種訊號，就像是塞滿的抽屜和櫃子，滿到門闔不密，發現有個衣角、袋子邊漏出來，說著：「塞不下了，該整理了！」

人們經常寧願覺得不舒服，也不敢把它打開來，好好理一理。

畢竟要回頭整理自己的心，比整理一個櫃子要驚險多了。

對這位朋友來說，所遭遇的事情引爆的經驗太複雜、太混亂。好不容易，才把時間熬過去，只想把它拋諸腦後，不想回憶，也不想跟別人提。

「醫生說，我願意的話，把這些事情講出來會有幫助，誰知道呢？他能保證會好一些嗎？好不容易關上，拋到腦後面了，打開來，裡面的東西衝出來，怎麼辦呢？」

再難過的事件，時間久了總會從注意力的螢幕退出，對日常生活影響力變小，然而害怕再度受傷的警覺以及當時烙印的信念和反應，不會被時間沖刷掉，可能淤積在裡面。例如曾下公車時跌倒，時間過去、傷好了、覺得很糗的挫折感也淡掉了，但持續避免最後一個下車、穿跟鞋下樓梯時異常緊繃。久而久之，類似的害怕和警覺反應堆在一起，成了累積的束縛。等到內在囤積太多了，活生生的心靈，會發出訊號。

找不到位置的感受，是沒有獲得安頓的能量，全都擁擠在一塊找出口，就是身心症。畢竟心頭塞住了，縱使有美景美事，也無法在心上有一席之地。

但是，整理房子會讓人想到就懶得做，整理心靈也會讓人不知道從哪裡下手。她：「好吧，我知道我滿了，情況動彈不得，但是……整理又是什麼意思，要整理什麼呢？」

整理內在空間，可以從打開來看看有哪些感受開始。

不是對自己提出要求，例如：要求寧靜、不再痛苦，也不是要挖答案和某些解釋，只是先認出來裡面有些什麼。就像整理櫃子要先攤開成堆的東西，看看那是什麼？才接著想怎麼來的？要留嗎？

對內在感受來說，認出來等於讓它還原，它們不再扁扁皺皺的被壓縮著，而是立體起來、動了起來，被意識觀照著，這些能量會通過身體找到自己的出口。

我記得迪士尼卡通「美女與野獸」，有一幕，當女主角把城堡的燈打開，裡面的掃把、鍋碗瓢盆都甦醒過來，一個個跳回自己的層架，恢復了本來具備的功能。宮崎駿「龍貓」中，父女三人搬進老屋，打開門，陽光照進瞬間，塵埃、小生物便飛揚起來，隨著光、隨著小女孩跑動，房子流通了。

只要願意打開心中某個櫃子，過去凍住的，給它伸展的空間，它們會醒來、釋放、消散，或以更具意義的方式與我們同行。

其次，就像整理客廳，要先把走道、地板的東西移開，好讓櫥櫃裡頭的東西搬出來有地方可以放。處理心裡的雜物，也建議先看看現下浮現的感受和念頭，才能接著關注昨天、最近、過往，什麼堆放在那縈繞不去。

認出走道上的感受

「現在不管它從哪裡來，不管合不合理，我有……的感受。」

「我走進身體理，它正……（硬、麻、痛、暖）。」

「我有一個想法和念頭是……。」

整理房子需要一點超出日常軌道的意願，陪伴自己也是，這需要的不是一口氣搞定的氣勢，而是成為日常的一部分。像拔草一樣，效率不出色，但不會徒勞無功。

要一下走到你希望成為的樣子的確很難，但是改變不難。

就像整理家屋，兩下子美輪美奐，不實際，但是動手把東西撿一撿，抽屜的內容物、擺設一定會一直改變。內在的狀態時時刻刻都在變化，你只需要引導注意力，鼓勵它往清理和釋放的方向進行。

我們打理內心，需要具體的安排和行動

要跟自己約好進行的時間。也許從每天規律的10分鐘或20分鐘往內關注開始，一段時間後，可以再多跟自己約個50分鐘整理某個主題。內心最需要的是自己的陪伴，即便專注力有限，需要找人、找課程提供協助，最重要的仍是自身內在觀察者意識一直在場。

打理內心，讓新的空間釋出，是給生命下一個片刻最好的歡迎。

每一次跟自己約會，有開始和結束

如果你注意到某個主題，它需要關注。請記得：展開探索、陪伴和反思，要跟自己約好時間，有儀式感的開始和結束

你有沒有越覺察自己越沉重的經驗？

在心理工作上，我們從學習的過程裡，就一路被老師們提醒要處理心裡尚未過關的議題，尤其是還不知道怎麼面對，互相衝突的部分。因為身心層面的衝突和壓抑，會使我們難以清晰處理談者的難題。十幾年下來，我也自然有這個習慣，保持對內心狀態注意，尤其是自己被引動的情結。

不過，我就跟大部分人一樣，生活在各種角色裡切換，尤其是孩子還小的時候，交通移動以及進行例行家務時，才擁有可以跟自己對話的時間。所以，也養成不與人交流時，就一邊察看浮現的感受、一邊反思的習慣。尤其學習澄心聚焦之後的幾年來，一部分注意力，更是時時落在身體中，成為整個意識的背景。

累積下來，對自己的狀態越來越敏銳，但是整體的身心感受卻不一定越來越輕盈。

這個現象讓我很好奇，更準確的說是很困惑，「覺察和反思」似乎是正確的方向，但為什麼往往不會更好受，偶爾還會覺得更混亂。

我發現：首先，我們的意識空間有容量的限制，一邊往內在走，一邊注意手邊的工作和狀態，會無形中跟自己拉扯，相當耗能。因為，注意力沒有清晰的集中和移動，而是同時重疊著很多視窗。

其次，覺察某個主題，翻出心裡面的感覺之後，如果沒有來得及把它收好，注意力就被帶到別的地方，這些感受會持續發酵，無意識地成為現在心境的背景，影響自己對待當下人事物的狀態。

這有時候帶來內在狀態跟外在狀態交互投射的過程，未必無助於自我探索，但是這對日常的片刻來說，帶來一些負擔。

例如：我觀察到胃有一些壓力，便讓注意力跟它同在，接著有一種擴展不開的感受在那裡，那時我正在家整理抽屜，慢慢地腰椎的緊縮帶出一個念頭：「很久都沒有好好的走一走好好運動」。隨即我站起來看到孩子坐姿不良地斜在沙發上，我的感受就跟這個情境結合在一起。

隨口唸：「你們真應該站起來動一動，這個樣子以後身體不好！」

當下就意識到，我是把那時正覺察的感受輸出變成期待，放到他們身上去。

接著的劇情，應該不難想像，孩子跟我都不開心，因為他們收到的不是關懷，而是莫名其妙被嘮叨了。

當意識惦記著尚未消化的感受，一面應付在外面的事物時，他們彼此會互相連動，糾結的情緒自然會傳輸到互動中。

有一回，和一個朋友一邊吃飯一邊閒話家常，聊著最近做的菜和以前同學們的近況，我注意到他有些與話題違和的發抖和緊繃，我以為他有一些事想說但說不出口，心裡也跟著緊張起來，揣摩著什麼樣的時機適合關心。過了好一會兒，都沒聽他說起跟他現在的身體情緒狀態相符合的主題，我直接告訴他我觀察到的狀態。

他說：「真的喔！我最近都這樣，不管做什麼都很緊張，我的頭腦不緊張，可是我知道身體和心情上很緊張，有時候怕怕的，不知道在怕什麼。」

我：「你最近經常在想哪些事情呢？」

他：「公司的組織在調動，這一季的業績我沒有達標，每個禮拜都會被檢討一次，我幾乎無時無刻都在想工作的事，也會思考這個工作適合我嗎？離開真的可以嗎？」

持續思慮一個主題，相關連的種種感受能量被啟動，身心浸泡在這種氛圍裡，會跟當下的情境產生隔閡，同時，困擾的主題也很難得到有品質的關注。

我學習一件善待自己的小事，關於一個主題的自我覺察和探索行動開始之後，它需要一個結束，至少是跟自己的宣告，引導注意力清楚的移動。

一段精心覺察省思的時光，需要的儀式包含：

清楚的開始和結束的時間

時間可長可短，依照自己當下可行的就是最好的長度，可以簡短的10分鐘、15分鐘，也可以40到50分鐘。短的時間很適合單純對身體和情緒進行覺察，進行打開和釋放的過程。

短時間的精心時光，幫助我的能量適當的過場轉換，尤其需要快速移動工作場境時特別需要，例如我自己，上半日在家防中心，下半日要前往學校；上半日在診所談話，下班日要趕赴孩子的活動。中間，在任何適合的地點，計時15分鐘，夠有精神的話，一邊觀察自己，一邊書寫。或是輕闔上眼，單純的注意身體裡頭能量的變化。過程往往特別疲憊，結束之後，新的狀態自然出現。

一個獨處無需互動的空間

不一定需要空間裡只有自己一個人，即使在一個擁有單獨位子的公共場合，或是身邊的人能夠暫時不與你說話互動，也可以進行。

一份向內觀看的注意力

需要向內以及醒著的注意力，因此通常採取坐姿，不會躺著，我也喜歡選擇單獨散步的時候。這時候外面是安全的，無需警覺；同時是清醒的、不渙散的。

一套簡單的程序

通常人們開始觀察自己，會把能量都投入在頭腦的思慮中，針對難受的感覺去想：在煩惱的是？怎麼會這樣？接下來怎麼辦？問題總可以不停地追問下去，答案有好幾種，卻沒有完美的，於是又衍生出新的提問。如果不刻意安排，能量會越來越集中於思考，忽略身體和想像力的資源，感受也會凝固住，這樣的精心時光不會發揮轉化內在狀態的效益。因此，參考前面的篇章，選擇一種路徑，或採用你自己習慣的方式，在開始的時候擬定一個結構，很有幫助。

大致上的程序參考如下：

1.時間：跟自己確認可以進行的時間，多少分鐘，如何計時。

2.空間：將目前的環境調整到相對安全安靜的狀態。

3.方向：跟自己商量好方向，作為短短旅程的小目標。例如：為身體做掃描；陪伴一個感受；思考一個提問；為自己帶入滋養；面對一個傷口……。

4.方式：根據選擇的方向，選定這段時空自我觀照的方式。

5.感謝：時間結束了，如果還想要繼續，再次跟自己約明確的時間，例如再10分鐘，或者等到……的時候，輕聲地告訴內心：感謝我的身心展現的經驗，我會再回來陪伴自己。

台灣廣廈國際出版集團 Taiwan Mansion International Group

國家圖書館出版品預行編目（CIP）資料

與內在的刻意練習：這世界很累，但你值得輕鬆，善待你的心，整個世界會跟著好一點。啟動自我療癒力的實踐指引。 林之珮 著，
-- 初版. -- 新北市：財經傳訊, 2022.06
面； 公分. --（sense;68）
ISBN 9786269582907（平裝）
1.自我肯定、2.生活指導

177.2 111002595

財經傳訊 TIME & MONEY

與內在的刻意練習：

這世界很累，但你值得輕鬆，善待你的心，整個世界會跟著好一點。啟動自我療癒力的實踐指引。

作　　者／林之珮
編輯中心／第五編輯室
編 輯 長／方宗廉
封面設計／張天薪
製版・印刷・裝訂／東豪・弼聖・秉成

行企研發中心總監／陳冠蒨
媒體公關組／陳柔彣
綜合業務組／何欣穎
線上學習中心總監／陳冠蒨
產品企劃組／黃雅鈴

發 行 人／江媛珍
法律顧問／第一國際法律事務所 余淑杏律師・北辰著作權事務所 蕭雄淋律師
出　　版／台灣廣廈有聲圖書有限公司
地址：新北市 235 中和區中山路二段 359 巷 7 號 2 樓
電話：（886）2-2225-5777・傳真：（886）2-2225-8052

代理印務・全球總經銷／知遠文化事業有限公司
地址：新北市 222 深坑區北深路三段 155 巷 25 號 5 樓
電話：（886）2-2664-8800・傳真：（886）2-2664-8801
郵政劃撥／劃撥帳號：18836722
劃撥戶名：知遠文化事業有限公司（※ 單次購書金額未達 500 元，請另付 60 元郵資。）

■出版日期：2022 年 6 月
ISBN：9786269582907